POCHES ODILE JACOB

D0631608

LES NOURRITURES
AFFECTIVES

DU MÊME AUTEUR
chez Odile Jacob

De l'inceste, avec Françoise Héritier et Aldo Naouri, 1994,
  « Poches Odile Jacob », 2000.
L'Ensorcellement du monde, 1997, « Poches Odile Jacob »,
  2001.
Un merveilleux malheur, 1999, « Poches Odile Jacob », 2002.
Les Vilains Petits Canards, 2001.
Le Murmure des fantômes, 2003.

BORIS CYRULNIK

LES NOURRITURES AFFECTIVES

Odile Jacob

poches

© ÉDITIONS ODILE JACOB, MARS 2000
15, RUE SOUFFLOT, 75005 PARIS

www.odilejacob.fr

ISBN : 978-2-7381-0791-6
ISSN : 1621-0654

Où est le problème ?

Savez-vous que la pensée occidentale a modifié le comportement des chiens ?

Depuis quatorze mille ans qu'ils nous côtoyaient et participaient à nos histoires, ils ont fini par se considérer comme des surchiens ! Notre imprégnation culturelle a modifié leur psychisme !

Comme tous les êtres civilisés, ils aboient beaucoup, exprimant ainsi leur participation à nos échanges verbaux. Mais si les chiens campagnards n'aboient qu'en connaissance de cause, les chiens sauvages n'aboient guère, car tous les chasseurs se taisent, quelle qu'en soit l'espèce.

Nous avons là sous nos yeux, et dans nos oreilles, la réponse au très vieux débat philosophique sur les parts respectives de l'inné et de l'acquis : une espèce génétiquement douée pour aboyer devient silencieuse en milieu naturel et aboyeuse en milieu civilisé [1]. Les chiens nous font comprendre qu'une même promesse génétique prend des formes différentes [2] selon qu'elle se tient dans une écologie naturelle ou dans un milieu parolier.

Bien sûr, une vie de chien n'est pas une vie d'homme, quoique la réciproque ne soit pas vraie. Un monde de chien, avec ses odeurs fortement évocatrices, ses sonorités qui déclenchent des sensations inimaginables, ses visions

---

1. J. Dehasse, *Chiens hors du commun*, Éditions de l'homme, 1993.
2. Y. Leroy, « Diversité des émissions sonores et spéciation chez les gryllides », in J. Medioni, E. Boesiger (eds), *Mécanismes éthologiques de l'évolution*, Masson, 1977, p. 78-94.

floues et douces comme des pastels [3], ce monde éveille en lui des émotions et des représentations profondément imprégnées de condition humaine. Pauvres bêtes, elles ont tout subi de notre part, nous les avons pensées à toutes les sauces : nous les avons divinisées dans nos temples péruviens, nous avons porté leur deuil dans notre belle civilisation égyptienne, nous les avons haïes au Moyen Âge quand nous les accusions de magie noire, nous les avons aimées, craintes, utilisées, adorées et cuisinées. Il n'est pas de participe passé que les chiens n'aient enduré.

Depuis qu'en Occident nous les prenons pour des œuvres d'art vivantes, chargées de stimuler notre affectivité [4], ils vivent comme des patachons et nous mordent de plus en plus parce qu'ils se considèrent comme nous dominant [5]. Dans les civilisations qui se les représentent comme des fouilleurs d'ordure, ils sont tellement méprisés qu'ils se sentent dominés. Là, ils mettent la queue entre leurs pattes, baissent leurs oreilles et évitent les hommes.

Freud eût aimé cette manière de poser les questions, lui qui écrivait : « Il existe chez l'être humain des formations psychiques héritées, quelque chose d'analogue à l'instinct des animaux, c'est là ce qui constitue le noyau de l'inconscient. [6] » ; et ailleurs : « S'il était vrai, en général, que l'observation directe des enfants suffît, nous aurions pu nous épargner la peine d'écrire ce livre [7]. » Cette remarque nous invite à observer toute espèce d'être vivant dans son milieu naturel, pour essayer de nous représenter le monde nécessaire à son existence.

C'est peut-être parce que l'observation est source de plaisir physique qu'elle a été combattue ? Des philosophes du dix-septième siècle ont même été emprisonnés pour avoir

3. D. Morris, *Le Chien révélé*, Calmann-Lévy, 1986.
4. J.-P. Digard, *L'Homme et les Animaux domestiques*, Fayard, 1990.
5. P. Pageat, « Les carences affectives chez les animaux de compagnie », conférence à Toulon-Châteauvallon, mai 1993.
6. S. Freud, *Métapsychologie* (1925), Gallimard (Idées), 1968.
7. S. Freud, *Trois essais sur la théorie de la sexualité*, Gallimard (Idées), 1963, p. 12.

vanté l'observation directe [8]. Il a fallu Laennec, au dix-neuvième siècle, pour prétendre que certains signes, observés sur le corps d'un malade, pouvaient désigner une lésion en profondeur [9]. Auparavant, le diagnostic de la maladie aveuglait la perception des signes. Dès le quinzième siècle, on savait décrire correctement la variole dont les pustules captivaient le regard. Mais on ne pouvait pas en découvrir la cause, faute de microscope. Il était impensable qu'un micro-organisme pût en infecter un gros ; d'ailleurs *on savait*, on avait en effet remarqué que l'épidémie « n'emportait que ceux qui avaient désobéi à leur père », ce qui était à coup sûr vrai. On fabriquait ainsi la « preuve » que toute peste était une punition divine [10].

Quand on n'aime pas observer, on cherche ses explications dans les mythes. Ce qui ne veut pas dire qu'il suffit d'ouvrir les yeux pour observer. Pendant la guerre du Rif au Maroc, de 1920 à 1926, les soldats étaient devenus moroses, abattus et pleurnichards. Les médecins militaires venaient de découvrir que la parasitologie expliquait un grand nombre de symptômes cliniques auparavant attribués à des humeurs toxiques. Ils sont donc partis, le plus logiquement du monde, à la recherche du parasite de la grinche, qui aurait pu expliquer pourquoi nos vaillants soldats étaient devenus grincheux.

On croit qu'il n'y a de savoir que par l'observation, alors qu'on n'observe que ce que l'on sait percevoir. Nos sens nous trompent, si bien qu'une observation sans méthode ne donne à voir que ce qu'on désire y trouver. De Clérambault, le maître-complice de Jacques Lacan, fut le seul psychiatre spécialiste du fétichisme des étoffes : lorsqu'il s'est suicidé, on a découvert qu'il collectionnait lui-même les étoffes et les photos de drapés étranges [11]. Il percevait électivement

8. C. Larrere, « L'image : vérité et illusion dans la philosophie de la connaissance », *Psychologie médicale*, XIX, n° 1 (1987), p. 127-132.

9. G. Lanteri-Laura, préface à P. Bercherie, *Les Fondements de la clinique*, Le Seuil, 1980, p. 11.

10. R. Villey, *Histoire du diagnostic médical*, Masson, 1979, p. 71.

11. G. G. de Clérambault, *La Passion des étoffes chez un neuropsychiatre*, Solin, 1990.

les formes auxquelles il était le plus sensible. Sa vision du monde reproduisait son monde intime. En fait, la perversion des étoffes n'existe pas, sinon toutes les femmes en seraient atteintes.

Lorsque certaines pièces de notre appareil à observer se détraquent, le monde perçu change de forme. Parfois, c'est l'alcool qui abîme les tubercules de Korsakoff, de petits ganglions qui constituent une sorte de relais dans les réseaux de la mémoire : alors, plus rien ne peut servir d'expérience au sujet sans mémoire, qui se transforme aussitôt en homme sans histoire.

Sous l'effet d'une insuffisance de circulation sanguine, une petite zone, enfouie sous le gros noyau du thalamus, peut s'abîmer : instantanément, l'organisme perd toute motivation [12]. Le sujet déclare avec la plus grande sincérité « que rien ne vaut la peine d'être vécu ». Mais une simple injection d'hormones, ou une stimulation des neuro-médiateurs de cette zone, lui fait s'exclamer aussitôt, avec autant de sincérité : « La vie est merveilleuse, comment ai-je pu dire que rien ne valait la peine d'être vécu ? » L'humeur qui donne au monde sa coloration affective, le goût de vivre, est très facile à manipuler.

La forme du monde perçu dépend de celle de l'appareil à percevoir. La destruction localisée d'une toute petite zone du cortex latéral, qui traite l'image, donne du monde un dessin avec un « trou », une lacune dans les informations à cet endroit. Si ce « trou » se situe à la pointe du lobe occipital, les informations visuelles sont correctement perçues mais ne s'agencent plus en image. Le sujet n'est pas aveugle et pourtant il ne voit rien !

Le langage, qu'on a tant de mal à définir malgré le fleuve verbal qui coule à son sujet, peut instantanément se perdre quand une zone du cerveau temporal cesse d'organiser les sons pour en faire des mots. Le sujet n'est pas sourd, mais les sonorités verbales ne veulent plus rien dire.

Même le temps, cette notion abstraite, cesse d'être un objet sensoriel quand une lésion de la pointe du lobe fron-

12. P. Karli, « Cognition, mémoire et agressivité », *Agressologie*, XXXI, n° 9 (1991), p. 589-590.

tal interdit toute anticipation [13]. Le sujet vit alors dans une succession de présents où rien ne prend sens. Plus rien ne l'angoisse car il n'a plus rien à craindre de l'avenir.

L'observation naïve comme une évidence renseigne beaucoup plus sur la personnalité de l'observateur que sur la chose observée. Certains, ceux qui doutent jusqu'à l'obsession, accumulent les signes au point de tout brouiller. D'autres, moins angoissés, se contentent de percevoir deux ou trois indices à partir desquels ils généralisent poétiquement. Les pervers cherchent le détail qui permet de moucher leurs collègues et de les humilier en soulignant leur ignorance [14].

Pour beaucoup, l'observation est une terreur. L'observable est haïssable car il chosifie l'autre au lieu de l'idéaliser, ce qu'il conviendrait mieux de faire, pensent-ils.

Ceux qui ont du plaisir à observer considèrent que ce qui fait signe, c'est toujours une différence. Une information stéréotypée ne fait qu'engourdir l'intelligence en renforçant ce qu'elle sait déjà. C'est pourquoi les méthodes comparatives permettent de comprendre plus facilement. Pour innover, la pensée doit faire une association improbable, un coup de poésie qui surprend et éveille. La certitude est une antipensée, une litanie intellectuelle.

La description d'un monde animal et sa comparaison au monde humain constituent un réservoir d'associations poétiques stimulantes pour la pensée. Il n'est jamais question d'extrapoler, encore moins de réduire l'homme à l'animal. C'est plutôt le contraire : la découverte du nouveau continent de l'animalité souligne par contraste la spécificité humaine.

Les animaux ont des performances sensorielles éblouissantes. Ils agencent leurs perceptions en fresques représentant le monde [15] et nous apprennent ainsi que tout être

13. S. Bakhine, « Corrélations anticipation et lobe frontal chez l'homme », in *L'Anticipation, clé du temps du déprimé*, Survector (Collection scientifique), 1993.

14. R. Mucchielli, *L'Observation psychologique et psychosociologique*, ESF, 1978.

15. J. Vauclair, *L'Intelligence de l'animal*, Le Seuil, 1992.

vivant, pourtant fait de matière, échappe à la matière. Que dire de l'homme alors, ce fabricant de signes qui invente le monde pour mieux le percevoir ?

La méthode comparative nous permet de décrire le monde dans lequel nous vivons comme si nous pouvions nous décentrer et nous observer nous-mêmes d'ailleurs. Bien sûr, ce n'est qu'un artifice, mais il est fertile puisqu'il nous a déjà donné le télescope, le microscope et tous les instruments d'exploration grâce auxquels nous pouvons voir avec d'autres yeux que les nôtres : « En 1543 Copernic l'humaniste, déshumanise l'univers, le lieu d'où il faut voir le cosmos. En 1543 Vésale s'intéresse à l'anatomie des chiens, des singes, en même temps qu'à celle de l'homme [16]. » La méthode comparative va à la rencontre des différences, bien plus que des analogies.

La pénétration de l'observateur dépend aussi de la manière dont sa faculté d'observation s'est élaborée au cours de son propre développement. Les enfants, les femmes, les étrangers, les Noirs, tous ceux qui ont eu à souffrir des autres, deviennent souvent de meilleurs observateurs que ceux dont la personnalité se développe sans cet effort d'attention [17]. C'est pourquoi les enfants maltraités deviennent des virtuoses de l'observation des parents : leur « vigilance glacée » leur permet, sans un mot, de relever le moindre indice comportemental chez ceux qui capturent leur corps et leur conscience. « Le Petit Chose interprète avec la hargne des mal-aimés, les gestes et les comportements de ceux qui l'entourent [18]. »

Nous habitons un monde interprété par d'autres où il nous faut prendre place. Le monde interhumain est un monde de sens autant qu'un monde de sens [19], un monde où nos sens prennent sens, un monde où notre sensorialité

16. G. Canguilhem, *L'Homme de Vésale dans le monde de Copernic*, Delagrange, (Les empêcheurs de penser en rond), 1992.

17. P. Feyereisen, J.-D. de Lannoy, *Psychologie du geste*, Pierre Mardaga, 1985.

18. V. Jacob, compte rendu de Nicole Avril, « Le roman de l'amour chaste », *L'Événement du jeudi*, n° 376 (1992), p. 94.

19. E. Straus, *Du sens des sens* (1935), Jérôme Millon, 1989.

se charge d'histoire, elle qui gouverne nos émotions autant que nos perceptions. « Je est un autre », disait Rimbaud, et Apollinaire en écho : « ... Tous les autres sont en moi. [20] »

Les choses ne seraient que ce qu'elles sont si le contexte et l'histoire ne les imprégnaient pas de sens. Un jour, Burt Lancaster est venu à Toulon. S'ennuyant un peu lors de la réception officielle, il s'est approché de ma femme, l'a regardée droit dans les yeux et lui a dit : « Il fait beau aujourd'hui. » Bouleversée, ravie, émerveillée, elle lui a répondu : « Il fait plus beau qu'hier et moins que demain. » Comme je suis observateur, j'ai dit à mon tour : « Il fait beau aujourd'hui. » Elle m'a répondu : « Ben.... je le vois bien ! » J'en ai conclu que l'information météorologique était moins émouvante pour elle que la personne qui la lui donnait.

Il faut aussi une théorie pour voir le monde. Je regarde un match de rugby à la télévision. Arrive une des mes amies à qui je demande : « Peux-tu décrire ce que tu vois sur cet écran ? » Elle me répond : « Je vois des hommes couverts de boue qui s'entassent et se bagarrent dans une ambiance de vociférations. » Je pose alors la même question à son fils qui joue à l'école de rugby. Il me répond : « La troisième ligne s'est détachée rapidement parce que les piliers toulonnais sont plus solides, ce qui a permis au demi de mêlée de passer son adversaire et d'envoyer à l'essai son trois-quart centre déjà lancé. Quelle beauté, quelle élégance, la foule crie son enthousiasme... » J'en conclus qu'il faut des règles pour voir, pour donner forme au monde et mieux le percevoir.

L'observation la plus naïve exige un savoir ordonné dans une théorie. Si l'on vous demande de dessiner une patte de mammifère, vous ne reproduirez qu'un tas de viande informe. Mais si l'on vous donne pour règle de chercher le trajet des nerfs blancs, des vaisseaux rouges et bleus se faufilant à travers le massif des muscles auparavant nommés, alors vous ferez un beau dessin intelligent. Une perception sans théorie ne peut pas induire de représentation. C'est la

---

20. P. Mazoyer-Chermat, « Dédoublement et création littéraire », *L'Information psy*, n° 3, (1991).

théorie qui ordonne, dans tous les sens du terme : elle donne forme parce qu'elle met de l'ordre en même temps qu'elle y contraint. Il faut alors que « l'ordre engendre le désordre[21] » pour que la méthode comparative provoque une surprise, un roulement de tambour avertissant que quelque chose se donne à voir et à penser, brisant ainsi la litanie intellectuelle, cet ordre des cimetières.

L'éthologie humaine décrit des objets qui ne sont pas encore verbalisés. Ce faisant, elle recueille des informations tellement nouvelles que la verbalité ne sera plus à cours de provisions !

L'objet que je propose d'observer dans ce livre s'appelle « affectivité ». C'est un petit mot sans grande valeur puisque nos décideurs lui accordent peu de crédits. Les gros mots aujourd'hui se nomment « molécule », « social », ou « technologie ». Ces mots sont magiques, car il suffit de les prononcer pour faire pleuvoir l'argent ! Le désuet « Sésame, ouvre-toi ! » n'existe que dans les contes, alors que ces mots-là existent dans les comptes qui révèlent notre mythologie moderne. « Dis-moi où vont tes crédits de recherche et je te raconterai les mythes de ta culture ! »

Puisque je m'intéresse à l'affectivité dans le monde vivant, j'ai décidé de lire un poème de Baudelaire à mon chien. Tout le monde a remarqué qu'il me regardait avec affection en remuant la queue. Aimerait-il Baudelaire ?

Comme j'ai l'esprit d'expérimentation, je lui ai lu quelques pages de Lacan sur « l'adéquation de l'imaginaire et du réel ». Tout le monde a constaté qu'il manifestait exactement le même comportement affectueux. Alors je lui ai lu trois pages de Changeux sur l'inhibition de la recapture de la sérotonine par les alpha-bloquants présynaptiques. Mon chien n'a pas manifesté le moindre indice comportemental de désaveu théorique ! J'en ai conclu que, pour lui, Baudelaire, Lacan ou Changeux, c'est du pareil au même, alors que moi, je pense qu'ils expriment des mondes intellectuels

---

21. P. Delbrouck, « Le désordre caché », *Actualités médicales internationales psychiatrie*, VIII, n° 132 (1991).

très différents. En fait, mon chien s'intéresse assez peu aux théories, mais il les accepte toutes, pourvu qu'on lui parle.

Tandis que les animaux vivent dans la biologie, la sensorialité et l'affectivité, l'homme vivrait dans un monde intellectuel. Voilà l'idée que nous proposent ceux qui, ayant la phobie de la nature [22], se réfugient dans une intellectualité coupée du monde sensible.

Les réflexions les plus récentes sur l'affectivité ne font plus cette coupure. Les observations sur le développement des enfants « ne permettent pas d'isoler les émotions... des représentations [23] ». Un nouveau-né organise ses relations avec autrui à partir des événements quotidiens de sa vie dans sa famille [24]. Les affects sont échangés lors des interactions du bébé avec ses proches [25]. La culture, dès les premiers gestes autour de la naissance, impose un code comportemental qui façonne l'enfant [26].

Ce nouveau regard sur l'affectivité la dépeint comme une force biologique, une communication matérielle, un liant sensoriel qui unit les êtres vivants et structure entre eux un véritable organe de la coexistence. Ce livre en étudie la genèse et la fonction autour de quelques thèmes directeurs.

1) Pour faire un enfant, il faut se rencontrer. Le simple fait que les êtres vivants ne se trompent pas d'espèce pour se reproduire prouve qu'ils savent traiter certains signaux, au moins ceux qui leur permettent de se reconnaître. À ce niveau du vivant, les rencontres sont provoquées par des signaux chimiques, physiques, sonores ou visuels. Le monde humain n'ignore pas ces signaux, mais il s'en sert dans des discours comportementaux et des récits qui déter-

---

22. F. Terrasson, *La Peur de la nature*, Sang de la terre, 1988.

23. P. Mazet, S. Lebovici, *Émotions et affects chez le bébé et ses partenaires*, ESHEL, 1992, p. 8.

24. B. Cramer, D. Stern, « Mother-Infant Psychotherapy : Objective and Subjective Changes », Communication au Troisième Congrès mondial de psychiatrie infantile, Stockholm, 1986.

25. D. Stern, « Affect Attunement », in *Frontiers of Infant Psychiatry*, Basic Books, 1985.

26. H. Stork, « Les comportements parentaux », in D. Desor, B. Krafft, *Comportements*, CNRS, 1986.

minent les rencontres avec plus de précision que les molécules olfactives ou les spectres sonores.

2) Le résultat de cette rencontre est un enfant, qui comprend bien avant que de parler. La pensée s'organise d'abord à partir des perceptions qui alimentent les premières représentations sensorielles. C'est pourquoi les fœtus humains s'entraînent à structurer leurs perceptions, pour mieux leur échapper... plus tard quand viendra la parole.

3) Dès le jour de sa naissance, le nourrisson est confronté à un monde mis en scène par ses parents et leur culture. La mère fournit les premières informations, comme un géant sensoriel qui progressivement se réduit pour faire place à d'autres personnages, dont les pères et les pairs sont les principaux. Mais les sociétés ne cessent de s'inventer en créant des objets, des gestes et des champs sensoriels qui façonnent biologiquement l'enfant.

4) Pourquoi faut-il que la violence vienne troubler ce paradis de la connaissance ? L'effondrement des règles apparaît chez les animaux quand un accident biologique ou écologique déritualise le groupe; leur transgression fonde au contraire la condition humaine, qui ne respecte ni les lois de la nature ni les règles inventées par les générations antérieures. La violence créatrice doit alors se comprendre comme la force qui permet l'évolution humaine et son passage de la nature à la culture.

5) La biologie et la culture s'opposent et se mêlent comme deux cours d'eau confluents. En ce sens, l'innommable inceste entre la mère et le fils permet de repérer comment cet acte impensable se réalise pourtant, au point de rencontre entre une biologie altérée et une culture malade à en brouiller le sentiment parental, aucun des deux ne se ressentant ni mère, ni fils. La mère ne s'inscrit pas dans une structure de parenté, mais d'abord dans une structure affective qui peut se dégrader, à cause de tout ce qui abîme l'affectivité.

6) Enfin, au dernier acte, quand le crépuscule des vieux chante sa dernière production, il la compose avec les traces du passé dont il fait un récit adressé au présent. Mais

quand le contexte défaille, l'effet palimpseste de la mémoire permet aux premiers écrits, refoulés par les urgences de la vie quotidienne, de faire retour dans la conscience, comme si c'était aujourd'hui.

Voilà ! Ce livre ne fait que développer ces six idées qui brodent une existence humaine.

CHAPITRE PREMIER

Le hasard de nos rencontres serait-il déterminé ?

« Aurait-on pu ne pas se rencontrer ? »

Cette question contient la pensée implicite que sans « le » rencontre, notre destin eût été tout autre.

J'ai bien écrit « le » rencontre, parce que autrefois « rencontre » était masculin et désignait sur les blasons un animal se présentant de front [1]. Le rencontre serait-il devenu féminin avec l'apparition de la civilité dans les rituels de présentation ?

Faites entrer du mouvement dans cette notion de rencontre – « Action d'aller vers quelqu'un qui vient » – et vous avez la boxe, qui est aussi une rencontre. Sans compter qu'*adgredior*, qui signifie « se diriger vers », a préparé le mot « agression » qui côtoie ainsi fâcheusement la rencontre.

Cela commence bien ! Moi qui souhaitais parler de la rencontre amoureuse, de la rencontre mère-enfant, de la rencontre amicale, je me retrouve avec une notion qui contient de l'agression, de la proximité, du mouvement et beaucoup de hasard pour modifier mon destin.

Je propose qu'une rencontre hasardeuse ne devienne une véritable rencontre que si l'on décide de se revoir, sinon ce mouvement ne sera qu'un simple croisement. Pour qu'il devienne rencontre, il faudra un affrontement suivi d'un côtoiement.

---

1. Littré, *Dictionnaire de la langue française*.

Peut-on naître sans raison et mourir par hasard ? Le jour où mes parents se sont rencontrés pour me concevoir, ils avaient certainement un stock de raisons. Ils se sont trouvés, ils se sont heurtés, ils ont fait connaissance, ils sont tombés nez à nez, ils sont tombés d'accord, ils sont tombés amoureux. Pourquoi se trouvaient-ils là, ce jour même, en cet endroit précis, tous les deux ? Par hasard ?

Si je vais à l'encontre de quelqu'un, c'est que j'espère l'affronter pour le contrer[2]. Mais si je vais à la rencontre de quelqu'une, c'est que je désire l'affronter, mais pour la côtoyer ensuite.

Il me plaît de penser que cette rencontre n'est pas bête, ni dépourvue de sens : il fallait que ce soit elle. À moins qu'il me plaise de penser que le hasard fait bien les choses et que, parmi les mille et une femmes possibles, c'est le hasard qui a placé celle-là sur mon chemin ce jour-là. Alors elle m'a dérouté, comme je l'ai déroutée, et nous avons fait ensemble un bout de route qui, lui, ne doit rien au hasard.

Une méthode naturaliste plus descriptive, parfois explicative, permettra peut-être de préciser cet objet « rencontre ».

Est-on sûr que les montagnes ne se rencontrent pas ? Dès que ça vit, ça rencontre. Quand on joue à comparer les espèces, on en vient très vite à penser qu'avec l'apparition du sexe, la rencontre devient un événement capital de la vie des êtres qui le portent[3]. Une grande partie du vivant est constituée d'organismes asexués. Le facteur déterminant de leurs mouvements relève de l'écologie physique : le soleil, la luminosité, la chaleur, la chimie olfactive ou minérale les font bouger et déclenchent parfois la division d'un organisme-mère qui va donner deux organismes-filles, tous identiques.

Mais dès que le sexe apparaît, les sujets se répartissent sous deux catégories selon leurs équipements génétiques

2. A. Rojas Urrego, *Le Phénomène de la rencontre et la psychopathologie*, PUF, 1992.

3. B.-L. Deputte, « D'où proviennent les différences comportementales entre les femelles et les mâles primates ? », *Nouvelle Revue d'ethnopsychiatrie*, n° 18 (1991), p. 91-112.

aussi différents que deux mutants, ou deux espèces génétiques qui n'auraient pas grand-chose à voir l'une avec
l'autre : les mâles et les femelles. Ces répertoires de gènes
programment des développements différents et organisent
des morphologies caractérisées par leurs organes génitaux.
Désormais, la vie impose une nécessité : se chercher pour
se trouver ! Un organisme qui ne cherche pas sera éliminé.
La reproduction sexuelle, en inventant une jeunesse différente, empêche l'usure de l'espèce.

Avec l'apparition du sexe, la rencontre devient un enjeu
vital. Mais elle implique du partenaire qu'il vienne à la
rencontre, qu'il se comporte en facteur écologique. Il doit
porter sur lui les signaux qui vont canaliser la recherche
et synchroniser la rencontre. Ces signaux sont évidemment d'abord biologiques. Il faut reconnaître un partenaire de même espèce, percevoir qu'il porte un sexe
différent, éprouver de l'intérêt pour lui, avant de synchroniser nos émotions, puis nos actes, et, pour certains
d'entre nous, se laisser aller à quelques pensées, et parfois même les dire. Pour réaliser chacune de ces
séquences, l'évolution a inventé des stratégies de rencontre innombrables et invraisemblables.

Les entités inorganiques, comme les cailloux, la terre,
l'air ou l'eau, subissent constamment des pressions qui
créent des mouvements dans leur matière. Les êtres organiques sont contraints, pour vivre, de débattre constamment avec leur milieu. Cette activité intentionnelle,
puisqu'elle a pour projet de vivre, nécessite une quête
d'information [4]. Cette intention de vivre conduit à filtrer,
sélectionner, organiser le perçu en fonction de ce qu'il faut
pour vivre. Moi, fourmi, je perçois dans le monde extérieur
une molécule olfactive et la courbe blanche de mes œufs
qui m'intéressent vivement. Peut-être la fourmi devrait-elle
dire : j'extrais du chaos physique qui m'environne les informations olfactives et visuelles auxquelles je suis le plus sensible, et cette action perceptive crée à la fois un milieu

4. R. Mucchielli, *Analyse et liberté*, EAP, 1986.

externe et un monde intérieur momentanément stable, comme toute vie.

Le concept d'intentionnalité proposé par les philosophes est tiède, trop bien élevé pour désigner le vouloir-vivre dévorant de tout être vivant. Pourquoi faut-il qu'une vie se nourrisse de celle des autres? Cette phrase, qui s'applique bien plus aux animaux qu'aux plantes, semble pertinente en psychologie des couples. « Je me nourris de la vie des autres : s'ils vivent, ils me font vivre tant que je les dévore », comme pourrait dire le bébé tétant le sein de sa mère et commençant ainsi sa vie par un acte de cannibalisme.

L'odeur et la culture

Les animaux-machines sont rouillés depuis longtemps. Tout organisme établit avec son milieu des échanges constants, ce qui implique que son cerveau et ses organes sensoriels soient organisés de manière à percevoir dans le milieu extérieur les signaux utiles à son milieu intérieur.

Le monde mental de tout être vivant est d'abord constitué de signaux, d'objets sensoriels individualisés dans le monde extérieur qui prennent pour l'animal une signification biologique [5]. À l'époque de la psychologie pavlovienne triomphante, Birioukov se plaignait d'un castor, sensible à la moindre variation de lumière, ou au plus discret craquement de branche, et qui ne répondait tout simplement pas au « puissant stimulant de l'acétone [6] ». Cette anecdote révèle le piège de toute pensée anthropocentrique : puisque l'acétone me stimule puissamment, moi qui possède un nez et un cerveau, elle devrait en faire de même avec le castor qui possède, lui aussi, un nez et un cerveau. Cette pensée analogique constitue un mode fondamental de toute pensée, mais elle comporte un risque totalitaire puisqu'elle

5. J. V. von Uexküll, *Mondes animaux et monde humain*, Denoël, 1965.

6. Cité par R. Mucchielli, *Analyse et liberté, op. cit.*, p. 31.

attribue aux autres un monde mental de même nature que le sien, ce qui implique qu'un seul monde mental existe, précisément le sien !

Une pensée naturaliste proposerait plutôt que chaque être vivant vit dans un monde mental qui lui est propre, où il « crée-perçoit » des objets sensoriels qui ne sont signifiants que pour lui et qu'il est donc seul à pouvoir rencontrer.

Le monde mental de chaque espèce est composé d'objets sensoriels dont la signification biologique dépend de son organisation cérébrale et sensorielle. De même que le monde mental de chaque humain est composé d'objets sensoriels dont la signification dépend de son organisation neuro-sensorielle et dont le sens varie selon son histoire personnelle. La signification ne doit pas être confondue avec le sens, c'est la transformation du signal en signe, lequel articule du son et du sens.

Voilà pourquoi le castor de Birioukov ne pouvait pas rencontrer la puissante acétone et voilà pourquoi je peux rencontrer une femme que ne pourra pas rencontrer mon voisin, ou pourquoi un événement prendra pour moi une valeur émotionnelle qui laissera de marbre ce même voisin. Quand plus tard, il ne pourra pas s'empêcher de dire : « Je ne comprends pas pourquoi cet événement vous a bouleversé », lui qui est resté indifférent, il commettra envers moi la même faute de pensée que Birioukov avec son castor. N'ayant pas la même histoire, nous n'avons pas les mêmes yeux, nous ne pouvons donc pas rencontrer les mêmes objets !

Le bombyx du mûrier mâle est bouleversé quand ses antennes rencontrent une molécule d'hexadécadiénol émise par la femelle. Même concentrée à 10^{-12} µg/ml, le papillon, toutes affaires cessantes, met le cap sur cette information biologique, hypersignificative pour lui.

Dans le même ordre d'idées, la truffe pose un problème théorique important. Ce champignon vaporise une androstérone dont la formule chimique est la même pour les cochons, les chiens, les mouches et les hommes. Voilà pourquoi les truies et les chiennes sont tellement attirées par les aires truffières et pourquoi les omelettes parfumées à la truffe coûtent si cher! Mais le comportement de recherche effectué par la truie et le cochon de payant laisse penser qu'il pourrait bien y avoir un programme commun de la communication du vivant : tout ce qui matérialise la communication peut être utilisé comme signal.

L'olfaction joue un très grand rôle dans la rencontre des mammifères macrosmates. Lorsque votre chien vient coller sa truffe contre le pubis d'un visiteur, n'y voyez pas un acte de perversion sexuelle; il vient simplement chercher la signature olfactive de votre ami, son sexe, son état de réceptivité et sa dominance sociale. Mais la capacité de percevoir un signal dans une odeur crée un monde où le temps de la rencontre est totalement différent du nôtre. Quand votre ami sera parti, il laissera par terre, sur le tapis ou sur le siège, une trace olfactive qui le rendra toujours présent dans un monde de chien, alors qu'il est déjà absent dans votre monde humain. Avec cette odeur rémanente, votre chien percevra un morceau de votre ami dans le réel, alors que vous ne pourrez vous le rappeler que par des images ou l'évoquer par des mots.

Notre olfaction fonctionne encore intensément puisque ses circuits représentent un tiers du poids total de notre cerveau, mais notre culture occidentale moderne supporte mal que nous flairions. Alors, nous nous lavons pour supprimer notre signature naturelle et nous nous aspergeons de délicieux parfums chimiques, culturellement tolérables. Chez certains Mélanésiens, il faut passer la main sous l'aisselle de l'ami qui s'en va, puis porter ses doigts à son nez pour signifier qu'on garde encore en soi sa trace olfactive[7]. (Il vaut mieux se dispenser de cette bonne manière à Paris : un contresens culturel est si vite arrivé!)

Pourtant, tous les bébés du monde s'endorment facilement contre leur mère ou contre un chiffon qui en conserve l'odeur, prouvant ainsi qu'en deçà de la parole et de la culture, la sensorialité fonctionne comme une information

---

7. Dans le film de J.-Y. Cousteau, *La pêche au crocodile*, un Australien s'essuie l'aisselle pour enduire de sa sueur un homme malade.

source d'émotion qui évoque un souvenir et provoque une conduite.

Chez l'homme adulte, il n'est pas impossible que l'olfaction fonctionne encore de cette manière. L'organisation de notre cerveau s'y prête. La molécule olfactive stimule de manière binaire : ça sent ou ça ne sent pas, ça sent bon ou ça sent mauvais. Par rapport aux trois cents millions de récepteurs olfactifs dans les fosses nasales du chien, les trente millions dans celles de l'homme semblent bien maigres : c'est néanmoins suffisant pour de bonnes évocations affectives et d'abondantes sécrétions neuro-hormonales [8]. Une fois stimulé, notre cerveau reconnaît plusieurs milliers de variétés olfactives, pour lesquelles, il est vrai, nous ne disposons guère de mots. Nous devons sans cesse chercher des sensations analogues : ça sent la pomme reinette, le caramel trop cuit, le pneu brûlé. Ce vocabulaire pauvre confronté à la richesse perceptive de l'olfaction pourrait nous offrir une preuve de ce « refoulement de l'organique » dont parlait Freud. Il faut surtout ne pas prendre conscience de la bête qui flaire en nous. Lacan a fait du refoulement social de l'olfaction un mécanisme facilitant la rencontre : « La régression organique chez l'homme de son odorat est pour beaucoup dans son accès à la dimension de l'autre [9]. »

La trace olfactive évoque un souvenir, auquel le refoulement du perçu donne plus de relief. Le facteur essentiel de ce mécanisme, c'est l'organisation cérébrale, renforcée par le refoulement culturel : sitôt perçue, une odeur diffuse au cerveau olfactif qui, par son circuit limbique, fonctionne en même temps que le cerveau des émotions et celui de la mémoire. Ce qui revient à dire qu'une information olfactive, même non consciente, présentifie l'absent, comme chez le chat, mais, chez l'homme, cette présentification se fait sous forme de souvenir.

Il serait indécent de ne pas évoquer Proust, bien sûr. « Mais quand d'un passé ancien rien ne subsiste, après la

---

8. A. Birchall, « À la recherche du sens perdu », *JIM*, n° 181 (1991), p. 34-38.

9. J. Lacan, *Le Séminaire*, Le Seuil, T. XI, 1973, p. 61-62.

mort des êtres, après la destruction des choses, seules, plus frêles, mais plus vivaces, plus immatérielles, plus persistantes, plus fidèles, l'odeur et la saveur restent encore longtemps, comme des âmes, à se rappeler, à attendre, à espérer, sur la ruine de tout le reste, à porter sans fléchir, sur leur gouttelette presque impalpable, l'édifice immense du souvenir [10]. »

Une patiente m'a fait comprendre cette longue phrase sinueuse. Après avoir perdu son mari, elle a fait un deuil très long et très douloureux. Puis elle a cicatrisé et, trois ans plus tard, elle a enfin décidé de ranger les affaires du défunt. Les premiers jours de rangement se passèrent sans problème. Jusqu'à ce qu'elle ouvre une certaine armoire : soudain, l'image de son mari lui revint en tête avec un sentiment de présence aigu. Elle fondit en larmes et ce retour brutal du chagrin l'étonna. Elle découvrit alors, en bas de l'armoire, un sac de sport qui, bien fermé, avait gardé l'odeur de son mari.

En associant le chat, Proust et ma patiente, on comprendra que l'odeur fonctionne comme une information souvent non consciente qui, d'emblée, présentifie l'absent avec l'émotion qui lui était associée.

L'organisation cérébrale du chat le colle au réel présent, alors que celle de l'homme rend l'absent présent et restitue l'émotion éprouvée longtemps avant. Freud dit que « le retour du perçu se fait avec la passion de cette fois-là [11] ». L'odeur fonctionne chez l'homme comme une représentation d'émotion, un retour d'émotion enfouie.

Le canal optique est très utilisé par les oiseaux qui vivent dans un monde où les performances visuelles sont sélectives. Le martin-pêcheur qui « désire » rencontrer une martine-pêcheuse dispose devant elle tous les objets colorés qu'il peut rassembler : fruits, feuilles ou morceaux de verre. Très intéressée, la belle suivra le chemin de signaux tracé

---

10. Marcel Proust, *Du côté de chez Swann*, Gallimard (Pléiade), T. 1, p. 47.
11. A. Lachaud, « Représentation du principe de plaisir », *Psychologie médicale*, XXI, n° 3 (1989), p. 397-402.

par le courtisan, qui, de couleur en couleur, la mènera au nid, lieu de la rencontre.

Cette utilisation de la couleur et de la forme annonce celle de signaux de plus en plus complexes. Les postures des mâles motivés pour la sexualité dessinent des traits et des courbes, des agencements de couleurs, une géométrie du corps qui ne s'exprime qu'à cette occasion. Quand l'albatros galbe son cou, sa femelle s'en émeut, alors que celle du flamant rose est plus stimulée par un cou dressé. Une aigrette étend ses ailes, un canard mandarin les soulève alternativement en tournant sur lui-même, dévoilant à chaque tour de valse le triangle de plumes orange qui signale sa motivation sexuelle. Les femelles creusent leurs lombes, écartent leurs ailes, imprimant ainsi des courbes à leur corps qui permettent au mâle de passer à la séquence ultime de cette « danse copulatoire ».

Parfois, la face est utilisée pour signaler la disposition sexuelle. Chez le mandrill mâle, elle se colore en rouge et en bleu, comme son sexe lorsqu'il « pense à ça ».

Les signaux acoustiques sont aisément porteurs de marques sexuelles. La structure physique du cri informe sur l'état du crieur : sa distance, son âge, et son intérêt pour la chose. La voix humaine contient, elle aussi, un nombre étonnant de signaux : dès la première phrase au téléphone, on sait à qui l'on a affaire, son sexe, son âge, sa culture, son humeur agressive, abattue ou érotique, et même son niveau social. On peut transmettre avec précision son idéalisme, son courage, son tempérament, introverti ou extraverti [12]. Il existe donc une sorte de sémiologie naturaliste où, sitôt perçu, le signal renvoie à une autre information non perçue et représentée.

La sémiotique vocale, une des premières à se mettre en place, dès la fin de la grossesse, est aussi parmi celles qui résistent le plus longtemps aux processus de dégradation cérébrale. Dans les démences de type Alzheimer, l'âgé ne peut plus reconnaître le visage de son enfant, qui lui est devenu étranger, mais il identifie instantanément sa voix

---

12. M.-C. Pfauwadel, *Respirer, parler, chanter*, Le Hameau, 1981, p. 181-183.

au téléphone. Il dit « bonjour Madame » à sa fille, qui éprouve aussitôt le sentiment de n'avoir rien à voir avec ce monsieur qui était son père. Cette observation conduit à penser qu'il peut y avoir une disparition de la représentation par le canal visuel et sa conservation par le canal vocal. Le visage est perçu mais non reconnu, alors que la voix, sitôt entendue, évoque toujours la personne totale.

Pourtant, la vocalité n'est pas la parole, même si elle y participe. On peut très bien trouver séduisante une voix et être horripilé par ce qu'elle dit. Le monde mental créé par les mots constitue un lieu de rencontre différent des signaux qui ménagent la rencontre des interlocuteurs. Avant de bavarder, il faut s'approcher, avant d'échanger nos mondes internes et de se raconter nos histoires, il faut voir, percevoir, savoir à qui l'on s'adresse de façon à choisir la part de monde interne communicable à cet autre. Toute conversation, même banale, exige qu'un nombre incroyable de signaux soient perçus et décodés pour en comprendre la signification.

L'expression d'une émotion compose une forme visuelle, posturale, colorée, olfactive, ou sonore, qui assure sa contagion. Récemment à Port-Cros, mon attention fut attirée par un charivari chez les goélands : des cris intenses, des vols, des piqués, de brusques changements de direction m'ont conduit à un jeune prépubère, probablement blessé. Ce petit, dans sa détresse, venait d'inventer un cri : il commençait comme un quémandage alimentaire, aigu, prolongé et si intense, contrairement à l'habitude, qu'il finissait en trémolo ; puis il enchaînait sur un cri d'alerte. Cette étrange composition sonore affolait les adultes qui accouraient à tire d'aile, piquaient sur le petit pour le sauver ou l'agresser, ils ne savaient plus très bien, puis remontaient soudain en criant l'alerte à leur tour.

Cette structure sonore avait propagé l'émotion, un lien sensoriel entre tous les goélands du quartier. Même les hommes ont ressenti cet effet contagieux, puisque j'ai entendu dire : « Ils sont énervants ces gabians, qu'est-ce qu'ils ont à faire ce barouf ! » Le vacarme avait bien fonctionné, même entre espèces différentes. C'est que la parole n'a pas pour unique fonction de communiquer des mondes abstraits, elle peut aussi véhiculer des émotions. Dans un monde humain, l'émotion du petit goéland blessé aurait pu se traduire par ces mots : « Au secours ! Je suis petit et faible. Aidez-moi vite ! Vite ! » Et les mots pour dire cette émotion devraient avoir une cadence, une prosodie, un ton aigu propices à la contagion émotive.

Le mystère naturaliste de la rencontre commence à s'éclaircir. Que ce soient les chenilles dans leurs processions, les abeilles dans leurs ruches, les goélands dans leurs clubs, ou les humains dans leurs rassemblements, rien n'attire plus un être vivant que les informations transmises par un congénère ou un proche. Ce qui facilite la rencontre, c'est une émission sensorielle que l'organisme est apte à saisir, par contiguïté et similarité des deux équipements neuro-sensoriels. Ce qui justifie cette rencontre, c'est la création d'un milieu sensoriel intersubjectif, riche en informations biologiques et émotionnelles échangées d'un organisme à l'autre et stimulantes pour chacun d'eux. Chaque individu se lie ainsi à l'autre.

La signification existe clairement chez les animaux, mais le sens y est particulier. On ne donne sens aux choses perçues que si le cerveau est capable de décontextualiser l'information et d'y introduire une durée et une direction. Certaines espèces possèdent un équipement neurologique approprié : il perçoit l'information dans son contexte et la décontextualise en la faisant passer par les circuits neuronaux de la mémoire et de l'anticipation. Ce type de cerveau peut créer un monde intime de perceptions dont l'objet est totalement absent et de représentations dépourvues de références contextuelles.

Or, quand on fait une étude comparée des espèces, on observe que la connexion entre le cerveau limbique (mémoire et émotion) et le lobe préfrontal (anticipation) se fait à la gare de triage neuronale du thalamus. Cette connexion apparaît chez certains mammifères, se développe chez les primates non humains, et réquisitionne une part importante des circuits cérébraux chez l'homme. En d'autres termes, le cerveau humain est, entre tous, le plus capable de traiter et d'articuler des informations relatives à des choses absentes, à des phénomènes disparus et à des événements passés ou à venir.

D'ailleurs, cette organisation cérébrale permet de comprendre que nos signaux olfactifs sont refoulés au profit de signaux visuels fortement connectés à la mémoire et à l'émotion. Elle conduit à soutenir que la signification et le sens passent d'abord par l'image, bien avant la parole. On peut comprendre, se représenter et donner sens au monde avec des images. Autrement dit, les bébés comprennent et donnent sens au monde avant la parole, les sourds-muets aussi, comme ceux qui ont perdu l'usage de la parole, les animaux, et même les étrangers.

Bien sûr, la verbalité, cette convention sonore, utilise notre aptitude cérébrale à fabriquer du signifiant, ce qui explique ses performances étonnantes, comme, par exemple, provoquer une émotion avec un événement passé il y a cent ans, ou à venir dans dix ans. L'imaginaire n'est donc pas coupé du réel, il est alimenté par des perceptions réelles mais passées, enfouies dans notre mémoire, et des représentations possibles à venir.

Alors, tout peut faire signe.

Sémiotique de nos poils

La rencontre est nécessaire pour créer un champ sensoriel qui permette à nos compétences de réaliser leurs performances.

Chez l'homme, le sens infiltre les sens au point d'utiliser la matière pour la charger d'histoire. Pour illustrer cette phrase abstraite, je raconterai l'histoire de la fonction sémantique des poils. Si vous croyez que les poils sont des filaments chitineux produits par le tégument de certains mammifères, vous n'envisagez que la matière du pelage et vous négligez le rôle important que les poils jouent dans la création du monde sensoriel de la rencontre. Le poil se charge d'une fonction sémiotique différente selon le lieu où il pousse : le poil de la moustache est un signe de virilité, alors que le long cheveu est un signe de féminité. Le lieu où pousse le poil est l'objet de représentations opposées. Dès qu'il pousse, il n'y a déjà plus de poil en soi : tout duvet est culturel [13].

Si les poils du pubis de l'autre sont émouvants, ce n'est pas parce que le « poil-en-soi » déclencherait une émotion, mais parce que la perception de ce triangle intime évoque une promesse troublante. Il faut des poils chitineux, des yeux pour les voir, et un lobe préfrontal pour anticiper le plaisir de la rencontre. Si vous possédez tout ça, vous serez troublés. Sinon vous fonctionnerez dans la proximité myope : vous percevrez des poils aux couleurs et aux dessins différents. Pour peu que ces formes poilues s'associent à des signaux d'odeurs, de cris et de postures, cet ensemble sensoriel sera suffisant pour provoquer une rencontre sexuelle sans se tromper d'objet. Mais si vous chargez ces poils d'une fonction sémantique, vous qui aimez les hommes à cheveux courts, vous serez horrifiées par cet homme à chignon. Dans ce cas, ce qui fera rater la rencontre sexuelle, ce ne sera pas la forme du bouquet de poils, mais ce que cette forme « veut dire ».

Pourtant je suis troublé : j'aime beaucoup la Petite Sirène de Copenhague, avec sa nageoire de poisson alanguie sur le rocher et sa longue chevelure ondoyant sur ses tétons. Il me semble que je ne pourrais pas l'aimer avec des jambes de femme et une tête de poisson. Je me demande aussi pourquoi les fées sont toujours blondes, et pourquoi les amoureux s'offrent des mèches de cheveux et jamais des rognures d'ongle dont la formule chimique est pourtant voisine ?

Notre philosophie intime constitue un facteur déterminant de la rencontre, car pour créer le champ sensoriel à l'intérieur duquel nous pourrons nous exprimer, il faut qu'elles soient compatibles entre elles. Napoléon III, Adolf Hitler, Charlie Chaplin, Pinochet et les intégristes arabes ont parfaitement compris le problème. En 1848, à Londres, Karl Marx écrit le *Manifeste du parti communiste* qui allait bouleverser la vie quotidienne de tant de centaines de mil-

---

13. B. Cyrulnik, « Pourquoi deux sexes ? », *Nouvelle Revue d'ethno-psychiatrie*, n° 18 (1991), p. 113-122.

lions d'hommes. À l'époque, en France, tous les penseurs qui désiraient une autre société se laissèrent pousser une barbe diffuse. Marx fit de même et ses poils ainsi taillés lui permettaient de signer son appartenance philosophique.

Alors, Napoléon III se tailla la barbichette en triangle et la moustache en pointe. Désormais toutes les moustaches effilées furent privilégiées et les barbes diffuses persécutées. C'est ainsi que Jules Vallès fut arrêté et que, de nos jours encore, la fonction sémantique des poils algériens mène en prison les intégristes arabes.

Cette association entre la signification des poils de Karl Marx et celle des intégristes algériens permet de comprendre le relativisme culturel des symboles. Dans l'univers mental de l'Homme de Cro-Magnon, les barbes de ses collègues devaient apparaître semblables à celle de Karl Marx, mais le contexte socioculturel étant différent, elles n'étaient pas investies du même sens. Ce n'est que dans un contexte socioculturel précis que les poils se chargent d'un sens exprimant la rencontre non verbale entre philosophes de même famille.

« Allez savoir par quel hasard étrange... la moustache en brosse fut le dénominateur commun des dictateurs les plus connus de l'Amérique latine. Tous les militaires qui faisaient partie des gouvernements argentins en arboraient une... Pinochet a promené la sienne pendant plus d'une décennie à travers la géographie chilienne [14]. »

Les goélands et les canards mandarins communiquent avec des signaux de couleurs, de formes, de cris et de postures. Les mammifères et les grands singes commencent la transformation des signaux en symboles, puisque l'objet est perçu comme une information qui s'éloigne. Et l'homme, à partir de cette matérialité sensorielle, invente des signes qui réfèrent aux objets de mondes absents. Voilà ce que nous fait comprendre la sémiotique des poils.

Tout organisme peut percevoir une information sonore, visuelle ou olfactive et s'y adapter par un comportement : les serpents perçoivent d'infimes variations de température

---

14. L. Futoransky, *Cheveux, toisons et autres poils*, Presses de la Renaissance, 1991, p. 157.

et s'y adaptent par la fuite, la nidation, ou l'agression. Cette information peut se transformer en indice, en perception d'une information proche et non plus d'une chose, dès que le cerveau peut décontextualiser l'information. Quand une stimulation présente peut évoquer une information dans le passé ou dans l'ailleurs grâce à l'organisation d'un système nerveux, l'indice devient possible : une aptitude à la représentation dans un monde mental vient de naître, celle d'un monde non perçu à partir d'éléments perçus.

Pour l'homme, tout objet de matière peut, dans la fulgurance de la perception, se muer en objet de signes, c'est-à-dire se dupliquer en équivalent verbal.

Les vêtements sont des objets de matière destinés à nous protéger du froid, de la pluie et des insectes, mais dès que cette fonction mécanique est assurée, ils veulent dire quelque chose. Et cette fonction sémantique des vêtements n'est pas toujours coordonnée à leur fonction protectrice. Voilà pourquoi les hommes portent des cravates qui les étranglent mais qui mettent en signes un peu de fantaisie, alors que les femmes n'hésitent pas à accrocher leur robe du soir à quelques millimètres des tétons avant d'aller valser, ce qui constitue une prise de risque absolument ravissante alors que cette robe veut dire qu'elles érotisent élégamment.

Les vêtements militaires émettent les mêmes signaux que les cravates et les robes du soir. S'ils n'étaient que fonctionnels, les militaires mettraient des chaussures souples et antidérapantes pour mieux courir et se battre, alors que toutes les armées du monde obligent leurs soldats à porter de lourds godillots glissants. Ce qui nous fait comprendre que les chaussures des armées organisées ne veulent pas dire qu'elles sont prêtes à se battre, mais signifient qu'elles veulent donner une impression de puissance par une combinaison de lourdeur et de discipline dans les rangs. C'est même pour ça que les soldats marchent au pas, tous ensemble, en inventant des cadences, comme les oies, en courant ou en frappant le sol pour déclencher une forte émotion. Le discours des godasses est certainement plus important que sa fonction, il vise à impressionner bien plus qu'à combattre (je viens de comprendre ce qu'est la force de dissuasion !).

Tout vêtement serait ainsi un discours non verbal où les signes textiles remplaceraient les signes sonores de la parole ou ceux dessinés de l'écriture. Les armées de l'ombre, les résistants ou les groupuscules mettent des chaussures de tennis signifiant leur intention de frapper et de s'enfuir, alors que les lourdes armures des preux chevaliers du treizième siècle signifiaient le contraire : tenir le coup et s'empêcher de fuir.

Les animaux ont accès au signal. Il suffit de dessiner sur les épaules d'un chimpanzé deux « épaulettes » de peinture blanche pour en faire l'analogue perceptuel des poils blanchis par l'expérience d'un grand mâle dominant. Tous les membres du groupe adopteront les comportements de soumission devant cette distinction poilue. Les hommes n'échappent pas aux signaux, le premier qui applaudit donne le signal des applaudissements. Mais leur don pour la sémiotique naturelle transforme aussitôt ce signal en signe : il suffit de placer un tout petit ruban rouge sur la boutonnière pour en faire un signe de distinction sociale. Ce n'est pas la couleur qui fait la différence (blanc chez les chimpanzés contre rouge chez les hommes), c'est la convention sociale, l'entente entre deux esprits qui passent contrat pour considérer qu'un ruban rouge à la boutonnière constitue désormais une marque de distinction sociale.

Tout vêtement peut donc incarner le passage du signal au signe et prendre la valeur d'un équivalent de discours. Mao Tsé-toung, qui était un grand sémiologue, avait bien compris ce problème puisqu'il avait exigé de chaque Chinois qu'il porte sur son corps le discours social. Le costume Mao permettait de constater d'un simple coup d'œil la dissolution souhaitée de l'individu dans le groupe.

La robe a longtemps été un privilège masculin : la jupette des fiers guerriers assyriens a conquis le Moyen-Orient ; les hoplites grecs donnaient à voir leurs génitoires, ce qui ne facilitait pas forcément le combat ; la toge de la Rome antique mesurait sept mètres de long sur deux de large, il fallait un aide de robe pour en disposer les plis majestueusement [15]. Le pantalon était au contraire un signe de féminité, on peut encore le voir dans certaines cultures : pantalon bouffant des Turques, large des Hindoues, étroit des Chinoises.

Les poulaines polonaises rendaient la marche si difficile qu'il fallait une chaînette pour attacher la pointe des chausses aux genoux. Les masques et chaperons cachaient totalement le visage, et les personnes dérobées à la une se laissèrent aller à des excès de grossièreté tels qu'un édit de 1395 les a interdits. La Renaissance a rompu avec les valeurs médiévales et amorcé l'essor de la mode féminine, que marquera le vertugadin espagnol et le demi-panier « janséniste ». Plus tard, au dix-neuvième siècle, la dévalorisation sociale des femmes peut facilement se repérer à l'invalidation physique provoquée par leurs vêtements, avec les paniers, crinolines, poufs, baleines, corsets et autres gaines [16].

L'idée qui parcourt ce discours vestimentaire, c'est que la mode ne contribue pas à se protéger, elle signifie avant tout la place de chacun dans la société. Ce code vestimentaire est tellement assimilé [17] que la moindre variation permet de catégoriser le porteur aussi clairement qu'un accent étranger ou une locution de classe : son sexe, l'époque de sa naissance, sa contrée d'origine et surtout son style de socialisation, cultivé ou rustique, soigné ou douteux, conservateur ou contre-culturel, classique ou déviant, aimant l'argent ou le détestant ; et même les opinions politiques s'expriment non consciemment dans les chemises à carreaux des communistes ou dans les perles sous les foulards de soie d'extrême-droite.

Tout fait signe.

De même qu'au théâtre le premier claquement de mains, en signe de gratitude, donne le signal des applaudissements, le port d'un vêtement, signe d'appartenance à l'humanité, à un sexe et à une classe sociale, donne le signal

---

15. P. Yonnet, *Jeux, modes et masses*, Gallimard, 1985, p. 299-355.
16. P. Yonnet, *ibidem*, p. 303.
17. F. Borel, *Le Vêtement incarné*, Calmann-Lévy, 1992.

du style de la rencontre et du mode relationnel. On ne rencontre pas un clochard de la même manière qu'un cadre dynamique. Tout est dit dès le premier coup d'œil, ou plutôt, la manière dont on va se le dire est pré-dite dans la fulgurance des signaux que capte le regard et que l'observateur transforme en signes.

En ce sens, le développement du pantalon féminin depuis 1968 signale la manière dont les femmes désirent aujourd'hui se socialiser. Ce qui n'a rien à voir avec le confort puisqu'elles se collent souvent des jeans beaucoup plus entravants que les guêpières de leur grand-mère. Ces jeans féminins sont tellement serrés qu'ils soulignent le mont de Vénus et les lèvres sexuelles, signifiant ainsi l'intention féminine de ne plus se considérer avec « l'horreur de la fente [18] », et d'en faire au contraire un symbole phallique.

À l'époque où les parents mariaient leurs enfants entre eux, ils ne savaient pas qu'en organisant cette rencontre ils renforçaient les structures sociales. Pour les aristocrates, le mariage de leurs enfants était l'occasion de faire la paix, ce qui les changeait un peu ; les paysans agrandissaient leurs terres, les commerçants consolidaient leurs biens, les ouvriers n'épousaient que des « gens bien, des ouvriers comme nous », les notables espéraient que leurs fils reprendraient leurs offices, les enfants de médecins devenaient médecins, les enseignants enseignaient pendant plusieurs générations et se mariaient entre eux.

Depuis que le mariage d'amour est devenu une valeur culturelle, ce n'est plus la structure sociale qui s'y exprime, c'est la structure personnelle. Quand les parents provoquaient la rencontre de leurs enfants, ils renforçaient le groupe. Quand l'amour préside au choix du partenaire, il facilite la névrose.

Le stéréotype culturel consiste à décrire un coup de foudre, suivi d'un amour durable que parfois la vie altère. Les échecs sont attribués aux vicissitudes de l'existence. Toutes les études concluent que ce schéma est rare. Le

---

18. E. Lemoine-Luccioni, *La Robe, essai psychanalytique sur le vêtement*, Le Seuil, 1983.

coup de foudre n'est pas obligatoire[19]. La plupart des couples s'en passent et s'aiment quand même. Le mariage d'amour lui-même n'est pas si fréquent[20]. Les partenaires disent que « c'est un mariage d'amour » et, bien sûr, ils ont raison de le soutenir car le conjoint, dans notre culture, accepterait mal le contraire. La plupart des mariés se choisissent pour des motifs psychosociaux, ce qui n'empêche pas que l'émotion des premières rencontres crée une intense affectivité que certains nomment « amour ».

Les facteurs sociaux de cette rencontre sont encore déterminants : les jeunes qui se marient précocement sont presque toujours issus de parents pauvres, peu diplômés et affectivement stables ; alors que ceux qui se marient tard sont très souvent issus de parents aisés, diplômés et moins stables affectivement. La rencontre entre ces deux jeunes partenaires a donc une racine psychosociale profonde, elle est toujours réglée par la culture des parents si elle n'est plus décidée par eux. Même les jeunes qui se marient tôt ne savent pas que leur mariage précoce est statistiquement déterminé par l'affectivité et la sociabilité parentale. Ils sont même convaincus de s'être choisis puisqu'ils se sont rencontrés par hasard, lequel, dit-on, « fait bien les choses ». Ainsi parle le stéréotype.

Rencontrer son futur conjoint dans un club de golf ou dans un groupuscule d'extrême-gauche, au bal du samedi soir ou au restaurant d'entreprise, c'est déjà aller à la rencontre d'un discours social, bien avant la parole. Le lieu est lourd de sens et son décor est toute une conception du monde[21]. Il est donc bien déterminant : « Qu'il y ait eu ou non "coup de foudre" (ou, comme c'est le cas le plus souvent, "petit coup de foudre"), la première rencontre et celles qui suivent, dans l'entrelacement progressif des intimités, est un moment émotionnellement fort. Un moment

---

19. J.-C. Kaufmann, *La Trame conjugale*, Nathan, 1992, p. 43.

20. M. Bozon, « Radiographie du coup de foudre », *Sciences humaines*, n° 2 (1992).

21. L. Roussel, *La Famille incertaine*, Odile Jacob, 1989.

où les pensées font corps avec des émotions ne ressortissant pas toutes à l'amour [22]. »

Le désir et la crainte s'entremêlent. Il faut organiser ses perceptions de l'autre et les transformer en signes d'agression, de fuite ou d'enlacement. Si l'autre est transparent, on va simplement le croiser. Pour qu'il y ait rencontre, il faut que l'autre soit signifiant, qu'il porte sur son corps les indices et les signaux qui nous font signe. On peut très bien bousculer quelqu'un et lui demander « pardon » sans le voir : ce sera un simple croisement. Mais si l'on peut repérer, parmi toutes les personnes présentes, celui ou celle dont les signaux corporels provoquent en nous une forte émotion parce que ce sont des gestes et des choses qui correspondent à une sensibilité, une avidité, une espérance inscrite au fond de nous, ce sera une rencontre.

Pour se rencontrer, il faut avoir été séparés, et que chacun manifeste par ses signaux la même sensibilité. Ce qui s'exprime dans la rencontre amoureuse, c'est un discours émotionnel. Lorsque le mariage était « arrangé » par les parents, les mimiques, les gestes et les vêtements avaient pour fonction de signer l'appartenance à une catégorie sociale. Dans le mariage d'amour, c'est l'intimité de la personne qui s'exprime en priorité. Voilà pourquoi, aujourd'hui, les rencontres se font beaucoup plus entre inconscients qu'entre familles [23]. Voilà pourquoi j'ai pu dire que le mariage arrangé facilitait la reproduction des structures sociales, comme le mariage d'amour facilite la rencontre des névroses.

« J'aurais voulu rencontrer un Prince Charmant aveugle ou handicapé. Il faut aimer encore plus ces gens-là. L'idée de leur faire du bien provoque en moi un sentiment d'amour. » La femme qui exprimait ce fantasme a donc rencontré un Prince Charmant, handicapé mental.

« J'ai toujours été attirée par les chiens battus », me disait une dame âgée. « En entrant dans la salle de bal, j'ai tout de suite vu que c'était lui le plus malheureux. » Elle

22. J.-C. Kaufmann, *op. cit.*, p. 43.
23. S. Nock, « The Separation of Sex : Gestation and Genetics from Parenthood », *Revue Tocqueville*, n° 10 (1990), p. 113-134.

s'est arrangée pour côtoyer ce chien battu... il l'a invitée à danser... ils se marièrent et eurent beaucoup d'enfants. C'est ainsi que cette dame a passé toute sa vie en compagnie d'un homme en dépression chronique.

Pour percevoir, dès son entrée dans la salle de bal, que c'était lui le plus malheureux, il a fallu que deux systèmes se côtoient et se correspondent pour se rencontrer. Puisqu'elle aimait les chiens battus, un macho ou un rigolo lui aurait fait horreur, elle n'aurait pas pu le rencontrer. En revanche, le développement de sa personnalité l'avait rendue sensible à l'expression du malheur des autres. Du premier coup d'œil, elle a perçu les indices corporels signifiants pour elle : la posture accablée de cet homme, assis les mains jointes entre les genoux, regardant fixement le sol et croisant le regard avec un évitement douloureux. Il portait certainement des vêtements tristes mais corrects qui ont séduit la dame. Une chemise colorée, une cravate de pitre, une veste maniérée, un blouson de cuir l'auraient effrayée. La rencontre fut parfaite, le mariage amoureux et leur vie saccagée.

Le mariage d'amour, en facilitant la rencontre des inconscients, dynamise les partenaires : « J'ai cessé d'être amoureuse de Yaël le jour où il m'a dit qu'il n'avait pas d'ambition ; quelque chose s'est éteint en moi », disait cette belle jeune femme qui avait fait de l'aventure sociale une valeur de sa vie. Dans son histoire privée, il lui fallait réussir pour séduire son père et l'arracher aux charmes de sa sœur rivale. Plus tard, cette jeune femme a côtoyé un homme disponible, elle a perçu tout de suite les indices corporels, les gestes, les mimiques et les vêtements, signes de son désir d'aventure sociale. Un mariage arrangé l'aurait soumise à la contrainte sociale. Son mariage d'amour lui a permis de tenter le mode d'existence qui correspondait mieux à sa personnalité.

Parfois la rencontre névrotique provoque des mariages entre structures opposées mais complémentaires : un homme qui désire donner a de fortes chances de rencontrer une femme qui désire recevoir. Le couple, dès les premiers signes, passera le contrat non conscient qui va gérer leurs relations ultérieures. « Recevoir m'angoisse », m'expliquait ce jeune cadre. « Je me sens tellement sale au fond de moi que tout cadeau déclenche en moi un sentiment de faute. Je ne mérite pas qu'on me donne ou qu'on soit gentil avec moi. Cela m'angoisse terriblement. » Ce patient m'expliquait qu'en revanche, dès qu'il donnait, il éprouvait le sentiment de se racheter. Donner, pour lui, constituait son meilleur tranquillisant. Il a donc rencontré une femme à qui il a consacré ses années amoureuses. Puis il a eu des enfants qui ont aggravé son besoin névrotique, sa compulsion à donner [24].

Ces représentations intimes du monde peuvent s'exprimer même si le sujet n'en a pas conscience. Une femme de trente-cinq ans se demandait pourquoi elle ne rencontrait que des « hommes à problèmes qui la faisaient souffrir », jusqu'au jour où elle m'a raconté sa peur d'aimer, sa peur de s'attacher et de se dépersonnaliser. Ce fantasme inconscient l'avait amenée à s'enlaidir : elle se faisait grossir en mangeant sans faim, s'habillait mal, évitait même les belles rues de la ville. « Je mets des lunettes de soleil pour éviter de croiser un regard, j'ai des gestes brusques et des attitudes rejetantes pour éviter qu'on me parle... je choisis des marginaux parce que je ne les aime pas, je ne peux donc pas m'y attacher. »

Tout, dans le choix des rues des bas quartiers, des vêtements sans élégance et des gestes brusques, canalisait cette femme vers des rencontres sans amour, pour éviter l'angoisse... au prix du désespoir. Imaginons que sa propre histoire intime a aussi poussé un homme vers les bas quartiers et lui a fait éviter les belles femmes soignées. Les facteurs historiques de la rencontre sont en place, il suffit d'un petit hasard pour provoquer l'événement.

Inventez tous les scénarios que vous voudrez, ils existent ! Ces femmes qui méprisent les hommes gentils et ne sont séduites que par les forts caractères, ne rencontrent que des machos ! Ces hommes séduits par les femmes troubles, ceux qui ne rencontrent que des femmes sévères,

24. J. Bowlby, *Attachement et perte*, PUF, T. II, 1978.

des femmes à aider, des femmes-enfants, des femmes mariées, inaccessibles, des femmes qu'ils ne peuvent pas aimer, des femmes qui séduisent leur meilleur copain...

Comment rencontrer ?

Le circuit de la rencontre a commencé par des balises sociales, puis comportementales, elle devient maintenant sexuelle et les signaux corporels échappent au social et se chargent d'émotion intime.

Toutes les rencontres non prescrites par les règles sociales s'effectuent en mobilisant des structures perceptuelles analogues. À l'armée ou à l'hôpital psychiatrique, les individus sont rassemblés par des contraintes sociales fortes, et pourtant la socialisation s'atténue à l'intérieur de la caserne ou de l'hôpital. Seuls les salariés militaires ou les soignants se côtoient en fonction des impératifs sociaux, les autres flottent à l'intérieur de ce cadre, et dans cette situation de moindre socialisation, ils se soumettent à des règles de rencontre analogues à celles de la rencontre amoureuse : ils perçoivent sur le corps des autres des signes qui correspondent à leur structure sensible intime. Dans ce cadre, les rencontres ne se font donc pas au hasard. Certaines structures mentales se reconnaissent entre elles plus facilement que d'autres, elles s'attirent ou se rejettent selon des lois quantifiables et observables [25]. Il suffit de compter « qui rencontre qui » et « qui rejette qui » puis de faire un tableau à double entrée.

Les résultats donnent à penser. Les angoissés se reconnaissent et se rencontrent aisément, ils tissent même entre eux des liens amicaux, comme une sorte de confrérie. À l'inverse, il n'y a aucune rencontre entre le groupe des schizophrènes et celui des anxieux, chacun jugeant l'autre « angoissant ». Les premiers trouvaient que les anxieux remuaient et parlaient trop, ce qui les angoissait ; alors que

---

25. B. Cyrulnik, R. Leroy, « Approche éthologique des comportements de rencontre en milieu psychiatrique », *Bulletin de la Société psychiatrique du Sud-Est*, février 1984, p. 49-56.

ceux-ci étaient angoissés par l'immobilité et le mutisme des schizophrènes. Chaque type de structure mentale, en créant un monde sensoriel angoissant pour l'autre, empêchait la rencontre.

Les schizophrènes, qu'on dit « asociaux », se rencontraient intensément mais hors des lieux habituels de rencontre, dans les couloirs et dans les coins. Leur style comportemental était tellement discret que les observateurs sans méthode soutenaient qu'ils ne se rencontraient pas. Au contraire des anxieux qui se reconnaissaient et s'attiraient dans un style démonstratif, les schizophrènes adoptaient un style non conventionnel. Les obsessionnels rencontraient laborieusement, alors que les handicapés, quoique très sociables, étaient mal acceptés par le groupe ; les faibles niveaux intellectuels étaient attirés par tout le monde et rejetés par tout le monde ; les psychorigides avaient du mal à rencontrer. Les toxicomanes, les homosexuels se reconnaissaient étonnamment vite grâce à de minuscules indices dans leurs gestes, sur leurs vêtements et à quelques insignes révélateurs.

La conversation met en scène le scénario comportemental qui permet ensuite la synchronisation des émotions. Cette entreprise exige un haut degré d'humanisation. Il faut savoir s'approcher de quelqu'un, puis disposer son corps et sa face en tenant compte du corps et de la face de l'autre, ce qui implique le traitement d'un très grand nombre d'informations variées : la distance entre les corps qui doit permettre l'échange d'une parole ni murmurée ni trop forte, la perception de la rythmicité, les indices corporels qui révèlent sa disposition à prendre la parole ou à la donner, encourager le locuteur ou le décourager, analyser les signes de son visage, de sa vocalité, ou de la danse de ses mains qui peuvent souligner son discours ou le contredire.

Il ne s'agit donc pas du contenu sémantique d'une conversation, mais de la création d'un espace émotif entre les locuteurs, où éventuellement s'échangeront des échantillons affectifs, prélude à la rencontre sexuelle. Mais pour se disposer à la conversation, il faut faire un signe. On ne peut pas s'approcher de quelqu'un dans la rue et commencer à bavarder d'emblée en lui racontant ses difficultés conjugales. À ce niveau préverbal, aménageant la conversation, le corps doit respecter certaines règles pour susciter l'émotion propice à la rencontre.

Les animaux ont mis au point un scénario comportemental qui permet de gérer l'émotion de la rencontre, c'est le rituel.

Deux animaux stimulés « désirent » se rencontrer. Ils se précipitent l'un vers l'autre, mais arrivant à proximité, ils ne savent pas si l'autre veut jouer ou agresser. Cette proximité émotionnelle entre deux comportements voisins mais différents déclenche une émotion où le plaisir de la rencontre avoisine la crainte d'être agressé. Il faut donc préciser l'émotion, de façon à éviter les « malentendus [26] ».

Pour rendre son signal mieux communicable, l'être vivant doit l'épurer et l'amplifier. Cette exagération, cette caricature d'un acte augmente sa performance communicante mais nécessite à la fois une grande intensité émotive de la part des « prélocuteurs » et l'absence de parasitage de la part du contexte. Lors de la parade nuptiale de deux oiseaux, celui qui prend l'initiative répète souvent le même mouvement simple et ample pour en augmenter la contagion émotive. Ces mouvements lents, rythmés, répétitifs utilisent la géométrie du corps et les signaux colorés et sonores, créant chez l'observateur humain l'impression qu'il s'agit d'une danse nuptiale. La forme donnée à cet acte moteur se met en place au cours du développement du petit et permet la synchronisation des émotions [27].

Il arrive souvent que les propriétaires de chiens empêchent leurs animaux de se flairer le sexe et de mimer un chevauchement, évocateur pour eux d'un acte sexuel. Mais dans un monde de chien, il s'agit d'une ritualisation qui permet la synchronisation des émotions et le positionnement social. À cause de leur interprétation, les

26. K. Immelman, *Dictionnaire de l'éthologie*, Mardaga, 1990.

27. J. Huxley, « A Discussion of Ritualization of Behaviour in Animals and Man », *Philosophical Transactions of the Royal Society*, CCLI (1966), p. 247-256.

maîtres tirent sur la laisse pour empêcher leurs chiens de commettre cette indécence et contrecarrent ainsi la ritualisation. Les chiens souffrent alors d'émotions mal gérées, qui peuvent se traduire en comportements d'agression par crainte [28].

Chez l'homme, la ritualisation de la rencontre commence par un geste de salutation. C'est un acte moteur de la main ou de la tête qui dispose les futurs partenaires à la conversation. Très tôt au cours de son développement, bien avant la parole, le petit d'homme a appris à utiliser son visage et ses mains pour signifier son intention d'établir un contact.

« Je n'aime pas assez les hommes pour aimer le langage [29] », disait le maître de musique avant de retourner à son isolement. Cette jolie phrase permet de comprendre qu'avant de parler, il faut aimer. Le petit d'homme, pour apprendre une langue, ne doit pas seulement en assimiler les sons, les règles et les mots, il doit aussi acquérir la manière d'y traduire ses sentiments [30]. Tous les contacts de routine entre une mère et son enfant finissent par créer un espace émotionnel à l'intérieur duquel le petit apprend sa langue. Les repas, les toilettes, les promenades offrent l'occasion de jeux où l'émotion avivée invite à l'échange verbal.

Comment faut-il disposer son corps et ses émotions pour échanger des verbes ? Comme chez l'homme tout fait signe, le sourcil plus ou moins soulevé, le sourire ouvert ou pincé, le regard droit ou latéral, l'inclinaison de la tête et le geste de la main constituent les notes comportementales d'une musique gestuelle que les partenaires jouent comme d'infinies symphonies relationnelles.

Les rituels de salutation sont innombrables et prennent des formes très différentes selon la culture. Les Arabes disent « Salam », les Israéliens « Shalom », les Français

28. M. Chanton, *Le Comportement social du chien familier*, thèse de sciences, Paris-VI, 1991.

29. P. Quignard, scénario de *Tous les matins du monde*.

30. A. Van der Straten, *Premiers gestes, premiers mots*, Païdos-Le Centurion, 1991, p. 83.

« Salut », les Italiens « Ciao », les Américains « Hye »[31] mais quelle que soit la culture, cette locution n'a de sens que dans un scénario comportemental : il faut se situer à une distance sonore efficace, ni trop loin, ni trop près ; il faut prononcer ensuite un mot qui fait entrer dans la bulle intime entourant les corps, puis il faut effectuer un geste simultané de la tête et de la main[32]. Avec ces notes comportementales de l'espace entre les corps, des mimiques faciales, des gestes de la main et de la sonorité verbale, chaque culture écrit sa petite musique : les Hindous joignent leurs mains et baissent la tête comme pour une prière, les Arabes se touchent le cœur, la bouche et le front, les Américains font l'essuie-glace avec leurs mains. Puis les corps s'approchent : les Français s'embrassent, les Italiens se congratulent, les distingués se baisent la main, les Eskimos se frottent le nez. Cette syntaxe comportementale dit la même chose dans mille langues différentes : j'exprime avec mon corps mon intention de rencontre affectueuse.

Une fois cette intention exprimée par notre gesture, on pourra se baiser les pieds, les mains ou les lèvres, se donner l'accolade avec nos cous, s'embrasser à pleins bras, se secouer la main ou s'effleurer les joues, cela donnera la clé de sol de la forme relationnelle où l'on veut s'inscrire. Si je baise tes pieds, je signifie une rencontre pleine de soumission ; si je baise ton front, j'exprime une intention paternelle ; si je baise ta main, je donne le ton d'un échange distingué ; si je baise le coin de tes lèvres, je suggère par proximité un autre type de baiser plus intime. En un seul geste, je viens de tenir un prédiscours comportemental qui m'inscrit sur une portée relationnelle.

Le cheminement vers l'intime approche de son terme, la rencontre des corps où la circulation des gestes est réglée aussi rigoureusement que le code de la route, et où toute déviation comporte un risque d'incident.

La gestion de l'espace entre les corps n'est pas mathématique, ou plutôt, comme pour les poils, les vêtements, les

---

31. M.-A. Descamps, *Le Langage du corps et la Communication corporelle*, PUF, 1989, p. 195-205.
32. D. Morris, *La Clé des gestes*, Grasset, 1978.

couleurs et les sons, l'espace mathématique est utilisé pour signifier une intention et donner forme à nos émotions. Tout être vivant utilise l'espace pour le rendre signifiant en y envoyant des signaux : l'espace lui-même devient alors un objet sensoriel structuré comme un langage.

Dans certaines espèces comme les sauriens, l'espace inter-corporel n'est pas utilisé comme un objet sensoriel : les lézards, les iguanes se piétinent sans émotion. Chez les crocodiles ou les poussins, on peut mettre sa patte sur n'importe quel endroit du corps de l'autre, cela n'a pas d'importance puisqu'il n'est pas signifiant. En revanche, chez les chatons et les chiots, le contact de la peau prend une très grande importance car le toucher d'un lieu du corps est devenu une communication codée. Chez les chiens, ce toucher est un signal très efficace : il suffit d'attraper un chiot par la peau du cou pour signifier la dominance, et le petit se laisse aller tout mou, dans la mâchoire de sa mère. Chez les loups, toucher avec sa langue les lèvres du dominant évoque chez celui-ci une émotion analogue à celle qu'il ressentait quand, jeune loup, il touchait les lèvres des aînés au retour de la chasse pour quémander un peu de nourriture. Le toucher des lèvres provoque une émotion parentale qui inhibe toute agressivité. Le lent développement des loups, et la mémoire de leurs émotions permettent l'utilisation d'un comportement hors de son contexte pour en faire un geste d'apaisement [33].

Chez les primates non humains, les lieux du corps sont chargés d'émotions très différenciées. Toucher la tête ou les fesses n'a pas du tout la même signification. Ils sont donc utilisés pour déclencher des émotions et exprimer un état intime. Les lieux du corps sont régis par un code de bonne conduite, c'est pourquoi le toilettage chez les oiseaux ou les singes peut être l'analogue animal de la conversation. Lorsque deux oiseaux se lissent les plumes ou croisent leurs becs, lorsque deux singes « s'épouillent », (en fait ils se toilettent), ce toucher transmet un message que traduit

33. R. Schenkel, « Submission : its Features and Function in the Wolf and Dog », *American Zoologist*, VII (1967), p. 319-329.

la phrase suivante : « Laisse-toi aller en toute confiance, je vais établir avec toi un échange affectueux du type maternel. » L'épouillage est un discours comportemental qui véhicule un message et provoque une émotion analogues au discours verbal maternel.

Lorsque l'animal a été frustré de ce toucher au cours de son développement, il apprend mal cette syntaxe comportementale, et à l'âge adulte, il l'exprime mal. C'est ainsi que les petits privés de mère, ayant mal acquis cette sémiologie du toucher, deviendront des adultes mal apaisés et mal apaisants, anxieux et brusques, qui se feront rejeter par les sujets bien toilettés donc bons toiletteurs [34].

Chez les mammifères et les primates, un congénère qui pénètre dans l'espace péri-corporel peut aussi bien devenir un intrus qu'un intime. C'est un intrus quand sa pénétration désorganise le tampon du rituel. Un mammifère qui, faute de parader, ne synchronise pas ses émotions avec celles de son partenaire et se précipite sur lui, commet ce qui, chez l'homme, s'appelle un viol. C'est un intime, quand les deux partenaires s'harmonisent en un crescendo sensoriel où l'espace est utilisé pour faciliter cette approche et gérer l'émotion.

Avant de se toucher, toutes les sensorialités ont créé le sentiment de la proximité. Mais pour provoquer ainsi un moment de forte émotion, il a fallu déclencher les facteurs qui gouvernent les circuits du toucher : le sexe, l'âge, le statut social et l'histoire antérieure qui constituent les plus puissants organisateurs du toucher.

Les femmes sont dans l'ensemble très touchées. On leur touche, par ordre décroissant, les bras, les mains, les épaules, la taille, les joues et les cheveux [35]. Ces zones fortement convoitées par les hommes sont socialement permises. Les femmes entre elles se touchent beaucoup. Les mères et les filles se touchent plus que les mères et les fils, rendant encore une fois observable la sexualisation des gestes maternels.

34. H. F. et M. K. Harlow, « Social Deprivation in Monkeys », *Scientific American*, CCVII (1967), p. 136-146.

35. J. Corraze, *Les Communications non verbales*, PUF, 1980.

Les hommes se touchent peu : la bourrade avec un coup de coude, un coup d'épaule, une claque dans le dos, permettent de toucher en évitant de signifier la caresse. La sémiotique du toucher est tellement culturelle, qu'en Europe orientale, on peut voir de farouches policiers en uniformes se promener en se tenant par le petit doigt. En Europe occidentale, ce toucher signifierait une délicatesse homosexuelle. Le contexte affectif constitue autant que le contexte culturel un puissant déterminant de la caresse : on se caresse moins dans les institutions qu'à la maison, et pourtant certains enfants fuient les caresses à la maison alors qu'ils les recherchent en institution, ce qui laisse penser que l'affection familiale les angoisse.

Les individus construisent très tôt des stratégies du toucher bien différentes. Pourquoi vingt pour cent des enfants de moins de deux ans se raidissent-ils sous la caresse, alors qu'à l'autre extrémité, vingt pour cent en sont avides ? Pourquoi, dès les premières semaines, certains nouveaunés tendent-ils leurs doigts pour toucher leur collègue nouveau-né, alors que d'autres, déjà, évitent ce contact[36] ? Existerait-il un autre facteur qui n'aurait rien à voir avec le sexe ni avec l'histoire ? Peut-être pourrait-on se représenter la rencontre intime comme un bouquet de signes harmonisés selon les circonstances.

Dans ce faisceau, le regard ressort comme l'échange le plus imprécis à décrire et le plus précis cependant pour sentir. C'est lui qui assume la fonction la plus exacte dans la régulation de la distance intime[37]. La puissance de l'appel muet du regard reste très étonnante. Dans une foule, il suffit souvent de regarder quelqu'un, à une distance où la parole ne porterait pas, pour que le regardé plonge aussitôt ses yeux dans le regard qui le fixe parmi tant d'autres. Dans un monde olfactif, les molécules sont mêlées en une seule senteur ; dans un monde sonore, le brouhaha noie les paroles ; dans un monde de contact, on

36. H. Montagner, *Communications entre jeunes enfants*, Cassette VHS, INSERM Montpellier.

37. M. Argyle, « La communication par le regard », *La Recherche*, XIII (1982), p. 132.

est bousculé de tous côtés. Dans ce contexte de sensorialités brouillées, le regard conserve une émouvante précision.

Sa fonction d'appel est facile à vérifier sur les garçons de café. Quand ils sont disponibles, ils captent le moindre appel du regard dans la salle pour y répondre, mais quand ils sont harcelés, ils évitent ces regards de façon à ne pas avoir à y répondre. Se sentir regardé n'est pas neutre biologiquement, l'organisme y réagit par des réactions d'alerte, l'électroencéphalogramme s'affole et se désynchronise, le cœur s'accélère et les glandes sudoripares sécrètent un peu de sueur[38], inscrivant ainsi sur nos capteurs l'activation neurobiologique de celui qui se sent observé. Le regard de l'autre n'est pas neutre, c'est une perception qui provoque une alerte émotive, une sensation d'invitation ou d'intrusion.

La vérification expérimentale est facile : il suffit de regarder votre chien dans les yeux pour provoquer chez lui un battement de la queue indice de satisfaction affective, suivi parfois d'un mouvement vers vous, pour répondre à votre invitation. Mais si vous regardez droit dans les yeux un chien inconnu, ce même regard, dans un contexte d'inquiétude, prendra valeur d'intrusion. Ce chien non familier s'immobilisera, vous regardant du coin de l'œil, dans un état d'alerte attentive, avant de vous menacer, yeux dans les yeux pour mieux vous affronter.

Il y a une ontogenèse de ce croisement du regard. Avant la parole, les enfants ne baissent pas les yeux, ils regardent sans ciller celui qui les regarde. Plus tard, ils éviteront le regard de l'autre ou même s'en protégeront en mettant un bras devant leurs yeux. On peut interpréter ce comportement en disant qu'ils se sentent pénétrés par le regard de l'autre ; mais on peut dire aussi que s'ils se sentent soudain gênés par le regard de l'autre, c'est parce qu'ils comprennent alors qu'ils existent dans l'esprit de l'autre, que c'est d'eux qu'il s'agit dans son regard. L'enfant comprend, vers deux-trois ans, qu'en le regardant, l'autre le capture. S'il désire cette capture, il sourit et se précipite à la

38. M. Deveaux, *Contribution physiologique au concept de proxémie*, thèse de médecine, Grenoble, 1975.

rencontre de l'autre, dont le regard assume alors sa fonction d'appel. S'il refuse cette capture, il va se cacher pour
éviter l'autre, dont le regard assume alors sa fonction
d'intrusion.

Le regard constitue la voie sensorielle la plus émouvante.
Et pourtant, il n'y a pas transport de matière, de substance
sensorielle, olfactive, sonore ou cutanée. La fonction
d'interpellation du regard, sa valeur ajoutée d'invite ou
d'agression, dépend du contexte et de l'histoire des sujets
qui se regardent. C'est pourquoi le regard est tellement
culturel. « Regarde-moi quand je te parle ! » dit-on en
Europe. « Baisse les yeux ! petit effronté », dit-on en Algérie. « Regarde droit devant toi, dans le vague, quand je
hurle des ordres à ton oreille ! » disent les Marines américains. « Il faut surtout qu'une mère ne croise pas le regard
de son fils », dit-on en Inde, et, pour qu'elle ne lui jette pas
le mauvais œil, on maquille les garçons avec de larges traits
noirs de khôl qui agrandissent encore leurs grands yeux
noirs.

Croiser le regard constitue un geste universel, mais lourd
de sens et chargé d'émotion. Quand les amoureux plongent
leurs regards l'un dans l'autre, ils échangent leurs émotions
et créent une intimité [39] qui constitue le début de l'acte
sexuel. Cet équilibre intime [40] est parfaitement géré ; au
millimètre près, à la fraction de seconde près, il génère une
sensation différente qui peut rompre ou augmenter l'intensité du sentiment.

C'est dans la conversation que la distance affective est la
mieux gouvernée. Celui qui écoute regarde longuement
celui qui parle [41]. Ce dernier synchronise ses regards et ses
paroles en détournant le regard puis en interpellant du
regard dans une harmonie gestuelle où la moindre faille
rompt le charme et instille une sensation d'étrangeté. La

39. W. Pasini, *Éloge de l'intimité*, Payot, 1991.

40. M. Argyle, « Non-Verbal Communication in Human Social
Interaction », in Hinde, *Non-Verbal Communication*, Cambridge University Press, 1972.

41. J. Cosnier, « Éthologie du dialogue », in J. Cosnier et C. Kerbrat-
Orecchioni, *Décrire la conversation*, PUL, 1987.

conversation, rigoureusement codée, ne laisse rien au hasard. C'est pourquoi les timides, les anxieux, les agressifs, les paranoïaques, les schizophrènes et tous les sujets humains, en quelques phrases, créent un champ d'émotions, intensément perçues mais non représentées, où chacun reçoit de l'autre des échantillons affectifs qu'il goûte, pour ainsi dire, aux premiers mots.

La sensorialité de la rencontre est rigoureusement codée. Il ne s'agit pas d'une masse informe où les sens nous pousseraient les uns vers les autres, comme une pulsion amorphe où le hasard provocateur figerait les relations.

Au contraire, tous les sens ont un sens [42]. L'olfaction est profondément culturelle. Et pourtant ce sens qui nous échappe est le plus incontrôlable de nos sens.

Les yeux ne servent pas qu'à voir. Ils servent aussi à croiser les regards et échanger nos affects. Le ballet des regards et des mots, parfaitement synchronisé, utilise l'espace entre les corps. Le rythme des échanges permet d'emboîter les locuteurs comme deux danseurs conversationnels.

Alors seulement, le corps de l'autre sera permis. Voilà pourquoi il faut parler aux femmes avant de les toucher. La conversation constitue pour elles un préalable affectif à la sexualité. Mais on ne les touche pas au hasard, comme des sauriens qui se piétinent. Un code de l'intimité du toucher circuite leurs lieux réservés. Mais le jour où ils s'ouvrent, ils permettent d'entrer dans l'intimité ultime. Ce code du toucher-les-femmes gouverne le désir des hommes et harmonise la rencontre en lui donnant forme. Il ritualise l'émotion, ce qui permet de la gérer dans des comportements d'accueil ou de refus, d'invite ou de séparation, conférant ainsi perpétuellement du sens à nos sens.

Tout est codé. Bien avant les sons qui permettent la parole, nos autres sens participent à la mise en signes du monde perçu. Un univers sans rencontre, un univers privé d'autres me laisserait seul, avec moi-même pour toute rencontre, toujours le même, sans surprise, sans émotion,

---

42. E. Straus, *Du sens des sens* (1935), Jérôme Millon, 1989.

jusqu'à la routine, l'engourdissement et la non-vie avant la mort.

La rencontre crée un champ sensoriel qui me décentre et m'invite à exister, à sortir de moi-même pour vivre avant la mort. C'est pourquoi il y a toujours quelque chose de sensuel dans la rencontre qui m'excite et qui m'effraie, comme la vie.

Mais dès que je sors de moi pour aller à la rencontre d'une femme, la sexualité pointe son nez..., elle donne la vie et tout est à reprendre.

CHAPITRE II

À quoi pensent les fœtus ?

Pour fabriquer un enfant, prendre de la semence masculine, la touiller au doux feu de l'acte sexuel, secouer tendrement, puis attendre que la caillette se solidifie dans le ventre de la femme, en agglomérant ses particules de matière vivante.

Vous aurez certainement remarqué que cette recette pour fabriquer un enfant ne peut se penser que dans une culture où l'on fabrique du fromage[1]. La fabrication du fromage sert de modèle explicatif à la fabrication des enfants. Vous constaterez qu'en appliquant à la lettre cette recette, vous pourrez effectivement fabriquer un enfant, tant les théories sont efficaces, même quand elles sont fausses.

Chaque culture a inventé ses recettes qui marchent toutes. Il suffit de constater l'augmentation de la population mondiale ! L'analogie entre la fabrication des enfants et celle des fromages a été utilisée pour donner forme de récit à une conception paysanne de la conception des enfants. La pensée métaphorique permet de donner, avec des images, l'impression de comprendre. Pour découvrir une cause, il faudra d'autres méthodes. On peut imaginer, dans notre contexte culturel, le modèle qui créera en nous cette agréable impression de comprendre. La métaphore du lait caillé ne « dirait » rien à un Martien qui, comme chacun le sait, se nourrit d'acier fondu. La fabrication

---

1. Nicole Belmont, « L'enfant et le fromage », *L'Homme*, XXVIII (1988), p. 13.

mythique des petits Martiens se raconterait plutôt dans le récit de la fusion de l'acier, tendrement coulé dans un haut fourneau pour y être mêlé à des excrétions de Titane (la femelle du Titan).

À l'époque où la paysannerie prédominait en Europe, la pensée métaphorique nous invitait à cueillir les petits garçons dans les choux et les petites filles dans les roses, attribuant dès l'origine la rusticité aux garçons et la délicatesse aux filles. Plus tard, le développement du capitalisme nous a permis d'acheter un petit frère au grand magasin. Aujourd'hui, l'éprouvette triomphante crée le lit où fusionnent le sperme d'un prix Nobel avec l'ovule d'une bécasse, selon le mythe moderne de la conception technique et financière des enfants.

Très longtemps, aucun texte littéraire, aucun document médical n'a parlé de la sensorialité du fœtus. Quoi qu'on en dise, on a considéré l'avant-né comme une personne sans jamais l'avoir étudié[2]! Cette représentation préalable n'avait pas besoin d'observation. Il a fallu attendre l'émergence de l'individu en Italie et en Flandre, à la Renaissance[3], pour que l'homme, s'éloignant de la nature en s'urbanisant, pense à observer la nature! La proximité des informations ne facilitant pas l'observation, il faut prendre du recul pour mieux percevoir.

Quand le contexte de la pensée collective change, l'observation individuelle change avec elle. « La découverte du continent américain ouvre l'espace clos de l'Europe, Copernic ouvre l'espace infini du cosmos, et l'apparition des premières horloges permet de penser un temps mesuré et pas seulement éternel[4]. » On échappe au temps en le contrôlant, on échappe à la campagne en y construisant des villes, on échappe au corps en l'explorant.

---

2. M. Ferroul-Delbarre, Y. Ferroul, *Le Fœtus dans la littérature française*, thèse médecine et littérature, Lille, 1985.

3. J. Gélis, « La relation du couple avec l'enfant en Europe au cours des quatre derniers siècles », in Frison-Roche, *Enfants*, Paris, 1988.

4. J. Gélis, M. Laget, M.-F. Morel, *Entrer dans la vie*, Gallimard-Julliard (Archives), 1978.

Depuis Hippocrate, « la théorie médicale explique la génération comme le résultat du mélange des semences ». L'absence d'observations directes laisse libre cours aux plus folles imaginations : « Quand les deux semences seront jetées, l'homme ne doit promptement se disjoindre afin que l'air n'entre en la matrice et n'altère les semences [5]. »

Il faut attendre la fin du dix-huitième siècle pour que quelques médecins accoucheurs tentent la description de l'anatomie du fœtus et de ses enveloppes. Cette observation directe, cette perception rendue possible à la Renaissance, change la manière dont on se représente la grossesse. Le fait de comprendre que les deux vies de la mère et de l'enfant sont liées par la biologie donne naissance à la théorie des envies : « Si une femme désire avec une fureur aveugle manger des choses qui sont contraire à sa santé [...] si elle ne se satisfait [...] il s'imprimera une marque de ce qu'elle aura désiré sur l'enfant qui en sera taché [6]. »

L'idée que le désir de la mère peut agir sur le corps de l'enfant, grâce à la capillarité observable, constitue le point de départ de la théorie actuelle qui commande les observations les plus pointues sur les interactions mère-enfant. De nos jours, le médiateur de cet « esprit maternel » est matérialisé par les sensations que le fœtus éprouve et sait traiter. Le perfectionnement de nos capteurs techniques permet de décrire les modalités de cette sensorialité et de s'interroger sur la fonction de ces perceptions sensorielles.

Le catalogue des voies sensorielles n'a pas de sens pour le fœtus

Dans le contexte de nos hypothèses d'observations et grâce à ces capteurs qui nous permettent de visiter le fœtus,

5. Ambroise Paré, *Dix-huitième livre*, Lyon, 1690, p. 641, cité in J. Gélis, *ibid*.
6. Scevole de Sainte-Marthe, *La Manière de nourrir les enfants à la mamelle*, Paris, 1698, cité in J. Gélis, *ibid*., p. 65.

la description de ses compétences sensorielles donne le tableau suivant [7].

Contrairement aux idées reçues, la vision fonctionne dès la naissance, même chez les prématurés. Ce qui permet de penser que les fœtus en ont la faculté, même s'ils utilisent peu leurs yeux dans un monde utérin où il n'y a pas grand-chose à voir. Depuis 1942, la fixation visuelle et la pour-suite du regard, associée à la rotation de la tête, sont ré-gulièrement redécouvertes avec le même étonnement [8]. « Tiens, le fœtus voit donc ! » Ce qui est étonnant, c'est l'étonnement qui se répète à chaque génération de cher-cheurs, comme si notre culture d'adultes ne voulait pas voir que le fœtus n'est pas aveugle.

On peut dire que le fœtus prématuré voit flou (puisqu'il n'accommode pas) un objet situé à 20 cm devant ses yeux. Ce n'est pas la couleur qui le stimule, c'est la brillance et le mouvement. On peut imaginer que lorsque le ventre de sa mère est bien éclairé, le bébé a quelques impressions de formes se déplaçant dans une pénombre claire-obscure puisqu'il s'agite alors et que son cœur s'accélère [9]. Sa vision est prête. Le bébé n'attend que la rencontre avec les objets du monde extérieur pour accommoder les images.

L'odorat est actif dès la naissance. Mais notre monde d'adultes bien-pensants nous a longtemps interdit d'en faire l'hypothèse. Seuls les animaux flairent !

Pourtant, dès sa venue au monde aérien, le nouveau-né manifeste des comportements très différents selon l'atmo-sphère olfactive où l'observateur le place [10]. Lorsqu'on le

---

7. D. Querleu, X. Renard, F. Versyp, « Vie sensorielle du fœtus », in *Environnement de la naissance*, Vigot, 1985.

8. Pour la fixation visuelle, cf. B. C. Ling, « A Genetic Study of Sus-tained Visual Fixation and Associated Behavior in the Human Infant from Birth to Six Months », *Journal of Genetic Psychology*, VI (1942), p. 227-277 ; pour la poursuite du regard, cf. P. Wolff, B. L. White, « Visual Pursuit and Attention in Young Infants », *Journal of American Child Psychiatry*, IV (1965), p. 473-483.

9. I. Soulé, A. Granger Joly de Boissel, *Ecofœtologie*, Bordeaux, 1990.

10. H. Montagner, Cassette vidéo, INSERM U 70, Montpellier et *L'Attachement : les débuts de la tendresse*, Odile Jacob, 1988.

couche près d'un coton imprégné de l'odeur des seins de sa mère, il s'apaise, gesticule moins, abaisse ses paupières et mastique lentement. Il suffit de le coucher de l'autre côté et de mettre son nez au contact d'un autre coton sans odeur ou imprégné d'une autre odeur, pour observer aussitôt des mouvements vifs des mains et des pieds, yeux grands ouverts et bouche close.

Le liquide amniotique est parfumé. L'odorat permet de traiter les parfums volatilisés qui s'y trouvent dilués, soit par composition chimique, soit par inhalation de la mère. Tous les mammifères manifestent une sensorialité bien avant leur naissance. Quand on fait respirer une odeur stimulante à une brebis, le cœur de son agneau s'accélère dans l'utérus. Lorsqu'on fait respirer une odeur agréable ou désagréable à une femme enceinte, le cœur de son bébé lui aussi s'accélère dans l'utérus ou son petit change de posture [11].

C'est donc la mère qui parfume son liquide amniotique avec son propre corps : elle y met du sucre (glucose et fructose), une pincée de sel, un filet d'acide citrique, quelques protéines (créatinine, urée) et beaucoup d'acide lactique qui donne au liquide amniotique un goût de yaourt. L'atmosphère olfactive de la mère ajoute au petit-lait un parfum de circonstances : l'odeur des villes ou des sousbois, le parfum de l'homme qu'elle aime, ou sa cigarette qui provoque un arrêt notable des mouvements respiratoires du fœtus.

Comme celui-ci manifeste déjà des performances de mémoire à court terme [12], on comprend pourquoi, dès sa naissance, le nouveau-né adapte son comportement à l'odeur environnante : il s'apaise et mastique dans l'odeur familière de la femme dans laquelle il s'est développé, alors qu'il devient immobile et vigilant dans toute autre odeur.

---

11. B. Schaal, « L'organisation de la perception olfactive au cours de la période néo-natale », in F. Jouen, A. Henocq, *Du nouveau-né au nourrisson*, PUF, 1991.
12. C. K. Rovee-Collier, J. W. Fagan, « The Retrival of Memory in Early Infancy », in C.P. Lipsitt, *Advances in Infancy Research*, T. 1, Norwood N. J., 1981.

Dans l'utérus, les cavités nasales et buccales du petit sont remplies du liquide qu'il va goûter, auquel il va se familiariser, et qui ne se modélisera, ne prendra forme spécifique qu'après sa naissance. Tous les gourmets savent bien que c'est avec son nez qu'on goûte les fumets de la cuisine et des bons vins.

Décrire un catalogue des voies sensorielles du fœtus comme s'il s'agissait de sensorialités séparées, bien canalisées, analogues à celles de l'adulte, constitue un postulat actuellement critiqué. En revanche, dire que, lorsque la mère inhale un parfum, elle aromatise le liquide amniotique que goûte son bébé, lequel, plus tard, grâce à sa mémoire à court terme, reconnaîtra ce parfum, dire cela revient à considérer la sensorialité du fœtus comme informe : la substance qui l'entoure et le pénètre n'a pas une forme sensorielle bien différenciée. La sensorialité n'est pas encore spécialisée, elle peut facilement passer d'un canal à un autre [13].

Les progrès de l'imagerie endo-utérine, comme le microcinéma ou l'échographie à trois dimensions, permettent de visualiser cette idée : lorsque la mère parle, la structure physique de sa parole se transforme en toucher qui stimule le fœtus et déclenche un comportement exploratoire avec les mains et la bouche.

L'audition est le canal sensoriel le plus facile à explorer depuis 1970. Il révèle notre adulto-morphisme puisque, dès 1859, Küssmaul cherchait à communiquer avec le fœtus en parlant très fort près de l'abdomen maternel et en guettant les réponses comportementales : « Fœtus, qui es-tu ? M'entends-tu ? »

Depuis 1970, les capteurs sont plus performants et permettent de classer les réponses en deux groupes. « Non, le fœtus n'entend pas », prétendent certains chercheurs [14]. Sa trompe d'Eustache est bouchée ; un paquet gélatineux bouche son oreille moyenne et ne disparaîtra qu'après la naissance. Surtout, les pressions égales entre les oreilles externes, moyennes et internes empêchent la transmission

13. D. Stern, *Le Monde interpersonnel du nourrisson*, PUF, 1989.
14. J. Creff, *Le fœtus entend-il ?*, EMC, 1983.

des sons. Le monde sonore du fœtus pourrait à la rigueur ressembler à celui des grandes surdités de transmission comme chez les personnes âgées qui n'entendent rien, et soudain perçoivent un grand bruit, sursautent et se fâchent : « Ce n'est pas la peine de crier ! » Pour que le fœtus entende par l'oreille, il faudrait une intensité supérieure à cent décibels, ce qui serait douloureux [15].

« Oui, le fœtus entend », répondent d'autres scientifiques [16]. À partir de la vingt-septième semaine, le bruit change de modalité, ce n'est plus une invasion sonore qui déclenche une réponse motrice, comme le sursaut, c'est désormais l'objet d'une perception active qui le tient à distance, le structure et lui donne une forme. À ce stade, le bébé devient neurologiquement apte à traiter des perceptions pour créer une représentation alimentée par la sensorialité.

L'amodalité des perceptions crée probablement pour le fœtus un monde d'impressions encore peu différenciées auquel il s'ajuste. Quand la mère chantonne, les hautes fréquences de sa vocalité sont arrêtées par sa propre substance ; seules les basses fréquences passent et viennent vibrer contre le corps de l'enfant, comme une caresse au plus sensible de son corps : la bouche. Les sons aigus, pour passer, devraient être tellement intenses qu'ils feraient sursauter le petit.

Toute la peau du fœtus est en contact étroit avec la « peau » amniotique. Si bien que la moindre variation de mouvement, de posture ou de crispation maternelle frotte contre le dos du petit. Quand elle marche, quand elle s'allonge, quand elle se fâche, le bébé reçoit de véritables massages auxquels il se synchronise en changeant de position.

On s'est longtemps demandé s'il y avait synchronisation des rêves de la mère et de son petit. Le rêve biologique du

15. J.-P. Lecanuet, C. Granier-Deferre, B. Schaal, « Les systèmes sensoriels du fœtus », in *Introduction à la psychiatrie fœtale*, ESF, 1992.

16. J.-P. Lecanuet, C. Granier-Deferre, C. Cohen, « Fetal Alertness and Reactivity to Sound Stimulation », communication au ICI'S Meeting, New York, oct. 1984.

fœtus déclenche le rêve de la mère, soutenaient certains.
D'autres, bien sûr, s'y opposaient. Depuis l'échographie, on
peut avancer l'explication suivante : lorsque la mère rêve,
son sommeil paradoxal provoque un intense relâchement
musculaire qui modifie le tonus de la cavité utérine,
comme un sac de couchage soudain trop large. L'hypotonie
musculaire de la mère, provoquée par l'état de rêve, provoque un relâchement du fœtus [17].

Il y aurait donc deux types de toucher chez le fœtus. Un
toucher postural, où la peau du dos et de la nuque mettrait
le fœtus en interaction avec les grands mouvements et les
grandes émotions de la mère [18]. Toutes les mères témoignent des gambades du fœtus quand elles pleurent ou sont
émues au cinéma [19]. Un toucher par l'oreille et la bouche du
bébé qui percevrait, comme une caresse, les vibrations
graves de la voix maternelle.

Le toucher postural est utilisé par les obstétriciens pour
déplacer mécaniquement le bébé lorsqu'il se présente mal.
« Le toucher haptonomique est une invitation affective [20] »
où les mains placées sur le ventre de la mère modifient
doucement la pression attractive de l'écologie utérine, inci-
tant le petit à répondre.

Le toucher de l'oreille et de la bouche devient fonctionnel
aux toutes premières semaines, alors que l'embryon flotte
encore, en état d'apesanteur, comme un tout petit cosmo-
naute dans son univers utérin. Ce toucher-là perçoit
diverses sensations et les associe dans une réponse motrice
exploratoire. Dès que l'oreille ou la bouche ressentent les
vibrations de la voix maternelle, le petit envoie les mains en
avant et ouvre la bouche. Cette réponse s'explique logiquement par l'organisation du cortex cérébral où, très tôt, la
main et la bouche occupent une surface importante. Le
petit explorateur part à la recherche des OFNIS (Objets Flot-

---

17. M. Mancia, *Neurofisiologia e vita mentale*, Zanichelli, 1980.
18. R. Soulayrol, M. Sokolowsy, J. Vion-Dury, « Le dos, un mode
d'approche préférentiel de l'enfant psychotique », in *Le Corps et sa
mémoire*, Doin, 1984.
19. M. Lescure, *Les Carences affectives*, Privat, 1978, p. 46-47.
20. André Soler, lettre personnelle du 24 déc. 1991.

tants Non Identifiés). Ces OFNIS sont constitués par la paroi interne de l'utérus que le petit palpe, par le cordon ombilical, et par une main flottante que l'autre main attrape et porte à la bouche [21].

De la rencontre entre le fœtus et sa mère naît la vie psychique

Dès que la synaptisation fraye des circuits dans le cerveau, on voit apparaître à l'échographie des mouvements de flexion et d'extension du tronc, de rotation de la tête, d'étirement, de bâillement, de succion du pouce, en réponse à des stimulations tactiles venues de la paroi utérine et surtout des stimulations sonores : bruits aigus qui font sursauter et phonèmes graves qui incitent à explorer.

À la vingt-sixième semaine, les profils comportementaux sont déjà différents d'un fœtus à l'autre [22]. Certains bébés sont très suceurs, d'autres peu. Certains sont terriblement gambadeurs (956 mouvements par jour), d'autres très calmes (56 mouvements par jour) [23]. Ce comportement fournit un indice de l'aptitude du petit à traiter certaines informations privilégiées par sa sensorialité amodale, s'y familiariser par sa brève mémoire, et y répondre par des explorations motrices avec ses mains et sa bouche. Ce qui revient à dire que, dès ce moment, quand la mère parle, le bébé la goûte ! Il déglutit chaque jour trois à quatre litres de liquide amniotique parfumé, bien plus qu'on le croyait [24]. Il sursaute, cligne des paupières, explore et goûte quand sa mère chantonne.

---

21. A. Milani-Comparetti, « The Neurophysiologic and Clinical Implications of Studies on Fetal Motor Behaviour », *Seminars in Perinatalogy*, V (1981), p. 183-189.
22. A. Piontelli, « Infant Observation from Before Birth », *International Journal of Psychoanalysis*, LXVIII (1987), p. 453-463.
23. T. B. Brazelton, B. Cramer, *Les Premiers Liens*, Stock, 1991, p. 40.
24. J. A. Pritchard, « Deglutition by Normal and Anencephalic Fetuses », *Obstetrics and Gynecology*, XXV (1965), p. 289-297.

Mais vers le neuvième mois, c'est lui qui prend l'initiative de ses comportements. Il agit moins en réponse à sa mère. Déjà il manifeste un début d'autonomie : encore coincé dans sa cavité maternelle, il amorce la séparation. Il commence à mener sa vie : il s'agite quand elle se détend, il profite de sa sieste pour gambader, et la réveiller.

Une notion très importante a été négligée jusqu'à présent. La rythmicité de la mère ne se synchronise plus à celle de l'enfant et cette défusion biologique devient une stimulation pour le petit. La voix maternelle grave, mélodieuse et rythmée par les silences, se différencie de la monotonie placentaire cadencée par les pulsions cardiaques. La marche et les mouvements de la mère commencent à organiser la journée du petit avec des temps d'activité et de repos. Cette rythmicité constitue pour lui un objet sensoriel qui structure sa perception du temps, ce qui revient à dire que la représentation qui se met en place en fin de grossesse est affective, alimentée par des informations sensorielles auxquelles le petit s'est déjà familiarisé [25]. C'est la séparation qui, en transformant le temps en objet sensoriel, donne l'impulsion à la vie mentale.

Si la mère et le fœtus ne fissionnaient pas sensoriellement avant la naissance, le monde de l'enfant resterait non signifiant car toute information, devenant monotone, perdrait sa valeur de stimulation, comme le souffle du placenta auquel l'enfant ne réagit pas. Et surtout, le temps, ne se constituant pas en objet sensoriel, ne permettrait pas l'utilisation de la mémoire et de ses apprentissages. Cette rythmicité désynchronisée produit un effet stimulant qui pourrait être à l'origine de la vie psychique. Sans ce découplage des rythmicités, l'univers sombrerait dans la répétition, les stimulations se succédant dans un éternel présent sans s'articuler aux stimulations passées et sans anticipation. Même si les capacités cérébrales du fœtus étaient intactes (cortex bien développé, biologie de la mémoire saine, sommeil paradoxal incorporant les informations), rien ne pourrait s'intégrer. Les stimulations sensorielles

---

25. A. Rascowsky, « La vita psichica nel feto » (1977), in *Le Fœtus et son entourage*, Médecine et hygiène, 1989.

resteraient amodales, confuses, pâteuses. Aucune substance ne prendrait forme.

Le premier monde mental du fœtus serait donc un monde de représentations organisées autour de l'affect plaisir-déplaisir. Dans l'utérus, le bébé organise déjà le monde qu'il perçoit, c'est-à-dire les affects maternels transmis par les canaux sensoriels, perçus et interprétés par lui. Tout trouble psychique peut prendre sa source en n'importe quel point de cette circulation de l'affect : vie mentale de la mère perturbée, corps de la mère altéré, canaux sensoriels abîmés, communications pathologiques, cortex de l'enfant lésé, impulsion à la vie mentale contrariée.

Je me demande si une telle description ne représente pas, finalement, un autisme fœtal. Dans ce cas, une nouvelle hypothèse pourrait être fondée, c'est que, l'absence de défusion entre rythmes maternels et fœtaux ne permettant pas au temps de devenir un objet sensoriel, les sens n'auraient pas le temps de prendre sens [26]. Le temps, non structuré comme un objet perceptif, n'ordonnerait pas la sensorialité, ce qui rendrait impossible la naissance du sens. La sensorialité, restant amodale, ne prendrait pas forme et l'enfant vivrait dans un bombardement d'informations ponctuelles et désordonnées.

Cette séparation des sensorialités maternelle et fœtale, cette autonomie intra-utérine constituerait ainsi les prémices biologiques de la vie psychique.

Le rouage qui permet d'intégrer la sensorialité diffuse du fœtus, c'est le sommeil paradoxal. Tous les mammifères dont la gestation dure neuf mois, mettent en place, vers le sixième mois intra-utérin, une organisation en trois niveaux de conscience [27] : un état de veille avec mouvements du corps et des yeux ; un sommeil lent tranquille avec ondes lentes ; et un sommeil rapide avec muscles flasques. Dès que le sommeil rapide se met en place, le

---

26. E. Straus, *Du sens des sens* (1935), Jérôme Millon, 1989.
27. Y. Ruckebusch, M. Gaujoux, B. Eghbali, « Sleep Cycles and Kinesis in the Fetal Lamb », *Électroencéphalographie clinique et neurophysiologique*, XLII (1977), p. 226-237.

fœtus – véritable éponge sensorielle – devient capable de faire siennes certaines informations sensorielles extraites de son biotope utérin, essentiellement tactiles et auditives, et de les mémoriser. Autrement dit, le fœtus, qui passe une très grande partie de son temps à rêver, alimente ses rêves avec les informations sensorielles perçues pendant ses quelques heures d'éveil. Cet éprouvé intra-utérin, alimenté par la sensorialité et interprété biologiquement par le sommeil rapide (sommeil à rêves), fait assister à la naissance de la vie psychique intra-utérine.

L'une des fonctions du sommeil à rêves, c'est de créer le sentiment de familiarité. Dès l'origine de la vie psychique, le monde se polarise en un univers de sensations familières, où le bébé palme avec ses mains et change doucement de posture quand sa mère parle, et un univers de sensations étranges, où il sursaute, accélère son cœur, se recroqueville ou se tétanise quand sa mère crie et souffre, ou quand l'environnement transmet des sensations stressantes (bruits, chocs, froid) qui contractent l'utérus et changent le biotope fœtal. L'angoisse et la sécurité sont donc les premiers affects qui structurent l'écologie utérine.

Dès que l'appareil à rêver se met en place, vers la vingt-sixième semaine, le monde substantiel qui entoure le bébé prend progressivement des formes qui n'auront leur mode de sensorialité adulte que vers le quatrième mois après la naissance. Donc, la première pièce de l'appareil psychique ne se met pas en place dans le corps du fœtus, il prend forme et se module dans la substantialité de la rencontre, entre la mère et le fœtus, entre les événements qui provoquent des émotions maternelles et la manière dont le système nerveux du petit perçoit et traite ces sensations [28].

La vie mentale prénatale serait donc une lente germination à partir de la rencontre entre un appareil biologique (le sommeil à rêves) et une alimentation sensorielle fournie par la mère, son corps et ses émotions. Cette manière de concevoir la naissance de la vie mentale disqualifie encore une fois l'opposition conflictuelle entre l'inné et l'acquis.

---

28. M. Mancia, « Vie prénatale et naissance du Soi » in *Le Fœtus et son entourage, op. cit.*

Les deux sont nécessaires mais non suffisants, car une troisième contrainte s'y ajoute, c'est la rencontre de deux êtres en voie de séparation qui donne son impulsion à la vie mentale.

La phase de sommeil rapide apparaît comme la mieux adaptée à une interprétation perceptive, en tant que base d'une fonction « amodale qui permettra au fœtus d'avoir des expériences en liaison avec la sensorialité et la motricité, c'est-à-dire des expériences qu'il pourra vivre comme des expériences affectives [29] ». Or, la mise en place de l'architecture du sommeil chez le fœtus dépend de contraintes héréditaires. La rythmicité des phases lentes et rapides, leur ampleur, la forme des ondes, la cadence des mouvements oculaires et des sursauts d'endormissement sont rigoureusement programmées par le code génétique [30]. Lorsqu'un vrai jumeau montre à l'électro-encéphalogramme un retard de maturation ou une onde électrique normale mais rare, on peut être certain que l'autre jumeau identique montrera le même retard ou la même onde atypique.

Il y a une transmission héréditaire de la composante neurologique de l'appareil à percevoir le monde. Mais on sait que l'alimentation sensorielle du fœtus est fournie par les réactions de la mère. Ce qui compose cette sensorialité, c'est bien sûr l'écologie physique (bruit, froid, choc, toxiques). Mais c'est surtout l'affectivité de la mère, sa manière de réagir émotivement à une situation ou une information en fonction de son histoire, de son propre développement. La mère crée ainsi une écologie affective très différente selon qu'elle est hyperactive ou alanguie, stressée ou sécurisée. Autrement dit, son milieu conjugal et familial, qui la rend plus ou moins heureuse ou sécurisée, et la société dans laquelle elle vit, qui lui offre des conditions de maternité plus ou moins douces, vont se conjuguer avec sa propre histoire et l'organisation de son inconscient

---

29. M. Mancia, *ibidem*.
30. T. L. Valatx, « Sleep Behaviour, Genetic Regulation », in *Développement du cerveau chez le fœtus et le jeune enfant : Aspects normaux et pathologiques*, Josiah Macy Foundation (New York), 1977.

dans son interprétation de ce qu'elle perçoit. Le phénomène mental naît de l'incorporation de la sensorialité
maternelle dans le récipient à rêves du fœtus.

Il ne faut plus chercher le siège de l'âme dans l'épiphyse,
comme le faisait ce brave Descartes, mais dans un processus qu'on pourrait dénommer « incorporation du milieu »
ou « rencontre du troisième type » car, dès le niveau biologique, le tiers pointe son nez. Il ne s'agit plus de se représenter une instance supérieure répartissant les informations, comme Dieu, le prêtre, le cortex ou l'épiphyse,
mais au contraire de développer l'hypothèse que le milieu
peut imprégner la matière, comme un fruit plus ou moins
gorgé de soleil ou comme une inscription dont le texte gou-
vernerait cette biologie de l'acquis. Dans une telle représentation épigénétique, la vie psychique ne vient pas au bébé
comme une sorte d'aptitude préformée contenue dans la
matière, ni comme une vertu tombée du ciel ou donnée par
les fées rassemblées autour du berceau ; elle se développe
comme une épigénèse : à chaque stade du développement
de l'embryon, une autre forme de vie peut se différencier et
s'imprégner dans la précédente.

Au commencement est la matière. Le développement du
système nerveux est essentiellement soumis à la contrainte
génétique. Un cerveau de chat ne donnera jamais un cerveau d'homme même si l'animal est élevé dans le milieu le
plus humain qu'on puisse imaginer. Un cerveau de chat ne
peut se représenter qu'un monde de chat, alimenté par des
perceptions de chat. Cela n'empêche que tout chat peut se
développer dans son propre monde sensoriel distinct qui va
façonner son cerveau à nul autre pareil [31].

Les facteurs qui déterminent le développement sont de
nature différente à chaque étage de l'épigénèse ; par
conséquent, à chaque couche imprégnée correspond une
maltraitance possible.

L'erreur génétique est gouvernée par les lois de l'hérédité
mendélienne. Les syndromes sont rares (faible pourcentage

31. D. Hubel, T. N. Wiesel, « Receptive Fields of Single Neurons in
the Cats Striate Cortex », *Journal of Physiology*, CXLVIII (1959),
p. 574-591. L'expérience vaudra le prix Nobel aux auteurs.

de naissances) et multiples (plusieurs milliers de syndromes différents). Le moment où les troubles se manifestent est lui aussi prévu par le gouvernement génétique : la chorée de Huntington est codée pour s'exprimer vers la cinquantaine et, quel que soit le milieu, les troubles psychiques apparaissent les premiers, bien avant les mouvements anormaux qui orientent le diagnostic. À l'inverse, certains troubles s'expriment dès la fin de la grossesse, comme dans la maladie de Werdnig-Hoffmann où le fœtus ralentit ses mouvements et répond de moins en moins aux stimulations de son écologie utérine au point parfois de naître totalement flasque et sans réponse.

La chronologie du sommeil dépend d'un puissant facteur génétique puisqu'un fœtus d'homme doit organiser son sommeil dès la vingt-sixième semaine de sa vie utérine, en alternant des ondes lentes et des ondes rapides correspondant à des comportements observables : sommeil agité où le petit secoue ses mains et ses pieds, bâille, sourit et cligne des yeux [32], et sommeil calme de soupirs et de succions [33]. La zone initiatrice de ces manifestations électriques et comportementales se trouve dans un noyau du tronc cérébral gouverné essentiellement par un gène.

Il n'est pas impossible qu'un retard dans le programme de mise en place de ce sommeil fasse rater au fœtus la rencontre avec la sensorialité maternelle et explique l'étonnante précocité de certains troubles relationnels entre la mère et l'enfant, qui peuvent se manifester dès la naissance et parfois même avant ! Le premier processus de familiarisation ne se fait pas, la sensorialité maternelle ne s'imprègne pas dans le petit car son immaturité psychique ne lui permet pas d'incorporer ce genre d'information. Le jour de sa naissance, le petit ne peut donc pas reconnaître sa mère dans cette femme qui lui envoie des stimulations étranges. Il ne s'apaise pas dans ses bras, ne trouve pas le

---

32. Y. Navelet, *Développement du rythme veille-sommeil chez l'enfant*, Masson, 1984, p. 127-133.

33. C. Guilleminault, M. Souquet, « Sleep States and Related Pathology », in *Advances in Perinatal Neurology*, T. 1, Spectrum Publications, 1979, p. 225-247.

mamelon car il n'en reconnaît pas l'odeur, pend mollement dans les bras de sa mère qui le juge « décourageant... pas amusant... étranger... ». Le sentiment de continuité ne s'est pas mis en place. Le nourrisson n'identifie pas dans le monde extérieur la forme stable qui le stabilisera. Après le déménagement écologique en quoi consiste sa naissance, le bébé tombe dans un monde étranger où rien ne l'accroche, rien ne prend sens pour lui, car toutes ses perceptions sont ponctuelles, sans familiarité, sans continuité. Il s'inscrit mal dans un monde déjà privé de sens, et, décourageant sa mère, il ne la rend pas maternelle.

La maltraitance du fœtus peut être aussi chimique, parfois immunologique. C'est un mystère que ce parasite dénommé « fœtus » ne se fasse rejeter qu'à la fin du neuvième mois, alors que la moitié qui vient du père est étrangère à la mère. Certains pensent d'ailleurs qu'il y aurait là une explication de plus à l'autisme [34], décidément la maladie la plus expliquée du monde. Certaines femmes seraient plus rejetantes que d'autres et sécréteraient plus d'immunoglobulines contre ce corps étranger en elles-mêmes. Ce qui semble plus défendable, c'est que les petites molécules passent très bien le filtre du placenta. Les hormones injectées à la mère, celles du stress et la cortisone baignent très vite le monde sous-marin du fœtus. Les échographes repèrent aisément le hoquet du fœtus quand la mère est émue et l'apaisement du spasme quand quelqu'un la rassure.

Lorsque son cœur s'accélère, lorsqu'il agite ses mains et ses pieds, lorsqu'il fait des grimaces, le fœtus fournit de bons indices de sa perception de l'émotion maternelle. Dès la quinzième semaine, son répertoire comportemental est déjà très varié [35] : soubresauts, mouvements du tronc, hoquet, mouvements du diaphragme, déplacement d'un bras, d'une jambe, tête en avant, en arrière, sur le côté,

---

34. R. P. Warren, « Detection of Maternal Antibodies in Infantile Autism », *Journal of the American Academy of Child and Adolescent Psychiatry*, XXIX (1990), p. 873-877.

35. A. Laurent, « À quoi rêvent les fœtus ? », *Échothérapie*, mars 1990, p. 8-11.

mastication, succion, déglutition, bâillement, étirement, sans compter les mouvements complexes de rotation, reptation, natation. Cette gymnastique intra-utérine est déjà soumise à la double contrainte du cerveau de l'enfant (une lésion de la moelle cervicale ou de la base du cerveau modifie ce répertoire) [36] et du psychisme de la mère qui l'imprègne de ses émotions.

La rétention des informations sensorielles observée chez tous les mammifères révèle une surprenante capacité d'apprentissage. Mais à ce niveau initial du développement de l'appareil psychique, ce qui est le mieux mémorisé, c'est ce à quoi le fœtus est le plus sensible [37]. La saveur de citron qui baigne naturellement le liquide amniotique de tout mammifère ne provoque aucune modification comportementale alors que celle de menthe, perçue par un petit rat au cours de sa vie fœtale, sera facilement reconnue après sa naissance.

La vie mentale du fœtus est une vieille question, longtemps disputée en philosophie religieuse. L'éthologie, qui observe sans peine les réactions émotives, n'est pas à l'aise dans l'étude des représentations mentales. Les psychanalystes abordent mieux cette question, mais la vie mentale du fœtus qu'ils observent sur le divan est une représentation d'un passé très lointain. Ce n'est pas une vraie mémoire, c'est une reconstruction d'un passé qui révèle la manière dont, aujourd'hui, sur le divan, le locuteur imagine son séjour utérin. C'est important pour le récit, mais cela ne témoigne en rien de la vie mentale intra-utérine.

En revanche, l'existence maintenant attestée d'une mémoire courte et d'une contagion émotionnelle permet d'aborder la question de l'impulsion à la vie mentale [38]. À la base du cerveau, les structures réticulaires pontiques accé-

---

36. R. Restak, *Le Cerveau de l'enfant*, Laffont, 1988.

37. B. Schaal, « Discontinuité natale et continuité chimio-sensorielle : modèles animaux et hypothèses pour l'homme », communication au colloque « Éthologie et Naissance », Île des Embiez, Toulon, 1985.

38. P. Mazet, S. Stoleru, *Psychopathologie du nourrisson et du jeune enfant*, Masson, 1988.

lèrent son cœur et provoquent ses sursauts lorsque le bébé
perçoit une information émotionnelle. Le sommeil rapide
incorpore dans la mémoire ces événements sensoriels.
Les sensations perçues et intégrées dans la mémoire se
connotent fortement de plaisir ou de déplaisir. On peut
donc parler d'expérience proto-verbale où le biologique
donne l'impulsion à un début de représentation. Puisqu'une
perception fœtale peut déclencher une mémoire affective,
on peut supposer l'existence d'un sentiment de continuité
de soi, condition de toute représentation [39]. Le jour de sa
naissance, quand le bébé débarque sur Terre, il est déjà
équipé d'un appareil neurologique qui perçoit, filtre et
organise son nouveau monde. Ce très jeune immigrant possède un tout petit appareil mental qui fonctionne depuis
quelques semaines seulement, mais qui, alimenté par ses
perceptions, les transforme déjà en représentations.

Ce n'est donc pas une cire vierge qui débarque sur Terre,
mais un petit homme déjà personnalisé par son profil
comportemental, son émotivité et ses premières représentations mentales.

---

39. D. Stern, *Le Monde interpersonnel du nourrisson*, PUF, 1985.

CHAPITRE III

À qui appartient l'enfant ?

Une recherche en paternité du père de Newton vient de révéler, grâce à la cartographie génétique, que le père du savant était bien son père [1]. Et pourtant, nous avons calculé que Papa Newton avait vu tomber exactement 47,274 kg de pommes reinettes sans en tirer la moindre loi sur la gravitation universelle ! Nous pouvons en conclure que l'intelligence n'est pas une substance héréditaire.

Grâce à une subvention du Conseil régional, nous avons retrouvé les quatre-vingt-douze descendants de Freud et de Martha : 37,7 % sont marchands de vêtements ; 12,8 % cafetiers et restaurateurs ; 1,8 % chanteurs de variétés et 0,92 % sont devenus strip-teaseuses. Nous pouvons en conclure que le fait d'appartenir à la lignée du psychologue des profondeurs oriente vers les métiers de relations publiques.

Notre culture occidentale aurait tendance à nous faire croire que l'enfant appartient à ceux qui l'ont fait ou qu'il s'appartient à lui-même, comme s'il pouvait ne pas dépendre de ceux qui l'ont fait. Mais alors : qui a fait l'enfant ? Celui qui a planté la petite graine ? Dans un grand nombre de cultures, le père désigné est l'oncle maternel ou paternel, ou l'ancêtre, ou le grand frère, ou le parrain, ou le voisin... Le sentiment d'être père se développe à partir de l'attribution culturelle du rôle paternel, ce qui n'a rien à voir avec la petite graine. Pourtant, le sentiment de filiation

---

1. J. Haroche, « Pourquoi Mozart ? » *JIM*, n° 147 (1990).

est universel : on se sent toujours l'enfant de quelqu'un. Cette intuition s'exprime par les mythes qui racontent une génétique sans chromosomes. Cette génétique imaginaire a pour fonction de structurer le groupe plutôt que d'évaluer la transmission des caractères héréditaires. Il s'agit de deux domaines différents : à l'origine du mythe, il y a eu probablement des événements réels que les récits ont en même temps transmis et déformés à chaque génération[2]. La généalogie exige une réflexion historique, psychologique et sociologique, alors que la génétique nécessite des connaissances biologiques, cliniques et mathématiques. Et pourtant, chacune manifeste ses effets structurants sur le corps, le monde mental, et l'organisation sociale. Aucune n'est à exclure. L'une et l'autre sont des avatars de la pensée parlée qui découpe des segments de réel dans le chaos du monde et sculpte des formes différentes dans le magma de la matière.

Pourtant, je me pose un problème : pour me mettre au monde, il a fallu deux parents, chacun d'eux a eu deux parents, qui ont eu deux parents, qui ont eu deux parents... Ce qui fait que, à la quatrième génération, pour me mettre au monde, il a fallu $2 \times 2 \times 2 \times 2 = 16$ grands-parents. D'une manière générale, n générations avant moi, il a fallu 2^n ancêtres. « On calcule ainsi que vers l'an 1200, en gros du temps de saint Louis, qui vivait 33 générations avant nous, chacun de nous a plus de huit milliards d'ancêtres ![3] » Huit milliards d'ancêtres pour me fabriquer ! J'appartiens donc à huit milliards d'ancêtres ! Quel dommage qu'on me dise qu'il n'y avait à cette époque que quelques centaines de millions d'êtres humains sur Terre !

Avec ma femme, nous avons eu deux enfants. Chacun d'eux aura peut-être deux enfants qui auront deux enfants, qui auront deux enfants, soit, dans quelques siècles, une

---

2. A. Gianfrancesco, « Religion et affectivités », Conférence à Toulon-Châteauvallon, avril 1993.

3. A. Langaney, N. Hubert Van Blitenburgh, A. Sanchez-Mazas, *Tous parents, tous différents*, Musée de l'Homme-Chabaud, 1992, p. 41-43.

dizaine de milliards d'enfants issus de moi, qui m'appartiendront tous !

Ce qui veut dire, ou bien que je suis le résultat d'une fantastique activité sexuelle (ce qui est possible), ou bien que j'ai commis une faute de raisonnement (ce qui est aussi possible). Je me suis alors intéressé, comme tout le monde, à l'arbre généalogique du roi d'Espagne Alphonse XIII. Il est né en 1886 et, génétiquement, il aurait dû être issu de 1024 ascendants directs deux siècles auparavant. Alors que sa généalogie ne retrouve que 111 personnes différentes [4].

On peut interpréter cet écart en disant que les mathématiques sont illogiques ou que la métaphore de l'arbre généalogique est trompeuse. Je ne suis pas issu d'ascendants représentés par des portraits sur un arbre généalogique se divisant à l'infini. Je suis probablement issu, à l'intérieur d'un même éventail humain, d'une zone plus ou moins plicaturée, comme un ruban torsadé. Autrement dit, j'ai plusieurs fois les mêmes ancêtres. Depuis l'origine de l'homme, plusieurs milliers de fois mes ancêtres se sont accouplés malgré une proximité génétique voisine de l'union incestueuse ! « La consanguinité est une situation tout à fait banale, et il n'existe aucune population où les humains ne soient pas consanguins [5]. »

Les Tziganes sont peut-être issus d'un groupe d'Intouchables indiens. Leur diaspora a éclaté dans le monde, mais leur marginalité a paradoxalement préservé leur culture, qui contient encore des locutions et des rites indiens [6]. Un petit Tzigane qui vient au monde dans ce groupe humain est donc issu d'un ruban torsadé très étroit du même éventail génétique que les Occidentaux. Mais la torsade occidentale est plus large parce que le brassage du pool génétique y a été intense, à cause d'une histoire sociale chaude, source de nombreux mouvements de population.

---

4. M. Lani, *À la recherche de la génération perdue*, Hommes et perspectives, 1990, p. 45.

5. A. Langaney et al., *op. cit.*

6. Sur les locutions, cf. Pradeep Naraïm, communication personnelle, 1992 ; sur les rites, cf. « La Granier », 1992, Association Var-Tzigane.

Au moins, il y aurait une certitude, l'enfant appartiendrait à la mère puisqu'elle le porte, le met au monde et que, sans elle, il ne peut pas vivre. Quand elle dit : « C'est mon enfant », ce n'est pas négociable. Lorsqu'un père européen s'affirme tel, un père sénégalais peut lui répondre « qu'il n'est pas sûr d'être le père de son enfant mais qu'il est certain d'être l'oncle de celui de sa sœur [7] ».

C'est avec ce raisonnement que le premier siècle d'études psychologiques s'est consacré à la mère et à l'enfant, comme si elle existait seule avec son nourrisson, comme si la biologie n'avait rien à dire, comme si les enfants n'avaient pas de personnalité, comme si le rôle du père se réduisait à planter la graine et à signer des chèques, comme si la structure familiale, les compagnons d'école ou de quartier, le milieu économique, l'écologie physique et sociale, la religion, l'organisation des loisirs, et surtout l'univers sémantique dans lequel baigne un enfant, comme si rien de tout cela n'avait le moindre rôle dans son développement !

L'héréditaire et l'hérité

Cette représentation de la mère toute-puissante, donc seule responsable, nous a aveuglés sur les innombrables forces qui façonnent un enfant. Pourtant, il suffisait de se décentrer, de voyager un peu pour poser le problème autrement. À quelques heures d'avion de l'endroit où vous êtes en train de lire, il y a des sociétés polymaternelles où l'enfant appartient à un réseau de femmes structuré selon la culture. Les observations étho-pédiatriques montrent que la mère biologique garde quand même un privilège affectif [8]. Il semble que la continuité sensorielle mère-

---

7. Oumou Ly Kane, intervention au colloque « À qui appartient l'enfant ? », Toulon-Châteauvallon, sept. 1992.

8. K. K. Minde, R. Minde, S. Musisi, « Quelques aspects de la rupture du système d'attachement des jeunes enfants : perspective transculturelle », in *L'Enfant dans la famille*, PUF, 1985, p. 2-81.

enfant constitue le socle du sentiment de permanence nécessaire à la construction de l'identité de l'enfant.

Mais il y a mille manières d'être mère : seule, en groupe, avec un père analogue ou différent de soi, présent ou lointain, tout-puissant ou dévalué. Le bain du bébé, prodigué à toute vitesse par une mère occidentale efficace et rentable, ne crée pas du tout le même monde sensoriel que celui octroyé par une mère indienne « où chaque geste est imprégné d'hygiène, de religion et d'esthétique [9] ». L'enfant qui vient de naître tombe dans un monde déjà structuré par un mythe, et c'est dans cette écologie humaine imbibée de culture qu'il va tenter d'échanger et de réaliser ses promesses biologiques, psychologiques et sociales.

Parfois le père n'est pas celui qui a planté l'enfant [10] : chez les Trobiandais d'Océanie, les Indiens Haidas d'Amérique du Nord, en Côte-d'Ivoire ou au Ghana, l'enfant n'appartient pas au père biologique. Le père, celui qui donne le nom et les ressources, c'est l'oncle maternel ou le grand-père utérin. Le père planteur passera donc une partie de sa vie à accumuler le bétail et les terres en prévision du mariage... de ses neveux.

Dans certaines cultures, les mères ne sont que porteuses. En Chine, au Japon, dans les pays du Maghreb, et jusqu'en France méridionale, règne un système de filiation patrilinéaire : la mère est porteuse et l'enfant appartient au planteur.

Les sentiments eux-mêmes sont façonnés par les prescriptions culturelles. Chez les Mossi du Burkina, quand un enfant commet les inévitables bêtises de son âge, les ascendants maternels sont bienveillants et prennent sa défense. Alors que du côté paternel, les femmes sont autoritaires et répressives, elles sont surnommées « pères-femelles ».

---

9. H. Stork, *Enfances indiennes*, Le Centurion, 1986, et *Les Rituels du coucher de l'enfant*, ESF, 1993.
10. S. Lallemand, « La filiation pour les ethnologues », *Filiations*, n° 11 (1987), p. 44-54.

Ce vocabulaire de la parenté [11] permet de repérer comment une culture crée les circuits d'appartenance. Les mots « père », « mère », « frère », « sœur » et ceux qui désignent les radiations parentales périphériques existent dans toutes les cultures, mais les individus auxquels ils renvoient ne sont pas les mêmes d'une culture à l'autre.

Dans certaines cultures, l'enfant appartient pour une moitié à son père et pour l'autre à sa mère. Dans ce cas, on reconnaît sur son corps les signes de ses appartenances respectives : les os viennent du père, la chair vient de la mère. On attribue à l'enfant les objets qui appartiennent à chacun d'eux. C'est ce qui se passe au Nigeria chez les Yakö ou chez les Gouin-Tyerma du Burkina, et c'est peut-être aussi ce qui se passe chez nous.

Enfin, parmi les milliers de structures familiales inventables, le système cognatif, comme chez les Eskimos, les Hawaïens ou les Lozi de Zambie, établit que l'enfant provient de ses deux parents (il est co-né) qui proviennent chacun de deux autres parents. L'enfant appartient donc à quatre familles. Ce système généreux, où l'éventail est largement ouvert, offre à l'enfant un grand nombre de choix possibles. Mais si l'enfant choisit tout, il ne deviendra personne, car il ne peut pas habiter toutes les maisons, prendre toutes les habitudes, ni toutes les fonctions. Alors, on observe que c'est lui qui choisit à qui il va appartenir, de façon à construire sa personnalité en réduisant les possibles. L'aventure des couples modernes, dans les familles incertaines [12], rejoint peut-être ce modèle où l'enfant, dans l'éventail des possibles, choisit lui-même son appartenance pour s'y construire.

Ces quatre types d'appartenance – le planteur, la porteuse, moitié-moitié, ou mélangé – permettent de faire un schéma aux milliers de variantes [13]. L'enfant n'existe que

---

11. É. Benveniste, *Le Vocabulaire des institutions indo-européennes*, Éd. de Minuit, T. 1, 1969.

12. L. Roussel, *La Famille incertaine*, Odile Jacob, 1989.

13. V. Bordarier, « La filiation du point de vue juridique et anthropologique », in J. Guyotat, *Mort, naissance et filiation*, Masson, 1980, p. 90-105.

dans la représentation culturelle qui le désigne par un nom. Cette désignation balise son devenir social, organise une partie de son développement psychologique et donne l'impulsion aux sentiments associés à toute représentation. Cela n'a rien à voir avec les facteurs biologiques, qui s'expriment sans représentation et n'entrent pas obligatoirement dans la culture. L'Occident tente d'ancrer dans sa culture les facteurs biologiques, parce que certains scientifiques apprennent à « les parler ». C'est volontairement que j'emploie le transitif, pour signifier que « parler un facteur biologique », c'est l'inscrire dans la culture par la parole. Mais beaucoup de scientifiques ne savent pas parler d'autres langues que la leur. Et puis, ce n'est pas facile de lire : « La chlorpromazine ayant bloqué par analogie structurale avec la dopamine, les récepteurs $\alpha 2$ dopaminergiques post-synaptiques, soudain, Marcel Proust se désintéressa des catleyas. » Les facteurs biologiques sont difficiles à mettre en vers, c'est pourquoi ils s'expriment sans représentations.

Les facteurs économiques sont eux aussi très insidieux. Souvent, ce n'est qu'à leurs effets qu'on en prend conscience. L'Occident industriel a fragmenté les familles : un enfant occidental qui appartient à une famille monoparentale composée d'une femme très proche, ou à une famille en mosaïque composée d'une grand-mère proche, de deux mères éloignées, d'un père et d'un beau-père distants, de deux frères absents, et de quatre demi-sœurs présentes, cet enfant se développe dans une écologie affective et sémantique très différente de celle d'un petit Mossi africain qui appartient à une famille de cinquante personnes rigidement structurée. Le père du petit Mossi n'est pas une figure incarnée par une seule personne. L'enfant nomme « père » une dizaine d'hommes qui, dans la famille, ont une place précise de père, de grand-père, de petit-père, de souspère, de para-père, de pépère et autres pères. Le plus étonnant, c'est qu'il adopte avec chaque père des comportements différents adaptés à leurs statuts particuliers.

À Paris, où une personne sur deux habite seule, l'enfant se développe au contraire dans une écologie pauvre. Le temps est rythmé par l'école et le travail maternel. Les images d'identification sont réduites à un seul modèle, à moins que l'enfant n'échappe à sa famille en se soumettant à la télé-hypnose ou en allant dans la rue chercher des substituts, au hasard des rencontres, de bandes marginales ou de gourous profiteurs.

Quand un petit animal arrive au monde transporté par des moyens variables selon l'espèce (eau, bouche, utérus, œuf, poche marsupiale...), il recèle dans son petit corps un grand nombre de promesses génétiques, qu'il tiendra plus ou moins bien selon la structure écologique et sociale du monde où il arrive. Le même raisonnement vaut pour le petit d'homme, qui réalisera ses promesses génétiques plus ou moins bien selon la structure du monde où il débarque en quittant son univers aquatique.

Cette structure est écologique et sociale bien sûr, mais elle est surtout sémantique : les mots constituent les étoiles, les phrases dessinent les constellations, et les idées façonnent les sentiments et les actions. Pour un petit d'homme, tenter l'aventure de la parole, c'est d'abord une manière de rencontrer, une manière de faire des gestes, des mimiques et des vocalisations qui permettent d'aimer, d'échanger de l'affect, et d'agir sur la personne aimée. Acquérir une langue, c'est apprendre un code, mais c'est surtout prendre sa place affective dans une culture déjà structurée par cette langue.

Dès ses premiers gestes et ses premiers objets (vêtements, cuillers, pot), bien avant ses premiers mots, l'enfant s'efforce de s'imprégner de la culture qui le façonne. Il incorpore dans ses sourires, dans ses mimiques et dans ses vocalisations la culture à laquelle il appartient. Les mimiques faciales des nouveau-nés sont très nombreuses, quelle que soit la culture où ils débarquent. Ces grimaces sont très amusantes et on se demande où ils vont chercher tout ça. En quelques semaines, les mimiques-réponses de la mère ont renforcé certaines expressions faciales que le bébé imite [14], si bien que beaucoup d'autres s'éteignent en quelques mois.

---

14. F. Winnykamen, *Apprendre en imitant ?*, PUF, 1990.

Un bébé japonais a des mimiques faciales différentes de celles d'un bébé américain. Cette réduction des mimiques imprègne le bébé du code comportemental de sa culture. Si une culture peut façonner les comportements d'un enfant, c'est parce qu'elle crée un champ sensoriel autour de lui. Cette biologie périphérique constituée d'odeurs, de chaleur, de toucher, de stimulations visuelles et sonores, de rythmes de sommeil, de toilette et d'alimentation, donne forme aux échanges entre la mère et l'enfant.

On peut faire le même raisonnement pour les vocalisations. Les cris informes des premiers jours prendront très rapidement forme à condition de rencontrer un autre humain. Les milliers de phonèmes enregistrés à la naissance se réduisent pour composer le stock d'articulations sonores requis par la langue environnante. Si bien qu'on peut décrire une véritable ontogenèse de l'imprégnation culturelle [15] où l'expression des émotions et l'échange affectif préparent au signe qui donnera accès plus tard à la convention linguistique.

L'ontogenèse des comportements sexuels est biologiquement façonnée par la création de ce champ sensoriel composé de gestes, de mimiques et de postures qui donnent forme à l'échange des affects. Comme pour les mimiques faciales, les interprétations maternelles vont renforcer certains gestes de l'enfant dits masculins ou féminins et en effacer d'autres. Certains comportements sont masculins ou féminins quelle que soit la culture, comme notre anatomie. Mais certaines conduites, considérées comme masculines dans une culture, sont tenues pour féminines dans une autre. Chez les Pygmées par exemple, un mythe raconte que les femmes ne savent pas endormir les bébés, parce qu'à l'origine elles ont dérobé un arc qui les rend piquantes. C'est donc le père qui a pour mission, prescrite par la culture, d'assurer le rituel d'endormissement. Des documents charmants [16] nous montrent comment les

15. A. Van der Straten, *Premiers gestes, premiers mots*, Païdos-Le Centurion, 1991, p. 249.

16. A. Epelboin, Cassette VHS, Laboratoire d'ethnobiologie, Muséum d'histoire naturelle, 1992.

mères nourrissent les enfants, puis les confient aux pères, qui ajustent les petits dans leurs bras et, le plus tendrement du monde, hurlent une berceuse dans leurs oreilles et les endorment instantanément. Pendant qu'autour du père les petits garçons très attentifs aux mots de la berceuse et aux gestes d'endormissement apprennent ce rôle viril qui sera le leur plus tard.

Ce genre de document étaye une idée encore mal reçue dans notre culture dualiste : l'enfant est façonné par la représentation culturelle du sexe auquel il appartient géné-tiquement. Les partisans de l'inné ou de l'acquis auront du mal à se dépatouiller avec une phrase pareille. Pourtant le facteur génétique du sexe est facile à identifier, il s'agit du couple de chromosomes XX ou XY. Le facteur biologique n'est pas négligeable même si on connaît mal ses effets : les hormones jouent un rôle certain dans le déclenchement de quelques émotions. Quant au facteur culturel de certains comportements, il consiste en un ensemble de petits gestes, d'intonations, d'exclamations, d'encouragements, de répro-bations qui finissent par créer autour de l'enfant un champ sensoriel constant, dont on sait la vertu façonnante.

On appartient à un sexe biologique bien avant sa nais-sance. Mais dès que nous tombons sous le regard de l'autre, l'idée qu'il se fait de notre sexe constitue un monde senso-riel de gestes, de regards, de paroles et de consignes comportementales, vestimentaires et rituelles qui nous structure culturellement. « Enfin, elle avait, il va de soi, hérité de mon grand-père par son totem, qui est le croco-dile. Le totem permettait à tous les Daman de puiser impu-nément l'eau du fleuve Niger [17]. » Le mythe du groupe, en prescrivant des rites d'interactions, crée le champ sensoriel qui façonne l'enfant. Il suscite un sentiment d'évidence qui permet d'agir sur le monde et de ressentir un sentiment d'appartenance : nous pouvons nous lier, agir ensemble, et nous aimer.

Son effet pervers, c'est de nous pousser à tenir pour fous, méchants ou de mauvaise foi, ceux qui partagent d'autres

---

17. C. Laye, « L'enfant noir », in M. Boucebci, A. Amal-Yaker, *Traité de psychiatrie de l'enfant et de l'adolescent*, PUF, T. III, 1985, p. 91.

mondes. D'un seul mot, je peux définir l'appartenance de quelqu'un : « C'est un gitan. » Et ce mot se charge du stéréotype culturel des gitans qui prescrit un code comportemental envers eux et suscite un certain sentiment à leur égard. Les gitans sont pour moi l'impression qu'ils me font. Et je vivrai avec ce sentiment d'évidence tant que je n'aurai pas cherché à découvrir les gitans tels qu'ils sont. Le mot désignant l'appartenance donne une vision simple mais pratique de l'autre, il a l'avantage d'éviter le travail de la pensée.

La trame de cette structure comportementale et affective qui façonne l'enfant, c'est le chœur des récits de son groupe sur son groupe. Un très grand nombre de juifs au vingtième siècle méprisent l'argent, refusent d'en gagner ou le gaspillent pour conjurer le discours antisémite. Les récits sont composés d'interdits qui bloquent certains comportements, de règles qui en facilitent d'autres, de légendes qui créent des impressions, de mythes qui donnent sens et de symboles qui transforment les choses en signes. C'est dire que les romanciers, les cinéastes, les artistes, les essayistes et autres inventeurs de mythes sont responsables du monde qui nous entoure puisqu'ils le créent, bien plus que les biologistes, qui sont actuellement satanisés après avoir été divinisés par notre culture.

On sait identifier depuis longtemps les groupes sanguins, faire des électrophorèses et, aujourd'hui, cartographier le génome. Avec ces techniques, on pourrait facilement déterminer les parts d'appartenance respectives de l'enfant. Mais une question se pose : est-ce que la quantification d'un facteur biologique serait suffisante pour créer un sentiment d'appartenance ? L'attachement remplit tellement le cœur des enfants qu'il dénie toute valeur au savoir biologique. Les petits refusent de quitter la nourrice qu'ils adorent, même quand on leur explique que leur cartographie génétique et leur profil électrophorétique les fait appartenir à 100 % à leurs parents biologiques.

Chez les adultes, c'est moins simple parce que leur appétit d'histoire est tel qu'il prime parfois l'attachement quotidien et les pousse à partir en quête de leur généalogie. Si un généticien prouvait leur appartenance à 99 % au mélange chromosomique de Marilyn Monroe et de Louis de Funès, il les troublerait. Mais ce trouble ne viendrait pas du fait génétique proprement dit mais de son annonce, c'est-à-dire d'une histoire désormais révélée par la science.

Les mormons ont construit à Salt Lake City la plus grande banque du monde de données généalogiques [18]. Elle fournit de nombreuses informations intéressantes sur l'hérédité de certaines maladies biologiques et mentales, et surtout sur le mensonge de l'hérédité puisque des analyses biologiques fiables révèlent que beaucoup d'enfants attribués à un père ne peuvent biologiquement pas l'être. Cela prouve que les lois du sang existent, mais qu'elles sont imaginaires. À l'Institut de Puériculture de Paris, il a fallu interrompre un travail sur les filiations biologiques, tant les résultats risquaient de troubler les familles [19].

On a suivi des parents adoptants d'enfants étrangers qui ont rencontré les géniteurs et leur ont donné des lettres et des photos pour qu'ils aient des nouvelles du petit. D'autres, au contraire, ont refusé de rencontrer les parents biologiques. Or, on a remarqué que c'est dans le groupe des enfants ignorant leur origine que l'attachement s'est le mieux établi [20].

Le sentiment d'appartenance germine mieux dans l'histoire quotidienne que dans l'hérédité biologique, laquelle existe souvent là où on ne l'attend pas. Il ne paraît pas possible de parler de filiation chez les animaux, mais il existe un sentiment de familiarité acquis au cours des interactions quotidiennes. Ce sentiment peut advenir aussi en dehors de tout apprentissage, à l'occasion d'une fulgurante rencontre affective. C'est probablement dans ce sentiment de proximité affective que s'enracinent les structures de la parenté animale. Cela explique pourquoi les macaques des

---

18. J.M. Legay, D. Debouzie, *Introduction à une biologie des populations*, Masson, 1985.

19. M. Soulé, J. Noël, « Aspects psychologiques des notions de filiation et d'identité et le Secret des origines », in *Le secret sur les origines*, ESF, 1986, p. 51-68.

20. M. Soulé, J. Noël, *ibid*.

Indes, qui tuent les nouveau-nés d'un groupe voisin, épargnent mystérieusement leurs propres enfants biologiques : ils les reconnaissent sans les avoir connus, grâce à des comportements et des émissions sensorielles qui déclenchent chez les mâles tueurs un sentiment instantané de familiarité qui les apaise [21].

Certaines composantes de ces structures sensorielles sont héréditaires : les chats transmettent certains profils comportementaux de chasse ou de sommeil ; des lignées de rats répètent à chaque génération une aptitude à exprimer un style de socialité. Les salves d'aboiements ne sont pas dues au hasard, l'analyse génétique des comportements révèle une transmission héréditaire de la manière d'aboyer [22].

Et pourtant, même chez les animaux, il est difficile de séparer l'héréditaire et l'hérité. Dans un grand nombre d'espèces, les femelles héritent du rang de leur mère : au cours de l'ontogenèse des processus de socialisation, une fille de femelle dominante prend très rapidement à son tour une place de dominante dans son groupe social. Mais toute sa vie elle se soumettra à sa mère, qu'elle ressent comme une dominante.

En 1939, quatre cent neuf singes macaques ont été capturés en Inde, tatoués pour qu'on les reconnaisse, et implantés dans l'île de Cayo Santiago près de Porto-Rico, où leurs descendants vivent encore en liberté [23]. En les surveillant à la jumelle, on a pu observer qu'Imo, une femelle dominante, a soudain inventé un nouveau rituel : elle a lavé les patates douces pleines de sable et les a salées en les trempant dans l'eau de mer. Ce nouveau rituel s'est socialisé chez les macaques de Cayo Santiago, si bien que, désormais, les petits doivent l'apprendre. À chaque géné-

21. J.-C. Ruwet, communication personnelle lors des journées du centenaire de Schmeierling, Liège, nov. 1991.

22. P. Roubertoux, M. Carlier, *Génétique et comportements*, Masson, 1976.

23. B.D. Chepko-Sade, T.J. Olivier, « Coefficient of Genetic Relationship and the Probability of Transgenealogical Fission in Macaca-Mulata », *Behaviour, Ecology, Sociobiology*, V (1979), p. 263-278.

ration, le nombre de laveurs de patates augmente et, aujourd'hui, presque tous les singes pratiquent ce rituel qui caractérise leur groupe.

L'hérédité et l'héritage se transmettent à travers les générations bien avant la parole. Dès que celle-ci apparaît, et la représentation du temps qui rend possible le récit, on peut faire l'hypothèse que le petit d'homme hérite en même temps des chromosomes de ses parents et de leur bibliothèque, sans compter la théière que tante Noémie avait rapportée du Tonkin en 1930 et dont personne ne veut, mais qui souligne que les objets humains sont imprégnés d'histoire.

On peut maintenant comprendre pourquoi l'insémination artificielle provoque régulièrement des troubles du développement chez les animaux [24], alors qu'elle n'en donne presque pas chez les petits d'homme. La femelle inséminée artificiellement subit, du fait de cette technique, un trouble des interactions mâle-femelle nécessaires à l'attachement, elle se retrouve engrossée sans y avoir été préparée émotivement. Il lui manquera toujours une étape nécessaire à la construction de l'attachement. Quand le petit lui vient, il tombe du ciel, et la femelle qui, comme tous les êtres sans langage, est soumise à la proximité des stimulations, ne s'y attache pas. Elle considère le nouveau-né comme un étranger, un intrus, ou même un gibier.

Alors que le petit d'homme est quand même enfanté par le désir commun de son père et de sa mère. Il leur appartient tellement qu'il s'enquiert rarement du nom de son père biologique [25]. Ce qui ne veut pas dire que celui-ci n'existe pas dans une représentation secrète, cela veut dire que l'enfant désire appartenir à ceux qui l'élèvent, même si au fond de lui-même, le secret des origines joue un rôle psychologique... secret. On retrouve le même phénomène avec les enfants nés d'incestes : quand la mère a été suffisamment heureuse, malgré tout, pour que l'enfant se déve-

---

24. P. Pageat, communication personnelle, École vétérinaire de Maisons-Alfort, 1990.
25. M. Soulé, J. Noël, *op. cit.*, p. 65

loppe bien, il ne pose jamais la question du père ! Et ce silence « dit » qu'il a compris qu'à son origine il y a un lourd secret. Il ne veut pas savoir, pour mieux appartenir à ceux qui l'aiment au quotidien et auxquels il s'attache.

N'appartenir à personne
c'est ne devenir personne

Il faut donc appartenir. N'appartenir à personne, c'est ne devenir personne. Mais appartenir à une culture, c'est ne devenir qu'une seule personne. On ne peut pas devenir plusieurs personnes à la fois sauf à connaître des troubles d'identité qui compromettent son insertion dans le groupe.

Il y a des cultures qui considèrent qu'un enfant sans appartenance mérite la mort. En Algérie, un grand nombre de femmes pensent que tuer un enfant, c'est moins grave que de faire un enfant hors mariage. Mahfoud Boucebci vient d'être assassiné pour avoir demandé la création d'institutions destinées à recueillir ces enfants. Dans notre culture, on a longtemps pensé la même chose, jusqu'au récent bouleversement matrimonial qui conduit les mères à prévenir leurs filles : « Mais ne te marie pas... attends un peu... si un enfant arrive, on s'arrangera. » Alors qu'à la génération précédente l'arrivée d'un enfant hors mariage provoquait un drame familial !

L'appartenance a deux pôles : la familiarité et la filiation. La familiarité est un sentiment qui s'éprouve et se renforce au quotidien parce qu'il s'enracine dans la sensorialité des stimulations de la vie domestique. Alors que le sentiment de filiation n'existe que dans la représentation psychique qui, elle, s'enracine dans le contexte culturel. La familiarité s'alimente de biologique, de mémoire et de sensorialité quotidienne, alors que la filiation s'alimente de culture. La convention sociale de la famille crée la structure psychique et sensorielle dans laquelle vont se construire la familiarité et la filiation.

Quand un enfant n'appartient à personne, il se retrouve hors société, privé des structures qui auraient dû étayer son sentiment de familiarité et son désir de filiation. Cela

explique que les enfants sans famille sont en marge à la fois
des circuits de socialisation et des structures institu-
tionnelles qui permettent l'attachement. Plus ou moins
développés, ils se retrouvent adolescents mal socialisés,
souvent délinquants et sauvages. Leur impulsivité incoer-
cible les pousse au passage à l'acte, leur fragilité émotionnelle les désarçonne et les précipite dans des troubles
relationnels.

Cette altération des représentations de soi et des interactions quotidiennes provoque régulièrement des troubles
de l'identité : quand on ne sait pas d'où l'on vient, on ne
peut pas savoir où l'on va. Quand on ne s'inscrit pas dans
un circuit d'appartenance, le sentiment d'être soi devient
flou car le monde n'est pas structuré. Être brahmane ou
guerrier, riche ou pauvre, homme ou femme, mort ou
vivant, tout ça, c'est presque pareil.

Quand un enfant n'appartient pas, il ne connaît pas l'histoire de sa famille ou de sa lignée. Or, cette lacune empêche
l'enfant de structurer son temps. Lorsqu'un enfant sans
famille raconte sa vie, je suis toujours ahuri par la désorganisation temporelle de son récit. Un jeune de vingt-cinq ans
a des « trous de mémoire » et se trompe de dix à quinze ans
dans les dates, ce qui rend sa biographie incohérente.

« Les gens sans passé sont des gens sans nom [26]. » Le
problème du nom est fondamental puisque le nom de
famille nous vient d'un autre. L'absence de passé, c'est une
lignée muette. Le prénom est donné dans une relation
intime, affective. L'enfant devient alors très attentif à la
moindre sonorité, à la moindre orthographe qui l'évoque
et l'inscrit dans un pays et dans une lignée. Il lui attribue
une charge affective qui vient de sa propre histoire chao-
tique. Il se perd dans un fouillis de désignations sans référents stables.

« J'aime mon prénom Josiane, c'est le nom qui m'a été
donné par ma vraie mère.

– Votre vraie mère, c'est celle qui vous a portée ?

– Non ! non ! c'est celle qui m'a élevée. »

---

26. M. Kundera, *Le Livre du rire et de l'oubli*, Gallimard, 1985.

Lors de l'entretien précédent, sa « vraie mère », c'était celle qui l'avait portée. On entend aussi parler du « Monsieur qui m'a élevé », périphrase permettant d'éviter l'articulation du mot « père » qui, en l'occurrence, provoquerait une émotion insoutenable.

Les référents se bousculent dans la tête de cet enfant. Or, quand un discours devient confus, quand la présentation de soi n'est pas claire, l'interlocuteur désemparé, ne peut pas relancer l'échange. La communication s'éteint, isolant encore plus l'enfant et confirmant à chaque tentative de rencontre son impression d'être exclu des circuits sociaux et des échanges affectifs. Chaque rencontre mal codée réveille le sentiment d'abandon qui l'imprègne. Quand les référents nominaux sont flous, l'enfant sans nom n'a pas de place dans la filiation et personne ne sait communiquer avec lui sur le mode de la familiarité.

Même les visages sont impersonnels. C'est dur pour un enfant sans famille de ne pas savoir à qui il ressemble. C'est ce que je propose d'appeler « le rêve de Magritte » tant il est fréquent. Ces enfants savent qu'ils sont nés d'un homme et d'une femme, mais ils ne connaissent pas la figure de leurs parents. Ils en rêvent comme d'un couple uni sur une photo conventionnelle. Mais ces personnages ont un trou à la place du visage.

Quand on n'appartient pas, on ne connaît même pas l'aspect de ceux qui nous ont faits, on ne sait même pas si notre nez appartient au père ou à la mère, on ne peut même pas dire : « Je suis grand comme mon père ou vif comme ma mère. » Même l'identité physique est floue chez les enfants sans appartenance. Ce qui explique l'importance des photos des parents... quand elles existent.

Occuper fièrement sa place physique, affective, psychologique et sociale, voilà ce que permet le fait d'appartenir. La fierté est importante parce qu'elle facilite la construction de l'identité. Il est très étonnant de voir à quel point les enfants sont fiers d'appartenir à un groupe méprisé par le groupe voisin. Les Roms, gitans de Russie, sont surpris d'apprendre que les communistes sont fiers d'aller à l'usine. Et les Hongrois le sont quand ils apprennent que les gitans sont fiers de mendier, alors que pour ceux-ci, la mendicité est une petite entreprise d'éloquence. En donnant des sous, le gadjo fournit la preuve que le gitan a su trouver les mots et les gestes qui les lui ont fait sortir de sa poche. L'aumône est une preuve de son talent oratoire, si profondément humain.

Les contresens culturels sont fréquents parce que des gens qui vivent dans le même espace-temps et s'y côtoient physiquement, ne vivent pas du tout dans le même monde mental où chacun est fier des valeurs culturelles du groupe auquel il appartient. Ce sentiment de fierté que procure un mode d'emploi du monde procure à son tour le plaisir de pouvoir y construire son identité.

De qui peut être fier un enfant qui n'appartient pas ? À l'origine de soi, il y a une grande escarre, une chair morte et pourrie, la poubelle où on l'a jeté, le grand crime qu'il a dû commettre pour que sa mère l'abandonne, la tare qui le prive du mérite d'exister : « Je ne mérite même pas d'exister parce qu'à l'origine de moi, ma mère a été violée pendant la guerre par un soldat ss. Je suis né d'un acte monstrueux. Qui voudra de moi ? Qui pourra m'aimer ? » Cette représentation souille le sentiment d'estime de soi.

Parmi les enfants-poubelles, ceux qui ont encore la force de rêver élaborent le roman familial des enfants sans famille où la mère tient le rôle d'une fée et le père celui d'un chevalier. Le fantasme du trésor caché se rencontre souvent dans leurs romans : « Mes parents, avant de mourir, m'ont légué un trésor caché que je dois chercher. » Alors que les enfants élevés dans le confinement affectif de parents surprotecteurs inventent régulièrement un roman d'orphelin : « Je serais orphelin, seul au monde... libre et souffrant... ce serait merveilleux... je n'aurais de compte à rendre à personne... seul auteur de ma propre histoire. »

Un enfant n'a jamais les parents dont il rêve. Seuls les enfants sans parents ont des parents de rêve. Mais en réalité, quand ils retrouvent leurs géniteurs, la rencontre est cuisante et produit rarement des liens. Il n'empêche que le roman familial des enfants qui n'appartiennent à personne évoque fortement la structure des mythes [27]. C'est pourquoi les mensonges, les légendes et les inventions sur l'origine de soi sont nécessaires et respectables : ils sont fondateurs d'une lignée imaginaire et créateurs d'un monde d'actions où tout peut prendre sens.

Une patiente, qui a été une enfant abandonnée, entend un jour cette phrase – « Pour être CRS, il faut renier père et mère » – qu'elle commente ainsi : « Alors moi je me suis dit : mes parents m'ont déjà reniée, je peux donc faire CRS. Je me suis renseignée, j'ai fait de la moto, j'ai pris tous les risques, j'ai appris les sports de combat et maintenant je suis caissière dans une grande surface. » La phrase entendue correspondait si bien à son imaginaire, qu'aujourd'hui encore cette jeune femme se montre d'un courage physique peu banal. Elle cherche la bagarre, érotise les risques et organise une grande partie de ses lectures, de ses distractions, de ses sports et de ses vêtements autour d'activités paramilitaires.

Ces enfants veulent se donner à quelqu'un, à une famille, à un groupe. En France, on emploie régulièrement l'expression « C'est un gosse de l'Assistance » qui ne répond à aucune définition officielle [28], mais qui les attribue à une institution d'assistance à laquelle désormais ils appartiennent. Pendant des générations, on en a fait des ouvriers agricoles, des bedeaux en Bretagne, des mousses pour la marine anglaise, ou des colons pour l'Afrique et le Tonkin.

Quand les parents adoptent un enfant de la même culture, ils sont généralement réservés à l'égard des géniteurs [29], mais lorsqu'il s'agit d'un enfant d'une autre couleur ou d'une autre culture, ils envisagent volontiers de faire découvrir ses origines à l'enfant. Ils signifient par là que l'affectivité de l'enfant n'appartient plus à ses parents biolo-

27. S. Lebovici, M. Soulé, *Connaissance de l'enfant par la psychanalyse*, PUF, 1983. Voir aussi O. Rank, *Le Mythe de la naissance du héros*, Payot, 1983 et M. Robert, *Roman des origines et origines du roman*, Grasset, 1972.

28. M. Soulé, J. Noël, *op. cit.*, p. 65.

29. M. Soulé, J. Noël, *ibid.*, p. 66.

giques mais à ceux qui s'y attachent et qu'en revanche, ses origines appartiennent bien à une autre culture. Ils retrouvent ainsi la distinction entre familiarité et filiation : l'enfant appartient à ceux qui tissent avec lui les liens quotidiens et réels de l'attachement, alors que sa filiation imaginaire renvoie à une autre culture où l'on est d'une autre couleur, où l'on s'habille autrement, où l'on prie et où l'on pense autrement.

L'appartenance crée le monde où nous pouvons exister, elle donne forme à nos perceptions et nous offre les lieux où nous pouvons développer nos compétences. Elle découpe dans le chaos du réel des formes perçues, des jeux de rôle qui nous apprennent la familiarité, notre premier tranquillisant culturel. Puisque nous sommes accoutumés à percevoir une mimique qui signifie quelque chose, à effectuer un geste compris par l'adulte que nous aimons et à entendre l'énoncé d'une règle, notre monde prend une forme familière où nous savons que faire, que dire et que sentir.

Ce sentiment d'appartenance, qui structure la perception du milieu et les conduites à y tenir, crée en même temps le sentiment de continuité interne (être le même quand tout change autour de soi) et intergénérationnel. Les animaux, qui ont à coup sûr le sentiment de continuité interne qui en fait des individus, n'ont pas celui d'historicité qui nous personnalise à travers les générations. Pour cela, il faut savoir nommer et raconter.

Le nom constitue le meilleur marqueur d'appartenance car il représente l'idée qu'on se fait de soi-même sous le regard des autres. « Je suis fier de mon nom », ou « J'ai eu honte de mon nom et j'ai dû le réparer en devenant médaillé militaire », ce genre de phrases prouve que notre dénomination sociale est lourdement chargée d'affectivité. On peut dire à sa femme : « Quand tu es comme ça, tu me casses les pieds ! », cela ne lui fait pas plaisir, mais elle le supporte. En revanche, si on lui dit : « Quand tu es comme ça, tu me rappelles ta mère ! », cela devient insupportable parce que cela l'agresse, elle et son appartenance, c'est-à-dire beaucoup plus qu'elle-même. Le « Moi », qui a été tellement utile au développement de la psychologie, commence à souffrir aujourd'hui d'enfermement conceptuel. Il n'est pas circonscrit comme une pièce d'anatomie, il n'a de sens que dans un monde interhumain où il échange et se forme.

Ne pas se raconter en même temps que son groupe d'appartenance, c'est partir dans tous les sens, échafauder une identité sans fondements, une an-archie [30]. Privé de socle, sans origines, on ne repose sur rien, on flotte au gré des rencontres hasardeuses. On peut alors se prêter aux discours ventriloques, laisser parler l'autre par notre propre bouche, quand la théorie se transforme en litanie intellectuelle qui nous unit dans une adoration du Même... pour éviter de penser.

Notre accent et nos locutions régionales signent notre appartenance. En Provence, quand on dit : « Il est fou », c'est qu'on parle sérieusement ; mais quand on dit : « Il est fada », c'est qu'on ajoute à notre jugement une émotion plus gaie et plus taquine. La femme d'un patient, pour signifier qu'elle souffrait du délire de son mari qu'elle ne parvenait plus à comprendre, disait : « Il déparle. » Par cette locution, fréquente à Toulon, elle signifiait que cet homme, en « déparlant », cessait d'appartenir à son groupe social. En devenant étrange, son discours le rendait étranger, immigré dans la parole, aliéné.

Le parler commun, la conversation, crée un champ sensoriel de mimiques, de sonorités et de manières de dire où nous pouvons nous rencontrer et, ce faisant, elle rend possible l'échange d'affect et le tissage du lien. C'est peut-être ce qui explique le plaisir qu'on ressent à l'étranger quand on rencontre quelqu'un qui parle la même langue que soi, et ce sentiment de paix et de stabilité interne qui modifie tellement la gestualité d'un enfant dès qu'il se met à parler [31].

---

30. M.-A. Ouaknin, *Méditations érotiques*, Balland, 1992, p. 32-33.

31. A. Robichez-Dispa, B. Cyrulnik, « Observation éthologique comparée du geste de pointer du doigt chez des enfants normaux et des enfants pychotiques », *Neuropsychiatrie de l'enfance*, XL, n° 5-6 (1992), p. 292-299.

Il y a des peuples sans histoire ou sans géographie, comme les Tziganes, qui ne sont donc pas façonnés par leur effet structurant. Ils constituent leur sentiment d'identité en renforçant leurs rituels quotidiens. Le folklore des gitans parle beaucoup de « la bonne vie ». Leurs chants et leurs danses assurent la cohésion du groupe dans le présent. Et comme ils s'intéressent peu à leurs origines, ils aspirent la culture ambiante comme des éponges artistiques, même s'ils gardent en eux les traces d'un passé dont ils ne sont pas conscients car il a été mal conservé dans les mythes, à l'exception de la disposition des verres à table, de quelques vêtements et locutions venus d'Inde [32].

Puisque appartenir est une fonction, cela peut donc mal fonctionner. On peut ne pas appartenir, vouloir ne plus appartenir, appartenir à un autre, appartenir à soi-même, trop appartenir c'est-à-dire mal appartenir. Chaque trouble de cette fonction se manifeste par un trouble du fonctionnement de l'individu.

Un enfant recueilli m'expliquait qu'il s'était identifié à son tuteur au point de faire les mêmes études que lui, de pratiquer les mêmes sports, de porter les mêmes chemises, d'adopter les mêmes tics comportementaux. Or, quand son tuteur est mort, le nom de l'enfant n'est même pas apparu dans le testament et pas le moindre objet de la succession ne lui est revenu. Au chagrin du deuil, à la perte affective, s'est ajouté un sentiment de néant, de fin du monde, et très curieusement d'absence de début du monde : il n'y avait donc plus rien, il n'y avait rien eu... Un livre, un stylo, un tout petit signe eût suffi pour créer un sentiment de continuité qui donne sens aux choses et conforte notre identité. « S'il ne m'a pas légué le vieux stylo qu'il voulait jeter, c'est que je n'existais même pas dans son esprit. »

La transmission des biens, l'attribution d'objets imprégnés d'histoire (c'est le stylo qu'il avait acheté au cours d'un voyage aux États-Unis), nous assigne notre place affective dans notre lignée. Il est important de raconter l'histoire des parents et le fait que ces « histoires d'anciens combattants »

---

32. Pradeep Naraïm, communication personnelle, 1992.

disparaissent de notre culture constitue un indice supplémentaire de déparentalisation.

L'absence de rituels d'inclusion sociale laisse les individus sans appartenance [33], ce qui prive leurs efforts de tout sens : « Pourquoi avoir choisi l'enseignement comme lui, alors que je ne m'intéresse qu'au commerce... pourquoi m'être marié alors que je voulais voyager... pourquoi avoir porté des chemises américaines ridicules alors que je n'aime que les chemises sobres... » Sans appartenance, on se retrouve seul, dans un monde de choses dépourvues de sens, vivotant dans la ponctualité de l'instant qui passe : pourquoi à Paris plutôt qu'à Lille... pourquoi riche ou pauvre... homme ou femme... mort ou vivant ? C'est du pareil au même ! Cela n'a pas de sens ni de direction et cela ne fait pas un projet. « Je deviens inerte et soumis à toute influence qui voudra bien s'exercer sur moi... me pousser dans un sens ou dans l'autre. »

Le hasard livre les individus sans appartenance à ses profiteurs. Dans les groupes humains mal structurés où un grand nombre d'individus flottent en attendant le hasard qui les happera, on voit apparaître un sauveur, un gourou qui donne un sens de pacotille à ces individus sans appartenance, heureux d'être possédés [34]. Jusqu'au jour où, découvrant qu'ils ne s'appartiennent plus, ils comprennent qu'ils ont mené la vie d'un autre.

La vie des hommes est pleine d'ambivalence : je ne peux devenir moi-même qu'en appartenant à un groupe qui me propose des circuits de développement. Mais si j'appartiens trop à ce groupe, je ne pourrai pas devenir moi-même, je deviendrai ce que veut le groupe.

On retrouve la même ambivalence dans la quête des origines. Ce désir de filiation qui donne sens à nos efforts, crée au moment de la découverte un étonnant sentiment de paix intérieure, de cohérence, de douce gaieté. Beaucoup évoquent le plaisir qu'ils ont ressenti en trouvant la lettre d'un ancêtre ou une « preuve » de filiation et souvent, pour

33. G. Mendel, *54 millions d'individus sans appartenance*, Laffont, 1983.

34. G. Mendel, *La Révolte contre le père*, Payot, 1968.

exprimer le sentiment de cohérence interne que provoque cette trouvaille, ils emploient l'expression « comme une porte dans ses gonds ».

À ceci près que la trouvaille se passe dans les archives, et que le document déniché apporte une preuve réelle qui alimente... l'imaginaire. Cette curieuse association est facile à comprendre quand on écoute les enfants sans famille. Depuis que la loi les autorise à rechercher leurs origines, on assiste très régulièrement au scénario suivant : lorsqu'ils retrouvent une photo, un document, un objet ou un témoin qui alimente leur roman familial, ils éprouvent le grand plaisir et le sentiment de cohérence interne que procurent les mythes familiaux. Mais dès qu'ils retrouvent, dans le réel, leur mère génitrice ou leur père, la désillusion est grande, parfois douloureuse et l'amertume empêche la poursuite des relations.

Cette délicieuse prison de la filiation peut nous jouer de vilains tours et nous conduire dans des impasses. On connaît la fable savoyarde des « Voués au Fier » : une famille pauvre habitait près d'un torrent appelé Fier, dangereux à cause de ses tourbillons, de ses branches et de ses cascades. À chaque génération, les hommes de la famille s'y jetaient vers la trentaine, comme si une force maléfique les y poussait.

Un jeune homme me raconta de même qu'à chaque génération, les hommes de sa famille se suicidaient vers la quarantaine. Il énuméra les dates et les noms des grands-parents et oncles « voués au Fier » en quelque sorte. Pour expliquer cette tragédie récurrente, il hésitait entre la transmission génétique de la dépression et celle d'une malédiction. Il vivait dans l'attente anxieuse de cette force qui le prendrait à son tour. Sombre, triste et seul, il n'osait pas faire de projets et se socialisait mal « puisque de toute façon je dois me suicider bientôt ». L'attente de la pulsion donnait un goût de mort imminente à tous les événements de sa vie. Jusqu'au jour où, obsédé par son destin familial, il découvrit qu'il était un enfant adopté en secret. Instantanément, son humeur a changé, comme une libération : puisqu'il n'appartenait pas à cette famille, il n'était pas « voué au Fier », il pouvait donc espérer et entreprendre.

Il arrive que la pathologie de l'appartenance soit individuelle comme dans les délires de filiation, dans l'idéalisation des disparus ou dans les mélancolies altruistes. Le malade n'a pas le sentiment du « Je ». Il ne se représente que le « Nous », et, puisqu'il envisage la mort comme une libération, il emmène ses enfants et ses proches avec lui, par amour, tant ils s'appartiennent. Les meurtres passionnels aussi s'expliquent par cette intensité du « Nous ». « Si elle me quitte, je la tue, puis je me tue, tant je ne peux vivre sans elle. »

Les maléfices de l'appartenance ne sont pas rares, comme ces enfants qui ne veulent pas devenir bons élèves par crainte d'humilier leurs parents ; comme ces juifs qui, lors de l'Holocauste, retournaient auprès de ceux à qui ils appartenaient et se laissaient emporter avec eux. Aujourd'hui encore, certains survivants se sentent coupables de ne pas l'avoir fait [35]. Les mondes clos d'appartenance, où une seule manière d'être humain est tolérée à l'exclusion de toute autre, constituent la plus fréquente maladie de l'appartenance. La phrase souvent entendue comme une devise : « Pour penser comme ça, il faut être de mauvaise foi ! », prouve seulement que le locuteur ne sait pas se décentrer. Une seule représentation du monde est bonne : la sienne. Les autres appartiennent aux débiles ou aux retors.

La déparentalisation des pères

Le sentiment d'appartenance qui façonne nos comportements et nos jugements est lui-même façonné par notre écologie humaine. À l'époque, encore très proche, où l'on naissait et mourait dans la même maison, le sentiment d'appartenir à une famille ou à un village germait facilement en soi. Dans un contexte où la famine, les épidémies,

---

35. N. Zadje, *La Transmission du traumatisme chez les enfants des survivants juifs de l'Holocauste nazi*, thèse de psychologie, Paris-VIII, 1992, et *Souffle sur tous ces morts et qu'ils vivent !*, La Pensée sauvage, 1993.

les duretés du climat et les brigandages rythmaient les histoires de notre vie, la famille devenait le lieu de la sécurité, du confort, et de l'affection. Mais quand l'écologie humaine varie, quand le surnombre nous rend anonymes, quand l'organisation sociale nous fait changer de métier et de logement plusieurs fois dans notre vie, quand la ville devient le lieu des rencontres hasardeuses et des distractions fugaces, alors, la famille change de fonction. Elle n'est plus le havre de protection où l'on apprend à vivre, aimer et travailler, elle devient le lieu des répressions et des régressions. Dans une écologie humaine difficile, on souffrait de l'inconfort et de l'insécurité du monde extérieur, alors que dans une société surorganisée, c'est la famille qui fait souffrir, parce que c'est en elle que s'expriment les interdits sociaux et que se transmettent les angoisses.

Une autre maladie de l'appartenance provoquée par l'effondrement de la famille traditionnelle, c'est la déparentalisation des pères. Les hommes nommés « père » ne savent plus très bien ce que désigne ce mot, à quoi il contraint, ce qu'il permet, quelle place il donne dans la famille et dans la société. Si personne ne nomme « père » un homme, ni la mère, ni les enfants, ni la société, comment voulez-vous qu'il se sente père ? S'il est réduit à un rôle de planteur de graine et de signataire de chèques, comment voulez-vous que se tisse le lien affectif qui va l'imprégner de sentiments paternels ? Les petits Occidentaux aujourd'hui ne savent plus qui est leur père. Ils connaissent la biographie de Balzac, de Marx ou de Michel Platini, mais ne savent pas que leur père a une histoire [36], ils ne peuvent pas constituer leur génogramme [37], ni même dire quel est son métier [38]. Il faut du temps à un enfant pour découvrir que ses parents eux aussi ont eu une enfance. Freud pensait que l'enfant découvrait d'abord le monde constitué par ses parents, et plus tard seulement, « avec les progrès du développement intellectuel », il découvrait que ses parents eux-

36. Y. Kniebihler, *Les pères aussi ont une histoire*, Hachette, 1987.
37. A. Eiguer, *La Parenté fantasmatique*, Dunod, 1987, et A. Ancelin Schützenberger, *Aïe, mes aïeux !*, Épi, 1993.
38. B. Cyrulnik, *Sous le signe du lien*, Hachette, 1989.

mêmes appartenaient à un autre monde, constitué par la société et leurs propres parents [39].

Il me semble qu'aujourd'hui, ce processus qui permet de découvrir que les pères aussi ont une histoire, de les personnaliser sans les idéaliser comme des dieux ou des tyrans, est extrêmement retardé. Un enfant du dix-neuvième siècle voyait son père travailler, il examinait ses vêtements de travail et ses outils. Il savait comment ça se passait à la mine ou aux champs, puisque tout le monde en parlait autour de lui. Aujourd'hui, quand un jeune connaît le métier de son père, il ne sait pas le décrire, il ne connaît ni le salaire, ni les études, ni l'histoire personnelle de son père. Parfois il se trompe de manière étonnante. J'ai entendu une bachelière m'assener agressivement : « Mon père est très riche, il gagne 7 000 francs par mois et ne nous donne presque rien. » Les jeunes peuvent décrire le métier de leur mère, mais quand on leur demande ce que fait leur père, ils se tournent vers leur mère avec un sourire interrogatif.

Cette lacune dans leur filiation ne les inscrit plus dans une lignée et les soumet entièrement à la puissance affective de la mère, qu'ils devront contester plus tard pour devenir autonomes. Ce déni de généalogie contraste avec la généalogie abusive des aristocrates ou de certaines familles d'artistes et d'intellectuels. Ces lignées fortement personnalisées créent chez l'enfant un sentiment de continuité et de fierté qui facilite les projets d'identification.

Quand le sentiment de lignée diminue, la culpabilisation des parents augmente. La mère surtout est rendue responsable puisqu'elle prend le monopole des images identificatrices, alors que les autres membres de la famille sont mis à l'ombre par l'absence de récits familiaux. Les adolescents sans histoire rejoignent les adolescents sans famille : leur histoire commence avec eux-mêmes, ils sont leur propre origine, y compris culturelle. C'est peut-être ce qui explique que la transmission des métiers est en train de disparaître, sauf chez les enseignants, pour l'instant.

---

39. S. Freud, *Névrose, psychose et perversions : sur les souvenirs écrans* (1899), PUF, 1979.

À l'époque où il y avait trop de père, les femmes étaient l'annexe des hommes. Elles se dénommaient elles-mêmes « le deuxième sexe » [40]. La crise d'adolescence n'existait pas dans les sociétés traditionnelles [41] parce que les métiers étaient imposés par le père et les mariages arrangés assuraient la reproduction des structures familiales à travers les générations. Tout allait pour le mieux dans une société stabilisée en s'amputant d'une grande partie de ses membres et en se fermant à de nombreuses possibilités de développement. Le Code civil parlait alors de la « puissance paternelle ». Dans sa grande tolérance, il a dû, sous la pression des féministes, remplacer cette belle expression par celle d' « autorité parentale » qui, à peine décrétée, devint désuète.

Un enfant sans appartenance, c'est un enfant à prendre ; un enfant sans père cherche des repères. Plus tard, il deviendra un bonhomme-masse [42], un morceau de foule, individu anonyme, avide de se faire gouverner par un père charismatique, un chef de secte ou une image identificatoire, naïve et brutale, qui, en le possédant, fera son ravissement... au prix de sa personne.

Le mythe occidental de l'indépendance s'oppose aux mythes de l'appartenance, et le conflit entre ces deux aspirations contraires est difficile à surmonter. Il faut se sentir à sa place et bien dans sa peau pour éprouver le sentiment d'être quelqu'un dans sa culture. Notre liberté se paye au prix de l'angoisse de la solitude. Nous désirons alors appartenir à une école de pensée, à un groupe d'adoration où, vivant dans un même univers, les membres pourront s'aimer et tisser des liens au prix de leur autonomie.

Aujourd'hui en Occident, la peur de la dépendance semble être l'aboutissement d'une longue histoire de l'intimité qui a constitué son mode de personnalisation [43].

---

40. S. de Beauvoir, *Le Deuxième Sexe*, Gallimard, 1949.
41. A. Bensmail, communication personnelle au colloque « La violence sociale », Nice, 1991.
42. S. Moscovici, *L'Âge des foules*, Fayard, 1982.
43. G. Duby, *Histoire de la vie privée*, Le Seuil, T. 1, 1985.

Les jeunes femmes ont appris un métier « pour ne pas dépendre de leur mari », donc moins pour sa fonction sociale que pour sa fonction tranquillisante : « En cas de problème, je ne serai pas dépendante de mon mari. » Les diplômes sont en quelque sorte des contrats d'assurance. Ce refus légitime de la dépendance mène aujourd'hui à la peur d'aimer par crainte de se dépersonnaliser : « Si par malheur je l'aime, je ferai ce qu'il voudra. » Fuyons donc ceux qu'on aime pour garder notre indépendance. Restons libres... et seuls. Voilà ce qu'on entend trop souvent en psychothérapie, de la part de jeunes gens beaux, intelligents, diplômés, et tellement seuls que rien dans leur vie quotidienne ne peut prendre sens ni valeur.

Il semble que parmi les femmes, celles qui craignent le plus la dépendance affective soient justement celles qui en ont le plus grand désir. Dans une culture qui valorise l'appartenance, dépendre d'un homme, d'une famille, d'un État, sera considéré comme une preuve d'intégration : « Quelle femme merveilleuse, elle s'est sacrifiée pour la réussite de son mari et le bonheur de ses enfants. » Mais dans une culture qui valorise la personnalisation, cette intégration dans le groupe par oubli de soi, prend la signification d'un échec personnel.

Beaucoup de femmes sont déchirées entre ces deux aspirations contraires : « faire sa vie » et en même temps « trouver une épaule masculine sur laquelle s'appuyer ». C'est fou ce que les femmes emploient cette expression. Si les hommes savaient à quel point leurs épaules intéressent les femmes, ils s'en serviraient pour les séduire, ils inventeraient le décolleté masculin. Mais l'épaule virile n'a pas de fonction sexuelle, elle possède plutôt une vertu tranquillisante, une fonction d'étayage de la vie quotidienne. La présence forte et sécurisante d'une épaule masculine donne sens à leurs travaux domestiques. Quand une femme cuisine, ce n'est pas pour nourrir, c'est pour créer un scénario d'amour. Une femme seule se nourrit vite en avalant un yaourt, un bol de café au lait, un fruit ou un biscuit. Quand elle cuisine pour quelqu'un, le repas devient une rencontre où l'on échange des affects et des paroles bien plus que des glucides, des lipides et des protides. Quand un homme cuisine, c'est pour jouer, pour tenter une acrobatie culinaire qui provoquera des rires ou des exclamations. La même chose en soi prend des significations très différentes selon le sexe. La cuisine aussi est sexualisée.

Dès que les sexes espèrent se rencontrer, la cuisine apparaît. L'essor de l'industrie des plats cuisinés pour une seule personne constitue un indice de la désexualisation de notre société : appartenir à un sexe ou à l'autre devient sans importance.

La progression de l'anorexie mentale des jeunes filles en Occident prouve à quel point les femmes imprègnent la cuisine de signification affective : les anorexiques cuisinent pour se lier, mais refusent de partager un repas par peur de perdre leur indépendance. Quand l'idylle entre la mère et la fille est si forte qu'elle empêche la jeune femme de tenter toute aventure personnelle, elle essaye quand même de se personnaliser en refusant la cuisine de sa mère, au risque de sa vie.

L'annonce faite à mamie

Dans notre univers où tout est signifiant, l'usage de la montre est un bon indicateur du refus d'intégration sociale. Jusqu'à la génération précédente, on offrait souvent une montre le jour de la communion. Cet objet technique prenait alors une valeur sémantique, il voulait dire : « Désormais tu appartiens au monde des adultes. Tu prends ta place dans la société à laquelle tu vas appartenir. Ton temps devient temps social, tu arriveras à l'heure sur le lieu de ton travail, tu rythmeras ta journée selon les canons de notre culture. Une partie de ton temps appartient au groupe. »

Or, depuis quelques années, les adolescents essayent de vivre sans montre. On ne leur en offre plus, ils ne les portent pas, et l'on en voit à nouveau qui demandent l'heure dans la rue alors que les montres n'ont jamais été si bon marché ! De même, les rythmes de sommeil ne sont plus socialisés. Pendant les guerres il n'y a plus d'insomnie

parce que les rythmes sociaux sont parfaitement synchro-
nisés par le couvre-feu militaire, le lever précoce et les
activités quotidiennes. L'hypersomnie actuelle des jeunes
gens [44] révèle leur désir de ne pas s'intégrer dans le groupe
et s'ajoute aux difficultés de la confrontation sociale.

La fonction sémantique des objets et des comportements
révèle à quel point la technique participe au mythe. Quand
Prométhée vole le feu du ciel à Zeus, c'est un objet technique qui prend place dans le mythe. Quand chez les
Baruyas, le mythe attribue aux femmes le pouvoir de fabriquer du sel qui permet l'échange contre les lames de pierre
ou le bois de palmier qui servent à fabriquer des outils
et des armes, le mythe et la technique s'associent pour donner le pouvoir aux hommes [45]. Quand, dans les premières
sépultures, on découvre des squelettes ensevelis avec leurs
pierres taillées, leurs aiguilles d'os et leurs poteries déco-
rées, c'est que les objets techniques sont devenus porteurs
d'affect et de sens [46].

Plusieurs indices de désolidarisation nous sont aujour-
d'hui fournis par l'augmentation des objets qui n'ont plus
rien à dire. C'est dans les grandes surfaces qu'on va pêcher
les carrés de poisson surgelé. Cela nous fait gagner du
temps, mais nous ne pouvons plus raconter l'histoire de la
pêche miraculeuse, ni mettre en mémoire le petit matin
avec le grand-père qu'on aimait tant, ni la fraîcheur mouil-
lée de la barque, ni le café fumant offert par un inconnu.
Plus rien n'existe de ce qui peut faire récit. Les objets rede-
viennent des choses qui pèsent, qui coûtent, et apportent
des calories : ils se font matière sans valeur sémantique.
Les donneurs de sens, artistes, cinéastes, romanciers et
philosophes, pourraient compenser cette perte de sens si
eux aussi ne se laissaient pas tenter par « le retour à la
chose même ».

La perte de sens des objets participe de la crise de
l'appartenance, elle fragmente le corps social et libère les

44. S. Lepastier, « Le sommeil de l'adolescent : aspects cliniques »,
Annales psychiatriques, V, n° 4 (1990), p. 332-334.
45. M. Godelier, *La Production des grands hommes*, Fayard, 1982.
46. F. Sigaut, communication personnelle, 1992.

individus qui ne veulent plus lui appartenir. La clinique
révèle d'autres aspects de cette peur d'appartenir, de
dépendre d'un lien affectif [47]. Peur d'être soigné en psychothérapie et de dépendre du psychothérapeute ; peur d'être
soigné en médecine et de dépendre d'une molécule chimique. Il se trouve que là encore, ceux qui craignent
d'appartenir sont ceux qui en ont le plus grand désir. Mais
honteux de leur propre désir, ils luttent contre lui et affir-
ment trop fort leur indépendance. Ce qui explique le
comportement paradoxal de ceux qui militent contre les
médicaments et en prennent en cachette, et de ceux qui,
après avoir affirmé leur vigoureuse hostilité à toute
influence psychique, se soumettent aux rituels d'une secte
qui les possède.

L'indice le plus évocateur de cette désagrégation affective
est peut-être bien l'érosion du sentiment de jalousie en
cette fin de siècle [48].

Au siècle précédent, la jalousie était considérée comme
tellement normale qu'elle ne pouvait être pensée comme un
délire. Personne ne prétendait qu'Othello était malade : s'il
a tué Desdémone endormie, c'est à cause de sa passion et
non d'une maladie. Il fallait donc lui pardonner et non le
soigner. Il se trouve qu'alors le sentiment d'appartenance
était une valeur culturelle indiscutable, un enfant appartenait à sa famille comme une femme à son mari, comme son
ventre à Dieu, comme l'homme à son régiment et à sa
patrie.

Notre siècle, qui a donné à la jalousie son statut pathologique, en a fait une maladie de l'émotion, phénomène très
proche du biologique dont le discours triomphait à
l'époque. L'érosion actuelle du sentiment de jalousie se
repère au petit nombre de délires déclarés, à la diminution
des crimes passionnels et au développement de la tolérance
sexuelle dans les couples modernes. La fidélité se relativise
en gommant la jalousie : « Si ce n'est qu'une aventure phy-

---

47. J. Birtchnell, « Defining dependance », *British Journal of Medi-cal Psychology*, LXI (1988), p. 111-123.
48. P. E. Mullen, « Jalousy : the Pathology of Passion », *British Journal of Psychiatry*, CLVIII (1991), p. 593-601.

sique, je veux bien lui pardonner. » Cette phrase désormais banale contient la pensée implicite : « Tant qu'il reste avec moi pour l'affectif, pour les enfants, pour la maison, pour l'argent... »

Les grandes souffrances qui peuvent délabrer à jamais une vie affective ne se rencontrent que chez ceux qui connaissent la passion : « Je suis prête à lui appartenir totalement, comme je veux qu'il m'appartienne. » En cas d'infidélité, la souffrance sera immense. Cette manière d'aimer s'atténue chez les jeunes qui, ne voulant appartenir qu'à eux-mêmes, tolèrent l'instabilité des corps et des couples.

Les délires de filiation s'estompent eux aussi. Il y a longtemps que je n'ai plus rencontré le Christ ou Napoléon. Il y a vingt ans, on les voyait encore. Ils ont disparu après mai 68, ce qui prouve à quel point la culture alimente nos délires. On ne désire plus appartenir à ces gloires, les valeurs sûres de la généalogie se dévaluent car la personnalisation des jeunes les incite à se centrer sur eux-mêmes plus qu'à se situer par rapport à leurs origines.

L'augmentation des mariages mixtes nous offre un autre repère de rupture généalogique où les couples, par ce choix, révèlent leur désir inconscient de ne plus s'inscrire dans une lignée et de fonder leur propre descendance. Le paradoxe de la condition humaine, c'est qu'on ne peut devenir soi-même que sous l'influence des autres. L'homme seul n'est pas un homme. Un enfant sans culture n'est pas un enfant naturel, c'est un être vivant décérébré, car son cerveau n'a pas eu l'occasion d'être stimulé par un événement culturel ou affectif. Comment fait-on pour se développer dans un milieu sans ordre ? Peut-on appartenir à une foule anonyme ? On y est entraîné, bousculé, soumis, influencé, comme une barque sur un torrent, mais on n'appartient pas au flot qui nous emporte.

Pour prendre place dans une société, il faut une structure. Pour s'y inscrire, il faut un registre. Le « Je » ne peut exister qu'à l'intérieur d'un « Nous » auquel il appartient. L'armée constitue un terrain d'observation unique à cet égard. Le militaire de carrière est une variété humaine très particulière au fort sentiment d'appartenance : plus le groupe est structuré (nageurs de combat, parachutistes, sous-mariniers), plus le sentiment d'appartenance est fort, créant un profond sentiment d'identité et de fierté. À Toulon, le groupe des sous-mariniers, très sélectif par ses contraintes physiques, ses épreuves psychiques et les difficultés à tisser un lien extérieur, est celui qui fournit pourtant le moins de symptômes psycho-somatiques [49], ce qui s'explique par l'effet protecteur du sentiment d'appartenance. Un même stress sera ressenti de manière différente selon le sentiment d'appartenance du sujet, il aura un impact psycho-organique très différent sur un homme d'équipage ou sur un voyageur. Dans les camps de déportation, les communistes et les Témoins de Jéhovah tenaient le coup beaucoup mieux que ceux qui ne comprenaient pas pourquoi ils étaient là. Ces individus sans appartenance souffraient plus que ceux qui donnaient sens à leurs souffrances et les apaisaient lors des interactions [50].

Il est intéressant de noter que ce sentiment d'appartenance devient plus intense et plus conscient en présence d'une autre personne, non appartenante : un étranger, un déviant, un autre groupe ou un « pékin [51] », comme si « toute complicité affective ne pouvait s'effectuer que sur le dos d'un tiers [52] ». Ce sentiment se développe tout particulièrement chez des étudiants et les jeunes nouvellement incorporés [53]. En quelques mois, il transforme leur personnalité, ses expressions verbales et comportementales. Si le sentiment est encore imprégnable chez un jeune de vingt ans, autant dire que chez un enfant avide d'impressions issues du monde de ses parents, il pourra s'imprégner encore plus profondément.

Dans un contexte culturel de dépersonnalisation, quand l'identité flageole, quand la fierté d'appartenir s'estompe,

49. Y. Raoul, M. Delage, « Psychiatrie de guerre en milieu maritime », *Annales médico-psychologiques*, janv. 1984, p. 229-236.

50. B. Bettelheim, *À cœur conscient*, Laffont, 1981.

51. Surnom attribué par les militaires aux civils.

52. M. Serres, *Hermès ou la communication*, Éd. de Minuit, 1968.

53. T. M. Newcomb, *Personnality and Social Change*, Dryden Press, 1992.

on comprend le retour des nationalismes qui offrent un
« Nous » comme prothèse aux « Moi » fragilisés. Quand ce
« Nous » raconte l'histoire d'un pays ou d'une région, c'est
un progrès, il renforce l'identité du « On » anonyme des
bonshommes-masse [54]. Mais quand ce « Nous » se fait les
griffes sur le dos d'un autre, d'un voisin, d'un étranger ou
d'un différent, ce mécanisme classique du sentiment
d'appartenance provoque les tragédies haineuses dont la
guerre est l'expression logique. Le nationalisme est une
religiosité profane, amoureuse et expiatoire [55] qui renforce
le délicieux sentiment d'appartenance au détriment d'un
bouc émissaire.

Que les mythes soient des récits qui emblématisent le
groupe ne signifie pas que cet imaginaire soit coupé du
réel. Au contraire même, le récit qui naît dans un contexte
social, s'alimente du réel. Ce qui explique que nos découvertes actuelles en biologie et surtout en imagerie médicale,
bouleversent nos représentations de la filiation et de l'affi-
liation : « ... Nos connaissances biologiques objectives nous
voilent un fonctionnement psychique et culturel fondamental : tout enfant est fabriqué au confluent d'une union
biologique et d'une alliance culturelle... [56] » Croisement
d'humains et de divinités, cette fabrication s'estompe dans
notre culture à l'ombre de la fabrication biologique des
enfants. Les découvertes moléculaires, chromosomiques
ou physiologiques alimentent peu nos représentations
mythiques parce qu'elles ne fournissent guère de mots et
d'images pour faire un récit. Ce n'est pas le cas de l'imagerie médicale qui donne à voir l'inimaginable grotte utérine
où flotte un fœtus humain à tête de chien, suçant son pouce
et applaudissant quand sa mère parle.

L'imagerie médicale ne voile pas un fonctionnement psychique, elle le change. Dans ce mythe médical, nos divinités
fondatrices fabriquent des enfants chimériques composés

---

54. S. Moscovici, *op. cit.*
55. R. Girard, *Des choses cachées depuis la fondation du monde*,
Grasset, 1972, p. 157.
56. T. Nathan, « De la fabrication culturelle des enfants », *Nouvelle
Revue d'ethnopsychiatrie*, n° 17 (1991), p. 13-22.

de morceaux d'hommes sans histoire : prendre de minuscules spermatozoïdes vibrioniques, puis les planter dans
de gros ovocytes. Le corps des mères sera désormais
représenté sous forme de canaux de circulation : trompes
ovariennes à sens interdit sous peine de grossesse extra-
utérine, utérus à stationnement autorisé pendant neuf
mois, vagin à circulation réglementée où les allers-retours
sont recommandés. Le corps des femmes devient balisé
comme une autoroute et dans le chaudron de leur sexe, la
fécondation ne se fait plus rencontre divine ou alliance
culturelle, mais prosaïque fusion des gamètes. On y taille
des morceaux d'homme sous forme d'*excreta* sexuels et ça
fait un enfant.

L'inventivité technique met au point des modes de reproduction humaine très surprenants : une Calabraise de
62 ans vient d'être engrossée grâce à une éprouvette,
comme dans la Bible où Sarah est « visitée » par Yahvé pal-
liant Abraham trop âgé pour s'en charger lui-même. Mais
dans la Bible, c'est Dieu qui féconde Sarah, alors qu'à
Naples c'est le docteur Rafaele Magli qui fait une FIVETE à
madame Concetta Ditessa. Les grossesses après ménopause
sont techniquement possibles jusqu'à cent ans [57]. On pourrait même imaginer une centenaire grabataire, perfusée de
sucre et d'hormones, portant dans son utérus médicalement assisté, le fruit d'une injection de spermatozoïdes
congelés issus de son mari mort depuis quatre-vingts ans.
Quel sens pourrait avoir une telle grossesse ? Que ferait-on
d'un enfant qui pourrait appartenir à une mère centenaire
et à un père mort longtemps avant sa naissance ?

L'annonce faite à mamie [58] est plus proche du sordide
que du divin, et l'enfant ainsi conçu ne pourra jamais
savoir s'il appartient au gynécologue, à l'éprouvette qui l'a
transplanté ou à des parents qui, pour lui, n'auront jamais
été vivants.

---

57. Sacha Gehler, président de l'association marseillaise de mères
porteuses « Les Cigognes », 1992.

58. G. Monod, « L'Annonce faite à Mamie », *JIM*, n° 244 (1992),
p. 35-39.

Quand la technique n'est pas portée à l'absurde, les enfants nés d'insémination artificielle se développent tout à fait bien [59]. Mais comme aujourd'hui l'archange Gabriel est remplacé par le journal télévisé, un enfant pourra très bien apprendre qu'il est né de la fécondation de sa grand-mère par le sperme de son petit-fils, comme cela est arrivé en Afrique du Sud [60]. À qui appartient cet enfant ? Comment va-t-on lui dire qu'il est né d'un inceste technique ? Le juge va-t-il punir le fils pour abus sexuel au moyen d'une pipette, ou la grand-mère qui a désiré être fécondée par son petit-enfant ?

Perversion technique ? Nouvelle structure de la parenté ? Changement de mythe ? Dieu n'a plus le monopole de la procréation à distance. Un enfant pourra naître de la rencontre entre une pipette et une cuve frigorifique, mais quel récit en fera-t-on ? La fabrication des enfants deviendra l'analogue de celle des vélos, ce qui constituera un grand progrès affectif, à en juger par le nombre d'hommes émerveillés par une bicyclette.

On pourra aussi fabriquer des morceaux d'êtres vivants et les greffer à un enfant insuffisamment développé, puisqu'on peut dès aujourd'hui créer des souches de porcs porteurs de nombreuses séquences de gènes humains [61]. On pourra greffer un cœur de cochon chez un homme qui sommeille, ou un rein de babouin, ou un pancréas de chien, créant ainsi un puzzle biologique très fonctionnel.

À qui appartiendront ces morceaux d'enfants ?

Parmi ces nouvelles appartenances biologiques, bien loin des méthodes artisanales où chacun porte sur soi un outil à planter les enfants, la technologie propose de nombreux choix : FIVETE, GIFT, TOAST, POST, PROST, FREDI, ART, EARS, etc. [62]

59. M. Soulé, J. Noël, *Aspects psychologiques des notions de filiation et d'identité et le secret des origines*, op. cit., p. 65, contestés par J. Couderc, Clermont-Ferrand, 1993.

60. G. Monod, *op. cit.*, p. 37.

61. J. Vincent, « Pseudo-solutions », *Impact-Médecins*, n° 157 (1992), p. 3.

62. J. de Grouchy, *Où cours-tu primate ?*, Expansion scientifique française, 1992, p. 88.

Ces méthodes sont bien plus rationnelles que les méthodes naturelles qui provoquent un énorme gaspillage de matière humaine. Malgré ses quatre à cinq cents ovocytes, une femme occidentale ne mettra au monde que 1,72 enfant ! Un homme qui, en une seule éjaculation, pourrait féconder toutes les femmes de France, n'en engrosse que deux ou trois ! Une société bien organisée pourrait faire l'économie de la sexualité : on pourrait, par exemple, prendre un fœtus femelle bien avant sa naissance, prélever quelques centaines d'ovocytes, et les faire féconder par les spermatozoïdes décongelés d'un footballeur professionnel ou d'un prix Nobel. Si bien que, dans quelques siècles, des milliers d'enfants pourront naître d'un défunt et d'une femme avortée avant sa naissance !

On pourra aussi, en fusionnant les embryons, composer à volonté des chimères tétraparentales ou hexaparentales, ou fabriquer l'enfant de nos rêves, avec des morceaux recomposés, donnant enfin la vie à l'hippocampeléphantocaméléon, sans compter les oies blanches fécondées par des maquereaux (cette chimère-là existe depuis longtemps).

Les juristes commencent à peine à penser l'impensable. On n'a pas le droit d'expérimenter sur les embryons fécondés en éprouvette, on doit les détruire après le quinzième jour, les « parents » peuvent les garder cinq ans au réfrigérateur, mais qu'en feront-ils ensuite ? Ils peuvent en faire cadeau à un autre couple, mais comment établir le lien de parenté en cas de décès ou de divorce ? Comment faut-il détruire l'embryon d'éprouvette : faut-il le jeter, le brûler, l'enterrer en terre consacrée ou le cuisiner ?

L'effroi collectif que soulèvent ces pratiques n'est peut-être qu'une angoisse millénariste. Chaque fois qu'une découverte scientifique ou un débat culturel change la représentation de l'homme, elle provoque une angoisse vertueuse qui permet de rejeter ce changement. Galilée, Darwin et Freud en ont fait l'expérience. La découverte du chloroforme au dix-neuvième siècle a été vertueusement combattue par Balzac. L'accouchement sans douleur devait entraîner les femmes à accoucher comme des vaches puisqu'elles ne connaîtraient plus la souffrance rédemptrice. La découverte des tranquillisants est encore plus angoissante. Les antituberculeux, les vaccins, les perfusions ont provoqué des manifestations indignées. Et aujourd'hui la génétique et la procréation médicale assistée déclenchent des peurs anticipatoires probablement très différentes de ce qui se passera dans le réel.

Finalement, dans notre culture de la personnalisation, la réponse à la question : « À qui appartient l'enfant ? » serait : « Il appartient à lui-même ! » Cette aimable réponse n'a pas de sens, puisque l'enfant de personne devient personne. Il lui faut quelqu'un pour devenir quelqu'un. Un nouveau-né qui n'appartient pas est condamné à mourir ou à mal se développer. Mais un enfant qui appartient est condamné à se laisser façonner par ceux à qui il appartient. Le plaisir de devenir soi-même, de savoir qui on est, d'où on vient, comment on aime vivre, passe par le lien qu'on tisse avec les autres.

Paradoxe humain qui nous inscrit dans un monde interhumain où le récit structure la sensorialité qui façonne l'enfant. L'imaginaire collectif n'est donc pas coupé du réel puisque, enraciné dans un récit, il donne forme à chaque geste, chaque mimique, chaque objet, chaque vêtement, qui vont créer pour l'enfant un univers de mots, d'actes et de sens pour gérer ses émotions et lui proposer des grilles de développement.

Il ne s'agit plus d'opposer un monde objectif réel à un monde subjectif imaginaire, mondes parallèles sans passerelle. Il s'agit maintenant de se représenter l'enfant comme un trésor de promesses que le mythe du groupe auquel il appartient développera, en lui proposant son univers sensoriel et sémantique.

CHAPITRE IV

La violence qui détruit
serait-elle créatrice ?

Le bon peuple avait assisté à la décapitation de Louis XVI. Ce fut passionnant, les costumes des gardes nationaux soigneusement alignés dessinaient une géométrie blanche et bleue qui conduisait vers l'échafaud. Le roi, très pâle, a gravi lourdement l'escalier en bois. Puis tout a été très vite : le peuple a mal vu la planche qui basculait, le tranchant qui tombait en sifflant, et la tête qui roulait dans la sciure. La foule a crié, mais on voyait très mal... Il a fallu se séparer.

Dans les jours qui suivirent cet événement, tous les théâtres parisiens jouèrent la décapitation de Louis XVI [1]. Là, on pouvait voir le Roi, ses beaux vêtements et ses gestes nobles, on pouvait même l'entendre sangloter quand il débattait avec ses proches, ses conseillers ou Marie-Antoinette. Alors on a beaucoup pleuré car l'émotion était plus forte que lors de l'événement en direct. On pouvait aussi faire durer le plaisir, l'horreur ou la pensée. La représentation permettait un travail de conscience, d'émotion, de mise en paroles et en images pour en faire des souvenirs et, plus tard, un récit. Les gens de théâtre avaient compris que le travail de conscience induit par la représentation était bien supérieur à l'événement qui, perçu en direct, n'inscrivait pas forcément dans le psychisme.

---

1. J. Duvignaud, intervention à la journée « Violences » du CECOFF, Paris, 30 janv. 1993.

Il arrive qu'un père, excédé par les pleurs nocturnes de son nourrisson, le secoue un peu, ce qui, dans un monde de nouveau-né, constitue une immense agression, une violence physique qui peut le détruire. Sans compter que, dans la violence spontanée, l'acte échappe au corps, sans retenue ni mentalisation. Ce n'est qu'après coup, dans une tentative de représentation, que le violent découvre sa violence. Encore faut-il que, par cette prise de conscience, il aille au théâtre ou se décentre, qu'il accepte un autre point de vue, ce qui est rarement le cas des violents qui, au contraire, cherchent à justifier l'acte qu'on leur reproche, et même s'indignent, car en eux-mêmes ils n'ont pas éprouvé cette violence.

Alors, puisque la violence se répand sur la planète, que les peuples ne se laissent plus gouverner, que les rapports entre hommes sont à nouveau destructeurs, je vais tenter de comprendre la violence dans ses racines naturelles en comparant les espèces, en observant comment elle apparaît au cours du développement d'un individu et comment les groupes peuvent sublimer cette énergie en création culturelle.

Le chat et la souris

L'aigle qui attrape un lapin est-il violent ? On peut imaginer que dans son monde d'aigle, il est très content quand il voit un lapin gambader en bas, sur terre. Il doit plonger entre les courants d'air et ramasser le gibier. Peut-être même ressent-il un sentiment d'euphorie et de juste morale quand il attrape le lapin pour le rapporter à ses aiglons affamés ? L'aigle qui ramasse un lapin n'est peut-être pas plus violent que la femme qui cueille une fleur.

L'autre jour, ma chatte a attrapé une souris. Elle lui a juste un peu broyé l'arrière-train car elle ne voulait pas la tuer. Elle souhaitait juste ralentir sa fuite. Puis elle a déposé la souris blessée sur le paillasson devant la cuisine. Elle a cligné amoureusement des yeux, couché ses oreilles et ronronné en regardant ma femme, tandis que la souris, choquée, bougeait à peine. La chatte exprimait avec son corps une émotion de tendresse parentale, car elle devait considérer que ma femme, dans son monde humain, se privait du plaisir d'attraper les souris et, en bonne mère, elle avait décidé de lui faire connaître cette délectation irrésistible. Mais ce qu'elle vivait, dans son monde de chatte, ne correspondait pas du tout à l'émotion de ma femme ni à celle de la souris qui, soudain, s'agitèrent toutes les deux.

Pour que la violence de l'un s'impose à l'autre comme un contresens émotionnel, il faut qu'il n'y ait pas de représentation du monde de l'autre et qu'une absence de communication empêche la contagion des émotions et des idées. Entre ma chatte et la souris, ma femme et la fleur, il y a un éventail de significations tellement ouvert que la communication ne peut pas s'établir. Cette absence de forme organisant la communication entre deux espèces trop différentes explique que l'une puisse détruire l'autre, le plus tranquillement du monde.

C'est le rituel qui structure la communication entre deux organismes, deux personnes ou deux peuples différents. Ce rituel peut se décrire éthologiquement comme un véritable « entre-deux » sensoriel, grâce auquel les corps peuvent s'harmoniser, les émotions se communiquer et les idées s'échanger. Quand le rituel ne peut pas s'instaurer, la violence fait irruption. Car la violence est nécessaire à la survie : « Tout être vivant se trouvant, par la vie et pour survivre, engagé dans un environnement avec lequel il est en relation véritable, dans lequel il doit puiser sa nourriture, se défendre, agir et réagir, est nécessairement contraint d'analyser " l'information spécifique " qu'il reçoit et qu'il recherche [2]. » Le principe même de la vie imposerait une contrainte de dévoration. Celui qui ne dévore pas est condamné à mort, à moins que son milieu ne le perfuse sans cesse. Pourrait-on concevoir un être sans violence fondamentale [3], un leucocyte qui ne phagocyterait pas les microbes, un aigle attendri par les lapins, une lionne qui ne

2. R. Mucchielli, *Analyse et liberté*, EAP, 1986, p. 41.
3. J. Bergeret, *La Violence fondamentale*, Dunod, 1984.

mâcherait pas le gnou encore vivant, un nourrisson trop sage qui attendrait sans crier qu'on veuille bien lui faire couler un peu de lait dans la bouche ?

Certaines espèces sont transparentes l'une pour l'autre. Elles peuvent partager un même espace sans même se percevoir. Il n'y aura pas de violence puisqu'elles ne signifient rien l'une pour l'autre : c'est le cas du commensalisme où les espèces se côtoient sans se stimuler, comme ces petits poissons pilotes qui dévorent les restes de chair en nettoyant les dents des carnassiers [4]. En revanche, une souris stimule beaucoup un chat parce que sa configuration biologique (forme, déplacements, couleur, odeur) lui fournit un grand nombre d' « informations spécifiques » pour lui [5]. Le chat répond à une configuration de stimulus, mais il ne se représente pas un monde de souris. Il ne peut pas être troublé à l'idée de manger une maman souris, laissant ainsi au monde quelques souriceaux orphelins. Nous ne faisons pas autre chose quand nous enlevons un agneau à sa mère et le trouvons cuit juste à point. Quand nous félicitons le cuisinier, nous n'éprouvons aucun sentiment de violence. Que nous soyons prédateurs, commensaux ou parasites, c'est l'indifférence affective qui autorise la destruction de l'autre. Et cette indifférence s'explique par le fait que nous vivons dans des mondes incommunicables. Notre monde humain est tellement différent de celui des poulpes que nous avons du mal à nous faire à l'idée que ces animaux pensent, agencent des problèmes, trouvent des solutions et s'attachent à leurs petits [6]. Nous pouvons donc les percer d'une flèche comme on le ferait pour un morceau de bois, retourner leur peau, les battre pour attendrir leur chair et les cuisiner avec la meilleure conscience du monde.

Mais s'il est vrai que nous sommes l'espèce vivante qui a le plus accès à la « théorie de l'autre » [7], à la manière

---

4. K. Immelman, *Dictionnaire de l'éthologie*, Mardaga, 1990.

5. J. V. Uexküll, *Mondes animaux et monde humain*, Denoël, 1965.

6. D. R. Griffin, *La Pensée animale*, Denoël, 1988.

7. R. Byrne, A. Whiten, *Machiavellian Intelligence*, Clarendon Press, 1980 ; J. Vauclair, « Les images mentales chez l'animal », *La Recherche*, n° 224, 1990, p. 1006-1014.

dont l'autre se représente son monde, la violence procède alors de l'intolérance, c'est-à-dire de l'incapacité à sortir de son propre monde de représentations.

À l'intérieur d'une même espèce, les agressions sont plus facilement ritualisables puisque les partenaires de l'interaction possèdent le même équipement neurologique et vivent dans un même monde perceptuel. Entre espèces différentes, on peut se détruire sans violence. Mais entre congénères, la destruction de l'autre nécessite l'affaiblissement du rituel.

L'histoire du rituel animal a commencé en 1901 quand Selous a décrit la parade nuptiale du grèbe huppé. En 1914, c'est J. S. Huxley qui a réalisé la première observation éthologique de la cérémonie nuptiale de ce bel oiseau aquatique, gros et palmé comme un canard avec, sur la tête, une touffe de plumes qui évoquait l'aspect des cocottes des beaux quartiers, à l'époque où elles se mettaient des plumes dans les cheveux pour paraître... huppées ! Donc, le grèbe huppé, qui a joué un rôle important dans la sociologie parisienne, va nous permettre de comprendre la structure et la fonction des rituels : « La parade se déroule de manière rituelle et sert à établir un lien émotionnel entre les membres du couple », disait Huxley en parlant des palmipèdes[8].

Celui qui fait une première observation provoque toujours l'incrédulité. Puis ceux qui font les observations suivantes disent que c'est évident et tellement facile ! Après que Huxley a décrit la « parade nuptiale » du grèbe huppé, une avalanche d'observations a suivi. Montagu a décrit le même phénomène chez les chevaliers-gambettes, puis Heinroth chez les plongeons cat-marins, puis Whitman chez les animaux supérieurs, jusqu'à ce que Lorenz, reprenant les idées de Darwin, découvre cette structure comportementale chez les singes, les crustacés, les céphalopodes, les insectes et les hommes

Il faut se garder de toute réduction animalière. Ce n'est pas parce qu'un homme courtise une femme et qu'un

8. J. S. Huxley, *Le Comportement rituel chez l'homme et l'animal*, Gallimard, 1971.

arthropode tourne autour d'une femelle qu'il faut en conclure que l'homme est un arthropode, même s'il en pince pour elle! Les méthodes comparatives en biologie décrivent des structures comportementales et leurs fonctions dans la gestion des émotions qui permet aux partenaires de s'harmoniser en vue d'une action commune : synchronisation sexuelle, combat, interactions mère-enfant, bavardages de couple, organisation de groupes. Ce n'est pas parce que deux comportements ont la même forme qu'il faut en conclure qu'ils sont de même nature Mais rien n'empêche de décrire le comportement qui s'organise entre deux partenaires et d'essayer d'en évaluer la fonction. Quand un couple de goélands parade sur une plage ou sur un champ d'ordures, on peut penser que leur motivation est plutôt aimable : aucune posture, aucun cri, aucune émission sensorielle, aucun déplacement ne déclenche en nous, observateurs humains, une impression que nous pourrions désigner par le mot « violence ». En les observant, nous avons même l'impression que les deux animaux expriment par leurs comportements, une émotion intense et parfaitement gouvernée.

En détaillant l'observation, il n'est pas difficile de remarquer que celui qui tente l'approche tient quelque chose dans son bec : un poisson, un morceau d'aliment ou un bout de bois, en cas de pénurie. Si on se met à la place du goéland en attente, on peut imaginer que, percevant l'autre qui approche avec un poisson dans le bec, il éprouve un sentiment de crainte et d'intérêt. Crainte de cet intrus dont l'intensité émotive est inquiétante, et intérêt pour le poisson qui éveille l'appétence. Sans compter qu'un goéland qui apporte un poisson évoque un comportement parental. L'intensité émotive de l'animal courtisé est contrôlée par l'intérêt pour l'aliment et l'éveil d'un tendre sentiment filial. Si l'observateur humain fait tomber l'offrande alimentaire ou envoie une tache de peinture sur la tête du paradeur, l'intensité de l'approche provoquera une frayeur non apaisée par l'aliment ou par la familiarité. Le goéland passif éprouve alors une émotion de peur plutôt qu'un souvenir filial, ce qui explique sa réaction de fuite ou d'agression.

Dès l'instant où, entre deux animaux, le comportement d'approche a perdu sa forme ritualisée, les émotions intenses et non contrôlées provoquent une explosion de postures, de cris et de mouvements qui perdent toute forme et partent dans tous les sens, au risque de la destruction de l'un des deux.

L'intensité émotive, dès qu'elle n'est plus gérée par le rituel, laisse exploser la violence. Dans ce rituel, le poisson a changé de statut : ce n'est plus un aliment saisi pour être gobé, c'est une forme perçue pour donner cours à l'émotion en évoquant une trace parentale, un souvenir biologique incompatible avec une agression. Le poisson, utilisé pour ce qu'il évoque et non pour ce qu'il est, organise la communication et, s'appropriant une impression passée, imprègne de trace enfantine une perception présente. La chose n'est déjà plus un aliment dans son contexte immédiat. Le poisson se charge dans sa nouvelle fonction, d'évoquer un événement absent dont la trace est enfouie dans la mémoire du goéland.

Chez les animaux sociaux, le rituel qui permet la synchronisation des partenaires, comme on l'a vu pour le grèbe huppé ou le goéland argenté, permet aussi la synchronisation de chaque individu du groupe : le couple le plus sensible aux informations écologiques se met à parader, et la simple vision de cette parade stimule les sécrétions sexuelles de tous les autres membres du groupe, qui se mettent à leur tour à parader. Si bien que toutes les pontes auront lieu en même temps, puis l'élevage des petits, puis la migration quand le temps sera venu. Le rituel qui permet à chaque individu de prendre sa place biologique, comportementale et émotionnelle à l'intérieur du groupe, sert aussi de liant au corps social qui, grâce à lui, reste uni et fonctionne « comme un seul homme ». À ce niveau de l'organisation du vivant, le rituel est une conduite qui a pour effet de stimuler la biologie des individus et de synchroniser les groupes[9]. Plus profondément encore, le rituel d'offrande alimentaire qui inhibe l'agres-

---

9. J. S. Huxley, *ibid.*, p. 18.

sion exerce un effet biologique sur la maturation des glandes sexuelles, comme on a pu le constater chez les moineaux domestiques, les huîtriers-pies et les grands singes [10].

Pour que le rituel devienne efficace, il faut que le signal prenne du relief dans son environnement sensoriel. C'est pourquoi, dans les espèces polygames ou chez les animaux qui vivent en groupes importants, les rituels sont exagérés : couleurs flagrantes, postures caricaturales, chants démesurés. Alors que dans les espèces monogames ou qui vivent en petits groupes, la familiarisation et le contexte sensoriel discret affûtent la perception de chaque partenaire, qui devient sensible à un signal minime.

Cela vaut pour l'homme qui, lorsqu'il vit en couple ou dans un petit groupe, devient hypersensible au moindre signal émis par l'autre, alors que, dans un groupe important ou dans une foule, il ne sera stimulé que par un macro-signal caricatural, tels que défilés et mise en scène grotesque... et si émouvante : « Ils chantent, le tambour roule, on évoque les morts, l'âme du parti et de la nation est confondue, et enfin le maître achève de brasser cette foule énorme et d'en faire un seul être, et il parle », écrivait Brasillach, fasciné par les manipulations de masse nazies [11].

C'est pourquoi nous tolérons les discours et les comportements caricaturaux de nos hommes politiques quand ils s'adressent aux masses, dans les grands rassemblements, alors que le même discours, ou le même comportement à la télévision dans l'intimité des foyers, fait l'effet d'un propos vulgaire ou d'un comportement de voyou. Si on insulte son adversaire au cours d'un meeting, on provoque la transe amoureuse des foules, alors que la même insulte à la télévision provoque une impression d'indécente vulgarité.

---

10. E. Mayr, *Birds of paradise*, Natural History, 1954.
11. R. Brasillach, *Notre avant-guerre*, Le Livre de Poche, 1992, p. 344.

Nous avons décrit le rituel éthologique comme une sorte d'entre-deux sensoriel. On pourrait en décrire des milliers de structures différentes. Entre deux animaux, deux hommes, deux sexes, deux âges, deux groupes, deux populations... La possibilité d'introduire une variable rend facile une observation expérimentale : on peut faire varier la distance, mettre des œillères, boucher les narines ou les oreilles, faire des taches de couleurs, modifier les sonorités, introduire un étranger... Il ressort de ces observations spontanées et dirigées que le rituel constitue une structure homéostatique, puisque la variation d'un élément entraîne des variations compensatoires dans les autres, qui maintiennent l'équilibre global.

Chez nos enfants, bien avant la parole, une séquence comportementale ritualisée peut prendre valeur de symbole : dans les groupes d'enfants ne parlant pas encore, les conflits sont inévitables, généralement provoqués par un tas de sable, une pelle en plastique ou un morceau de chocolat. Quand le désir de l'un cherche à s'imposer à l'autre, la violence s'exprime et les chérubins se détruiraient volontiers s'ils en avaient les moyens. On observe alors, dans ce petit drame, qu'un enfant épanoui, paisible et fort à la fois, une « force tranquille » en quelque sorte, s'approche des belligérants, lève la main d'un mouvement expressif mais ne frappe pas. Il tient son bras en l'air, puis ouvre sa bouche en grand et vocalise fermement en avançant son visage autoritaire mais dépourvu de mimiques agressives[12]. Cet ensemble comportemental structure et communique une émotion qui sépare aussitôt les belligérants. Le petit « casque bleu » possède une autorité naturelle dont la force de frappe est un rituel, un scénario gestuel qui symbolise une séquence absente mais représentée. Comme s'il disait aimablement : « Attention ! J'ai les moyens de frapper. » Ce mouvement expressif évoque un risque possible associé à une émotion apaisante.

---

12. H. Montagner, *L'Attachement : les débuts de la tendresse*, Odile Jacob, 1988.

Depuis l'aigle et son lapin jusqu'au « casque bleu » dans son jardin d'enfants, nous pouvons soutenir que la violence est un point de vue, exprimé par des comportements qui ne tiennent pas compte de l'existence de l'autre. Parfois, il s'agit d'organismes d'espèces différentes, comme l'aigle et le lapin ; d'autres fois, d'organismes affectifs, comme le violeur qui ne tient pas compte des émotions de la femme, faute de se les représenter ; ou intellectuels, comme le théoricien qui cherche à imposer ses idées en réduisant les autres au silence ; enfin, et surtout, d'organismes sociaux qui peuvent en détruire un autre pour conquérir son territoire ou faire triompher leurs économies.

Les animaux gèrent leurs émotions avec une grande efficacité. Les prédateurs de la famille des canidés (qu'on appelle aussi des loups) illustrent la manière dont la violence bien gouvernée se transforme en comportement d'apaisement, prouvant ainsi que le loup n'est pas un homme pour le loup. C'est l'intensité pulsionnelle qui donne forme au clan. Un loup a besoin d'une poussée agressive pour survivre. Déjà, pour prendre sa place dans la meute, il fait jouer deux pulsions contraires : agresser et apaiser. À défaut, celui qui ne donnerait pas forme à sa pulsion désorganiserait la meute en provoquant des combats incessants et en empêchant la coordination pour la chasse. Mais les loups ne laissent jamais leur agressivité se transformer en violence [13].

Rituel animal et rite humain

L'homme estime pour sa part qu'il peut discuter toutes les contraintes. Il s'attaque à la mort, dont il conteste le pouvoir. Il ne se résigne ni à la maladie, ni à la famine. Il contraint lui-même ses propres contraintes génétiques et écologiques puisqu'il se rend capable aujourd'hui de modifier son génome et de quitter la planète. Les rituels humains ne se mettent pas en place comme chez les

---

13. D. Van Caneghem, *Agressivité et combativité*, PUF, 1978.

loups, du simple fait de la coexistence organique de deux pulsions contraires.

Le goéland qui utilise un poisson pour susciter chez l'autre une émotion filiale, imprègne sa rencontre d'une trace passée. Et lorsque ma femme met sur la table une boîte de cornichons russes, elle imprègne le repas d'un mythe familial. Le cornichon fait exister dans le présent l'histoire de ma famille : il faudra, ce soir-là, faire des galettes de pommes de terre, boire de la vodka et tenir des propos sur les choses. Il faudra comparer les cornichons russes aux cornichons allemands, dire qu'ils sont bien meilleurs et plus difficiles à trouver, évoquer les souvenirs d'enfance de chaque parent, faire le récit des familles et surtout ne pas éviter les considérations philosophiques sur l'esprit des peuples et le poids de l'histoire. Le cornichon russe va ainsi créer un événement familial, structurer le temps et ritualiser le mythe de notre alliance. Il y a donc une ontogenèse émotive du poisson chez les goélands comme il y a une philosophie du cornichon russe dans mon foyer. Les deux objets participent à la structuration du monde perçu : mais là où l'on croit avoir affaire à une cucurbitacée imprégnée de saumure, on saisit en fait un cornichon russe imprégné d'histoire. La philosophie du cornichon russe nous permet de comprendre que ce qui est important dans un monde humain, c'est le goût bien sûr (le cornichon russe est évidemment supérieur au cornichon allemand) qui permet de partager un plaisir, mais c'est surtout l'effet structurant du récit qui attribue du sens au monde perçu.

Les animaux intègrent aussi leur propre passé et même celui de leur mère. Les événements qui ont façonné l'affectivité de la mère retentissent sur le développement de l'enfant [14]. C'est pourquoi on peut observer, en milieu naturel, des dynasties de singes dominants où les petits

---

14. B.-L. Deputte, « Ontogenèse comportementale et socialisation chez les simiens : analyse chez des mangabeys en captivité », in J.-J. Roeder et J.-R. Anderson, *Primates : recherches actuelles*, Masson, 1990.

prennent d'emblée le statut social de leur mère [15].
Jusqu'au jour où, son affectivité troublée par une maladie
ou un accident, la mère perturbera à son tour sa propre
descendance [16].

La parole qui, chez un petit humain, provoque des
émotions présentes pour un événement totalement
absent, passé ou à venir, possède autant de possibilités de
réparation que d'aggravation. Le discours parental ou
social faisant vivre cet événement dans la parole pourra
aussi bien le guérir par une bénédiction que l'aggraver
par une malé-diction, un pouvoir que possède seule la
diction.

Chez les animaux qui vivent dans un monde où les
rituels d'interaction sont façonnés par leurs émotions, la
violence est contrôlée par les comportements. Alors que
chez les hommes, ces rituels sont façonnés par leurs
représentations, de sorte qu'une théorie pourra toujours
justifier la destruction de l'autre et provoquer ainsi un
sentiment de purification ou d'angélisme. La représentation devient un stimulant idéal donc parfait et intangible.
Un animal dont le comportement inadapté a suscité
l'agression d'un dominant, peut d'un seul coup l'atténuer
ou même l'arrêter en se soumettant ou en adoptant une
posture d'enfant. Alors qu'aucune information sensorielle
ne pourra contenir l'agression d'un homme qui se fait de
l'autre une idée haineuse. Cet homme répond à ses
propres représentations et non plus à ses perceptions
réelles. C'est pourquoi les racistes peuvent détruire les
enfants de la race haïe avec la satisfaction du devoir
accompli : c'est bien d'avoir brûlé vivante cette fillette
Turque âgée de dix ans, « parce qu'un jour elle aurait
mangé notre pain ». En se faisant une idée repoussante
de cette petite fille, le raciste a ressenti une émotion

15. D. L. Cheney, « The Acquisition of Rank and Development of
Reciprocal Alliances among Free-Ranging Immature Baboons »,
Behaviour, Ecology and Sociobiology, II (1977), p. 303-318.
16. J. Loy, « The Descent of Dominance in Macaca. Insights into
the Structure of Human Societies », in *Socioecology and Psychology of
Primates*, Mouton, 1975, p. 153-180.

d'horreur à laquelle il a répondu par un acte d'élimination. On peut imaginer que s'il avait connu cette petite fille turque, au lieu de s'en faire une idée terrible, il s'y serait peut-être attaché et ce serait alors l'acte de brûler vive la fillette qui aurait provoqué un sentiment d'horreur.

Chez l'homme, la représentation d'un monde peut exister en dehors de toute perception, alors que chez l'animal les deux processus restent associés. Une perception présente évoque un souvenir qui crée des stimuli internes, sortes « d'ambassadeurs de la pensée [17] ». C'est à coup sûr notre aptitude à vivre dans un monde de représentations qui crée notre aptitude à la violence en même temps qu'à la culture. L'animal reste soumis au réel qui contrôle sa violence, alors que l'homme travaille à se soumettre à l'idée qu'il se fait du monde, ce qui l'invite à la violence créatrice : détruire un ordre pour en inventer un nouveau, car « c'est bien du désordre extrême que l'ordre surgit dans la nature humaine [18] ».

Les animaux ne sont pas violents tant que les processus biologiques et écologiques sont équilibrants. Alors que les hommes sont violents parce qu'ils ont l'intention de se donner la possibilité d'éliminer ceux qui vivent dans une autre représentation. L'absence de rituel mène au chaos, comme l'hégémonie d'un rituel mène à la destruction de l'autre, deux formes de violence qui reviennent au même.

La seule issue, c'est l'invention d'un rituel de confrontation des rituels organisant ainsi leur reconnaissance réciproque. On appelle ce rituel « conflit social », ou « débat philosophique », ou « revue scientifique », ou « disputation » comme au Moyen Âge ou « table ronde »... Son inconvénient, c'est d'instituer l'incertitude, alors que l'illusion de la vérité unique possède un grand effet tranquillisant : « Là où l'existence d'un individu médiéval se

17. J. Vauclair, « Représentation et intentionnalité dans la cognition animale », in E. Siguan, *Comportement, cognition, conscience*, PUF, 1987, p. 59-88.

18. R. Girard, *Des choses cachées depuis la fondation du monde*, Grasset, 1980.

passait à l'intérieur d'une communauté d'appartenance unique, elle se déroule aujourd'hui à l'intérieur de la longue série d'institutions spécialisées qui vont de la crèche à l'hospice, en passant par l'école, l'armée, le travail, les associations... [19] » À chaque institution son mythe qui oblige à la remise en cause de l'ordre du monde établi par d'autres. Notre culture s'enrichit au prix de la violence. Une vie d'homme se déroule aujourd'hui dans dix mondes culturels différents qui, à chaque passage de l'un à l'autre, impliquent l'acquisition d'une nouvelle manière d'être homme en même temps que l'abandon de l'ancienne. Les adolescents deviennent violents contre les autres ou contre eux-mêmes, le nombre de parents battus augmente en secret, les tentatives de suicide et les accidents de la route finissent par ne plus être des informations à force de se répéter, par contre, la drogue et le SIDA sont transformés en vedettes culturelles pour symboliser la violence destructrice des jeunes d'aujourd'hui.

Tout homme se trouve entraîné par deux besoins contraires : devenir lui-même, ce qui l'arrache à son groupe, et appartenir à son groupe, ce qui l'ampute d'une partie de ses potentialités en lui donnant une personnalité collective. Or, notre culture encense la Personne, pulvérisant ainsi le groupe, créant des milliers de sous-groupes, adorateurs de milliers de manières d'être différentes. Celui qui rencontre son sous-groupe d'adoration, référant à un totem sportif, artistique, financier ou intellectuel [20], se développera très bien et ne sera pas gêné par la destruction d'un autre clan. Il pourra même en être heureux s'il appréhende la représentation du monde de l'autre comme une contestation de la sienne.

Un monde sans rites, c'est un monde brut, réduit à la matière, au poids et à la mesure, alors qu'un monde ritualisé instille l'histoire dans les choses, leur donne sens et nous permet d'être ensemble. Un monde sans rites c'est

19. G. Mendel, *La société n'est pas une famille*, La Découverte, 1992, p. 148.
20. B. Cyrulnik, « Culture du totem, nature du tabou », in *Sexualité, mythes et culture*, L'Harmattan, 1990.

un monde désagrégé où les individus désolidarisés se cognent, se rencontrent ou s'opposent au gré de leurs pulsions ou de leurs besoins. Alors qu'un monde ritualisé lie et harmonise les individus entre eux pour en faire un corps social, un groupe auquel ils appartiennent et qui les tranquillise.

L'ennui, c'est qu'on sait ce que donnent les excès de tranquillisants : une culture qui supprimerait toute violence humaine cesserait d'être créatrice. Un rituel qui se répète pour lui-même, toujours le même jusqu'à l'obsession, finit par devenir un acte dépourvu de sens, un stéréotype gestuel. Pour un athée, le signe de croix est un geste dérisoire alors que pour un chrétien, il est chargé de sens puisqu'il se réfère au récit de l'événement qui est à l'origine de son groupe, il y aura bientôt deux mille ans. Au moment où le croyant se signe, son geste provoque en lui une émotion de transcendance proprement humaine. Il n'y a pas de transcendance animale puisque les animaux s'adaptent au réel. L'homme est au contraire transcendant par nature, puisqu'il vit dans un monde de représentations et ne se soumet pas à la régulation du réel.

Si je vis seul dans un désert, je n'ai qu'un type de problème interactionnel à résoudre : adapter mes besoins aux contraintes biologiques et écologiques Mais dès qu'un autre apparaît, je dois harmoniser mes besoins avec les siens. Je ne pourrai plus boire sans tenir compte de sa soif, courir ou crier la nuit pendant qu'il dort. Le plaisir et la contrainte que m'apporte sa présence, m'obligent à donner forme à mes désirs et à en interdire certaines expressions. Sa présence me stimule et m'invite à la rencontre, autant qu'elle m'inhibe et m'interdit de le saccager. Vivre ensemble dans le désert crée un monde interpersonnel aussi stimulant qu'inhibant.

À ce niveau de la rencontre, nous sommes encore des êtres sans paroles, comme les animaux, les bébés ou les adultes quand ils s'aperçoivent de trop loin pour parler. Dans un monde de chien, tout ce qui vient des chiens est hautement stimulant, comme dans un monde de bébé,

tout ce qui vient d'un autre bébé le stimule bien plus que
sa propre mère. Ce que je perçois dans mon monde extérieur révèle ce à quoi mon monde intérieur est le plus
sensible. L'objet devient le révélateur du sujet, au même
titre que la catastrophe, en effondrant un organisme,
révèle la manière dont ses lignes de force le maintenaient
en vie.

La parole introduit un monde absent dans cette interaction. Si dans mon désert, l'autre introduit le même
monde que le mien, notre monde interpersonnel sera
d'emblée familier. Je vais le reconnaître sans jamais
l'avoir connu, comme le caniche reconnaît le doberman,
ou comme le bébé âgé de quelques mois jubile d'emblée
face au miroir[21]. Ce comportement mimétique[22] crée
d'emblée un monde interpersonnel heureux, car il stimule
sans angoisser[23]. Mais cette condition du bonheur
implique que l'autre soit parfaitement identique, car la
moindre variation crée une sensation d'étrangeté angoissante qui risque de nous faire basculer de l'extase à l'horreur en nous poussant à éliminer celui dont la minuscule
différence vient de gâcher notre bonheur.

Ce phénomène peut être observé dans le comportement
des chiens qui, fous de bonheur dès qu'ils perçoivent un
congénère, se précipitent l'un vers l'autre et rencontrent
inévitablement une différence par laquelle ils se sentent
menacés. Ils s'agressent aussitôt, alors qu'ils étaient heureux de se rencontrer! L'ambivalence comportementale
faite d'attirance et de crainte, de stimulation et de répulsion, de bonheur et de peur ne pourra leur permettre de
coexister que si une ritualisation sensorielle s'instaure et
les harmonise. Ils vont donc se renifler le sexe et l'arrière-
train parce que dans un univers de macrosmate cette
zone du corps porte un grand nombre d'informations
intéressantes. Puis en bons animaux de meute, ils vont

21. G. Boulanger-Balleyguier, « Les étapes de la reconnaissance de
soi devant le miroir », in J. Corraze, *Image spéculaire du corps*, Privat,
1980, p. 139-186.
22. R. Girard, *La Violence et le Sacré*, Grasset, 1972.
23. A. Charpaz, *Enjeux sur la violence*, Le Cerf, 1980.

chercher à situer leur place en « se montant », se dominant ou se menaçant le plus socialement du monde [24].

Quand, dans mon désert, je rencontre un autre homme, capable comme moi d'inventer un monde de signes et de conventions linguistiques, je repère sur son corps les signes sexuels et sociaux qu'il y aura mis, car je vis dans un univers plus visuel qu'olfactif. Puis je m'intéresse à ses paroles qui vont présenter nos univers mentaux et nos histoires passées. Notre rencontre sera présente et imprégnée d'ailleurs. Nos rituels, pour nous permettre d'être ensemble, utiliseront des choses présentes pour en faire des signes, désignant des mondes absents. Le mythe fondateur du groupe à deux vient de naître, coordonnant les partenaires. Quand un récit unique engourdit la vie, la violence devient créatrice d'un autre univers mental. Mais quand l'accélération des changements ne donne plus au mythe le temps d'imprégner de sens les gestes et les objets, la violence alors détruit sans reconstruire. Entre la litanie qui engourdit et la violence qui détruit sans cesse, le rite, commémoration du sacrifice fondateur, marque l'empreinte du temps et freine la violence. Il faut des rites pour ralentir le temps et il faut des rites de changement pour éviter un ralentissement mortifère. Toutes les cultures ont jusqu'à maintenant prévu cette double lutte contre la chronicité et l'accélération du temps, entre la pétrification culturelle et l'emballement bouleversant, en inventant les rituels d'inversion où la bacchanale, le jour de l'orgie, permet de ne plus respecter les sentiments habituels façonnés par les rites.

Quand le rituel tombe malade

Le rituel ne cherche ni le compromis, ni le juste milieu : il permet un équilibre qui, comme la santé, est une lutte constante entre des forces opposées. Il suffit d'un petit rien pour que le rite tombe malade.

---

24. M. Chanton, *Le Comportement social du chien familier*, thèse de sciences, Paris-VI, 1991.

Souvent les chiens tournent en rond avant de trouver la posture qui leur convient pour s'endormir. Mais quand leur émotivité devient insupportable, il leur arrive de tourner beaucoup trop longtemps. On peut imaginer que le chien fatigué commence une séquence comportementale pour se coucher et éprouve un apaisement analogue à celui que nous ressentons quand nous tapotons l'oreiller avant de nous allonger. La partie motrice garde son effet tranquillisant, mais si nous passons toute la séquence suivante à tapoter l'oreiller pour nous endormir, nous ne pouvons pas nous endormir parce que la séquence tranquillisante se transforme en crispation qui nous invite encore plus à rechercher l'apaisement, donc à tapoter l'oreiller, ce qui nous crispe... comme nous le faisons lors de nos insomnies. La partie motrice du comportement est conservée, mais son effet adaptateur qui permet d'achever la séquence n'est plus réalisé.

Le stéréotype des animaux de zoo illustre comment un rituel peut tomber malade. Chez les animaux en cage, la réduction de l'espace et les contraintes sensorielles imposées par les hommes empêchent le déroulement des comportements rituels. La tension émotive créée ne peut plus s'apaiser par les mécanismes habituels On observe sans peine les déambulations des mammifères de zoo : les tics des chevaux inactifs qui se frottent le cou contre la porte [25], les ours qui s'abîment les articulations avec leurs mouvements d'une patte sur l'autre, et même les singes qui n'en finissent pas de se balancer avec des gestes mécaniques.

Les comportements qui utilisent le corps propre de l'animal et son espace immédiat constituent l'adaptation à une double contrainte : agir quand même, dans un milieu restreint. La poussée intérieure prend forme, en se cognant contre la pression extérieure. Annuler la poussée intérieure revient à détruire la vitalité. On peut le faire avec des substances chimiques qui détruisent les neuro-

---

25. J.-L. Rappoport, « Reply to Commentaries on Recent Advances in Obsessive-Compulsive Disorders », *Neuropsychopharmacology*, V n° 1 (1991), p. 21-22.

médiateurs de la vitalité tels que la réserpine qui provoque des mélancolies [26], ou le tétrahydrocabinol du can-
nabis qui altère les synapses. Mais la manipulation la
plus facile consiste à restreindre l'environnement, de
façon à empêcher toute action sur le milieu, ce qui finit
d'ailleurs par faire disparaître les neuro-médiateurs
cérébraux [27].

Quand une poussée vitale encore saine s'extériorise
dans un milieu malsain, le rituel devient malformé et
dégénère en stéréotype. Schématiquement, un milieu restreint crée une frustration, un désir inassouvi, un conflit
(une motivation agressive qui rencontre une autre motivation agressive), ou un stress (une réaction d'alerte géné-
ralisée dans un organisme qui se sent agressé) [28]. Il faut
donc une altérité troublée pour malformer un rituel et
provoquer un stéréotype. L'animal s'enlise dans la répétition pathologique alors que c'est dans son milieu que le
trouble s'enracine.

Ce raisonnement, facile à confirmer chez l'animal,
explique probablement cette faute de pensée : quand on
observe un petit « Roumain », enfant isolé à la face de
brute, qui s'oublie sous lui et grogne parce qu'il ne sait
pas parler, on dit qu'il est malade, alors que c'est son
milieu, créé par une certaine culture, qui a entravé et
atrophié son développement.

Un milieu trop pauvre provoque aussi sûrement un stéréotype qu'un milieu trop riche parce que, dans les deux
cas, le monde sensoriel ne prend pas forme. Dans un
monde pauvre, l'animal s'intéresse à ce qui le stimule
encore : un rai de lumière, une poussière voletante, sa
propre patte antérieure qu'il lèche jusqu'à l'ulcération.
Mais dans un monde trop riche, les informations non

26. É. Zarifian, « Action biochimique des antidépresseurs chez
l'homme », *Pharmuka* (Séminaire de psychiatrie biologique), V
(1984).

27. J.-P. Tassin, « Approche du rôle fonctionnel du système méso-
cortical dopaminergique », *Psychologie médicale*, XII (1980).

28. M. Bourdin, *Psycho-dermatologie chez les carnivores domestiques*, thèse, Maisons-Alfort, t. II/2 – Prix Arkovet 1992.

plus ne peuvent pas se structurer. Les stimulations sura-
bondantes viennent de tous côtés, sans cesse, et en sub-
mergeant l'animal par un bombardement informationnel,
ne donnent pas forme au monde perçu. Les réponses
d'un organisme saturé de stimulations se désorganisent.

Le même raisonnement vaut pour un « enfant-placard »
qui, dans un univers terriblement restreint, s'intéresse
aux rais de lumière, aux poussières voletantes, aux bruits
signifiants, et aux mouvements de ses propres mains.
Tandis qu'un enfant surstimulé dans un milieu de pléthore devient hébété par cet excès d'informations qui
créent en lui une situation paradoxale de « confinement
affectif [29] ».

Le stéréotype est un schéma comportemental qui, dans
un milieu uniforme, ne parvient pas à s'articuler à
d'autres et se répète jusqu'à l'épuisement. L'activité de
substitution est un comportement centré sur soi-même
ou sur un objet proche qui, dans un milieu bien formé,
permet l'apaisement en diminuant l'intensité émotive de
la rencontre. Ces définitions abstraites deviennent faciles
à comprendre si l'on observe un ours ou un chat en cage.
Le premier, en déambulant sans cesse d'une patte sur
l'autre, finit par s'ulcérer le museau en le frottant contre
un barreau : c'est un stéréotype. Alors que le chat en cage
se toilette longuement et, apaisé, finit par s'endormir :
c'est une activité de substitution. Le stéréotype préserve
une fonction de stimulation dans un monde sans forme ;
alors que l'activité de substitution prend un effet apaisant
dans un monde formé. Pourtant, la cage est la même...
dans un univers d'homme ! Dans un univers d'ours, elle
représente une terrible contrainte, car cet animal a
besoin de grands espaces. L'ébauche d'un déplacement,
sans cesse répété jusqu'à la maladie, est une tentative
d'adaptation au confinement spatial.

Dans un univers de chat, moins spatial et plus tempo-
rel, la cage n'est pas aussi contraignante. L'animal s'y

29. P. Wallon, *La Relation thérapeutique et le développement de
l'enfant*, Privat, 1991.

adapte en fouillant sa fourrure, en mordillant sa peau, puis en léchant ses poils, en les étalant, en les lissant, activité analogue à celle de l'homme qui tapote son oreiller et arrange ses couvertures jusqu'au moment où, toutes les informations sensorielles devenant satisfaisantes, donc non stimulantes, il peut s'endormir. Les chats s'adaptent à la contrainte par la toilette qui les prépare au repos car ces animaux sont champions toutes catégories du sommeil. Les hommes s'adaptent par le repli sur soi, le langage intérieur, le monde des représentations, car ils sont champions toutes catégories de la parole. Quant aux ours, ils s'adaptent par une déambulation stéréotypée qui leur apporte le bénéfice malade d'une action à tout prix qui peut malheureusement se retourner contre eux-mêmes. Ce qui prouve à quel point il n'y a pas d'en-soi dans le monde vivant [30]. Dès que ça vit, ça interprète.

Quand un milieu se désorganise, il déstabilise le monde interne. Le corps devient le seul objet du monde extérieur encore capable de structurer le monde intérieur. Le corps propre, dans un univers pauvre, devient un objet organisé et apaisant. C'est pourquoi tous les êtres vivants dans un milieu altéré se replient sur eux-mêmes, sur leurs comportements, comme les animaux de zoo, les animaux domestiques ou en confinement affectif [31], les enfants autistes hypersensibles au monde humain [32], quoi qu'on en dise, les psychotiques aux balancements stéréotypés et les personnes qui déambulent et ressassent leurs préoccupations. Les obsessionnels rient de leurs rituels de propreté ou de vérification incessante, ils ont conscience que leur scénario comportemental est ridicule et ils le disent.

---

30. D. Lecourt, Introduction à B. Cyrulnik, *Naissance du sens*, Hachette, 1991.

31. A. Alameda, B. Cyrulnik, C. Beata, « Pouvoir façonnant des interactions entre les propriétaires et les animaux de compagnie lors d'une consultation vétérinaire », communication au Congrès international des vétérinaires CNVSPA, Paris, nov. 1992.

32. B. Cyrulnik, A. Alameda, H. Tonnelier, A. Robichez, B. Rousselot, « Préludes autistiques », communication au colloque « Éthologie du jeu », Paris-Sorbonne, mai 1993.

Leur litanie magique garde pourtant son effet tranquilli-sant malgré son absurdité évidente.

On peut se demander pourquoi un rituel peut tomber malade, devenir autocentré et se transformer en stéréo-type dépourvu d'altérité. Si l'altérité, la synchronisation avec un autre n'est plus possible, c'est d'abord parce que l'autre n'existe pas, comme dans les zoos ou les privations sociales [33]. L'ébauche comportementale, l'orientation vers l'autre existe encore, mais, faute de partenaire, l'harmoni-sation n'a plus d'objet et le rituel tourne à vide.

À l'autre pôle du rituel, il arrive que le sujet, momenta-nément fragilisé ou perturbé plus profondément, manque de force agressive pour aller vers l'autre, le rencontrer et se prêter à l'harmonisation des deux systèmes cognitifs [34]. Que la défaillance se situe dans l'un ou l'autre système, à l'extérieur ou à l'intérieur, elle se manifeste au moment de l'interaction, même si elle s'enracine dans le passé. Le rituel malformé n'assure plus la coexistence des partenaires.

Parfois la malformation vient d'une grave perturbation de l'environnement, comme la surpopulation, qui déritua-lise par excès d'information. Les changements trop fré-quents rendent instables les rituels, tandis que le stress collectif agite les individus. Un trouble du développement peut aussi provenir d'un isolement précoce qui a privé l'animal de l'effet maturant des jeux. L'altération peut être momentanée, comme une paralysie faciale d'origine virale, spontanément curable, ou une blessure, ou un cri inhabituel qui, en désorganisant la forme du rituel, brouille l'émotion qui se propage entre les individus du groupe et les désolidarise. Les animaux affectés ne pour-ront exprimer qu'une ébauche de rituel, les premières séquences comportementales qui n'ont besoin, pour se

33. F. O. Odberg, « Behavioral Coping in Chronic Stress Condi-tions », in *Etho-Experimental Approaches to the Study of Behavior*, Blanchard & NATO series, 1991.

34. D. G. M. Wood-Gush, R. G. Beilharz, « The Enrichment of a Bare Environment for Animals in Confined Conditions », *Applied Ani-mal Ethology*, n° 10, p. 209-217, 1983.

dérouler, que des pulsions endogènes inscrites dans le patrimoine génétique[35].

Si ce raisonnement et ces observations sont à peu près cohérents, cela veut dire, encore une fois, que la distintion endogène-exogène n'a pas plus de pertinence que l'opposition nature-culture. Le *pace-maker* endogène est inévitable : sans poussée biologique aucun organisme ne peut vivre. Mais dès qu'il est poussé à vivre, il rencontre une autre forme telle qu'un congénère, une structure écologique ou sociale. L'espace de la rencontre entre ces deux poussées prend alors la forme d'un rituel, du simple fait de l'harmonisation des forces, comme deux cours d'eau dont la rencontre provoque des remous et des tourbillons avant de se mêler paisiblement.

La notion de violence diffère étonnamment selon le point de vue. Certaines espèces l'éprouvent dans leur chair (la souris) alors que d'autres n'y pensent même pas (le chat). Il en est de même pour les cultures. Faire un élevage d'enfants voués au sacrifice nous paraît d'une extrême violence, alors que c'était un rite culturel aztèque qui unissait les membres d'un même groupe, sans tenir compte du monde de leurs victimes. C'est pour la même raison que les conquistadores ont depecé quelques milliers d'Indiens, de même que les nazis ont organisé des rituels de masse qui firent rougir d'un plaisir archaïque des hommes cultivés comme Brasillach ou Drieu la Rochelle, en unissant les membres du clan contre l'existence des autres.

La violence est aussi éprouvée différemment selon les époques. Quand chez les Romains, une femme de haut rang tuait sa coiffeuse pour une mise en plis ratée[36], on trouvait ça bien normal... tout de même. Quand la mère de Galien, à Pergame au deuxième siècle, mordait ses serviteurs parce qu'ils avaient mal dressé la table, personne

35. R. Campan, V. Fourcassié, « La neuro-éthologie peut-elle se passer d'éthologie ? », *Études et analyses comportementales*, III, n° 3 (1986).

36. A. Rousselle, « Gestes et signes de la famille dans l'Empire romain », in *Histoire de la famille*, Armand Colin, T. 1, 1989, p. 257.

ne trouvait ça violent, puisque toutes les maîtresses de maison en faisaient autant. Je ne parlerai pas des délicatesses justifiées par l'adultère quand on arrachait le foie de l'homme pour l'exposer sur un pieu[37], ou quand on jetait à l'eau la femme enfermée dans un sac avec dix chats affolés. L'adultère était considéré comme un tel crime qu'il méritait cette torture, laquelle ne provoquait pas le moindre sentiment d'horreur.

Aujourd'hui, les crimes passionnels deviennent beaucoup plus rares, révélant ainsi que dans notre culture, on ne ressent plus son partenaire comme sa propriété. On souffre de ce préjudice, mais on ne se donne plus le droit de détruire le conjoint adultère puisqu'il n'est plus notre propriété affective. Les juges d'ailleurs condamnaient peu ces crimes passionnels qui étaient presque légitimes, en tout cas bien compréhensibles, n'est-ce pas ? Alors qu'aujourd'hui, c'est la violence du crime passionnel qui crée le sentiment d'horreur.

L'éloignement physique ou intellectuel ne stimule plus l'affectivité : loin des yeux, loin du cœur, et loin de la tête, loin du cœur ! Les conquistadores se représentaient les Aztèques comme des bœufs à atteler, les nazis se représentaient les juifs comme des rats qui infestaient leur blonde culture. Et, cinquante ans plus tard, ces fonctionnaires de la mise à mort protestent encore contre l'administration nazie... qui ne leur a pas donné les moyens de mieux faire leur travail ! Ils ne contestent pas les ordres qu'ils exécutaient sans émotion[38] !

Mais la trop grande proximité empêche aussi la formation du rituel. Je n'ai pas besoin de rituel pour toucher n'importe quel endroit de mon corps, alors que je ne peux pas toucher n'importe où celui de ma voisine qui est réglementé comme par un code de la route, ce qui explique certainement que, si je le respecte, on dira que j'ai une bonne conduite. La grande proximité, qui empêche la mise en place d'un rituel, permet de comprendre pourquoi la violence explose sans retenue

---

37. M. Godelier, *La Production des grands hommes*, Fayard, 1982.
38. Cl. Lanzmann, témoignages dans le film *Shoah*.

avec ses proches. Quand les serviteurs vivaient dans la maison et appartenaient aux patrons, on leur donnait le fouet. Quand ils ont eu leur chambre sous les toits, on leur a donné le bâton. Et aujourd'hui que notre femme de ménage habite chez elle, on ne peut plus la battre. Quelle que soit la culture, la famille demeure le lieu de la violence. Ce petit ensemble humain cimenté par l'affectivité, la sexualité, l'éducation des enfants et les contraintes sociales, organise un champ affectif si proche que le rituel y perd son efficacité. « C'est au sein du cercle familial ou, plus largement, du cercle des proches, que se recrutent la plupart des assassins [39]. » Que ce soit l'Angleterre médiévale, la France du dix-neuvième siècle, la Russie des années 1960, ou l'Islam actuel [40], la violence familiale s'exprime très peu dans les discours culturels. On fait semblant de croire que les films ou les livres qui en parlent représentent des cas émouvants mais rares, alors que les chiffres discrets des rapports de police sont impressionnants : il y a quatre-vingts pour cent de chances de trouver l'assassin dans la famille ou parmi les proches, sans parler des brutalités, des tortures verbales et des incestes secrets. La famille, ce havre de sécurité, est en même temps le lieu de la violence extrême.

La proximité affective empêche le rituel en rendant les corps accessibles à tout geste, à toute parole, à toute communication des émotions, comme lorsqu'on n'a pas besoin de rituel pour toucher son propre corps.

Dans le monde vivant, les plus grandes communications émotives sont intraspécifiques pour les mêmes raisons : parce qu'à l'intérieur d'une même espèce, on communique à la perfection. La moindre émotion sera parfaitement transmise au congénère et pour peu que le rituel se grippe, rien ne pourra plus contrôler cette émotion. Chez les animaux, le point d'eau devient le signal qui capte la conscience des dizaines d'espèces qui se ras-

39. J.-C. Chesnais, *Histoire de la violence*, Laffont, 1981, p. 79-80.
40. R. Mazlouman, « Les facteurs essentiels de la criminalité dans les différents pays musulmans », in J.-C. Chesnais, *op. cit.*

semblent sur ses berges. Ils canalisent leurs perceptions vers l'eau au point que les prédateurs et les proies se côtoient, en se percevant juste assez pour ne pas se cogner[41]. Ce n'est pas le cas des crocodiles qui, eux, ne font plus attention à l'eau puisqu'ils y baignent, comme nous ne prêtons plus attention à l'air que nous respirons. Ils restent très intéressés par les oiseaux et mammifères qu'ils consomment volontiers.

Les stimulations trop proches sont perçues puisqu'on s'y adapte, mais elles ne sont pas représentées. Quand l'attention est consacrée à recueillir les informations issues d'une source prédominante, toutes les autres passent au second plan. C'est pourquoi, sur un point d'eau, les lionnes ne cognent pas les gnous, elles les perçoivent mais ne les attaquent pas car elles s'orientent de préférence vers l'eau. Les gnous perçoivent que les lionnes préfèrent l'eau, et, ne les ressentant pas préda-trices, ils ne se sentent pas gibier. Alors, ils les côtoient sans crainte.

La proximité et l'éloignement, par la transparence émo-tionnelle qu'ils instaurent, mettent à l'ombre les objets sensoriels et les rendent insignifiants. Le rituel est sans objet et les animaux se côtoient sans violence... tant qu'aucun événement n'éveille leurs émotions. Dès que l'eau sera bue, dès que la lionne redeviendra chasseresse, l'absence de rituel autorisera toutes les violences.

Les facteurs de l'émotion existent. Il est facile de provo-quer une panique anxieuse en injectant du lactate de soude. Certaines substances provoquent des rages incontrôlables, comme l'acide urique à forte dose : quand un organisme ne possède pas l'enzyme qui habituelle-ment le détruit, il répond à toute stimulation par une rage destructrice que rien ne peut arrêter.

Un facteur génétique a été sélectionné par les éleveurs pour inventer certaines races de chien comme les pitt-bulls qui attaquent sans inhiber leur violence, parce qu'ils

41. D. Van Caneghem, *Agressivité et combativité*, PUF, 1978, p. 82.

ne perçoivent aucune réponse de l'autre, si bien que les rituels de soumission perdent leur efficacité.

Le facteur cérébral de la violence a été identifié et théâtralement manipulé. Un neurochirurgien espagnol [42] était tellement sûr du contrôle cérébral de la violence qu'il n'a pas hésité à descendre dans l'arène, face à un taureau. Simplement, il avait pris soin auparavant de planter une minuscule électrode dans l'amygdale rhinencéphalique du cerveau émotionnel de l'animal. Il avait mis son plus bel habit et, en fier Espagnol, avait endossé une large cape noire à face intérieure rouge. Seul face au taureau, il offrait une cible idéale que la bête n'aurait aucun mal à pulvériser. À deux mètres de l'homme, une simple pression du doigt sur une télécommande avait stimulé l'amygdale, et, instantanément, le taureau avait stoppé sa charge. En levant le doigt du boîtier, le neurochirurgien levait l'inhibition et le taureau chargeait à nouveau, aussi longtemps que son cerveau ne recevait pas l'information biologique qui l'apaisait aussitôt... Les facteurs biologiques et neurologiques expliquent les violences incontrôlables provoquées par certaines drogues comme le crack, ou certaines altérations cérébrales qui abîment le cerveau émotionnel.

Mais c'est le facteur ontogénétique qui trouble le plus souvent l'organe de l'émotion. Certains êtres vivants, non terminés à la naissance, ont besoin d'un autre comme tuteur durant leur développement. Quand cet autre vient à manquer, par la mort, la séparation accidentelle ou par le protocole d'expérimentation [43], l'être-sans-autre se replie sur son corps et malforme ainsi ses rituels qui perdent leur fonction de communication et ne gardent que leur fonction auto-stimulante et auto-apaisante.

C'est ainsi qu'on peut voir des animaux sociaux isolés en cours de développement s'auto-agresser à la moindre émotion, des rats se dévorer la patte, des chiens se jeter

42. J.-M. Delgado, *Le Conditionnement du cerveau et la Liberté de l'esprit*, Dessart, 1972.

43. H. F. et M. K. Harlow, « Social Deprivation in Monkeys », *Scientific American*, nov. 1962.

la tête la première contre un mur, des singes se mordre les poignets ou s'enfoncer les doigts dans les yeux. Chez l'enfant, les privations sociales précoces provoquent toujours d'intenses troubles biologiques, cérébraux, endocriniens, et plus tard de véritables « quêtes de stimulus » autocentrés [44]. La moindre émotion augmente les activités dirigées sur eux-mêmes, et, quand elles sont trop intenses, elles peuvent provoquer une automutilation [45].

Un dernier facteur de la violence se trouve dans l'environnement, c'est le surpeuplement. Chez les animaux, le peuplement est à lui-même son propre mécanisme régulateur, puisque la surstimulation biologique créée par le surnombre, la restriction spatiale, les rencontres incessantes et désordonnées rend impossible la régulation des émotions. On voit alors de graves troubles hormonaux et comportementaux apparaître chez les animaux en écologie de surpeuplement. Les mammifères sécrètent moins d'hormones sexuelles, les cerfs sont moins motivés, les surmulots cessent de se reproduire, les lapines résorbent leur fœtus, et cet engourdissement sexuel constitue la plus naturelle régulation des naissances [46].

Le surnombre crée une surstimulation sensorielle qui déforme les rituels. Les hérons blancs de la station de Wilheminenberg manifestent des rituels grotesques et inopérants. Ils amorcent une parade sexuelle follement intense et brutale qui se transforme en bagarre. Les parents ne s'occupent plus de leurs petits, si bien que les « anciens », qui se sont développés dans un milieu qui les avait ritualisés, essayent de les récupérer [47]. Des singes transplantés sur une petite île prolifèrent et finissent par se déritualiser. Ils se battent sans frein, se blessent et se

---

44. M. Erlich, *La Mutilation*, PUF, 1990, p. 178.

45. M. Levitt, « Dysesthesias and Self-Mutilation in Humans and Sub-Humans. A Review of Clinical and Experimental Studies », *Brain Research Review*, X (1990), p. 247-290.

46. J. J. Christian, « The Roles of Endocrine and Behavioral Factors in the Growth of Mammalian Populations », in A. Gobman, *Comparative Endocrinology*, Wiley, 1959, p. 71-97.

47. O. Koenig, in Van Caneghem, *op. cit.*, p. 67.

poursuivent, ne respectant plus aucune manière, ni sexuelle, ni alimentaire, ni éducative. Le groupe entier tombe malade, physiquement, émotionnellement et socialement [48].

L'expérience la plus classique pour préciser comment le surnombre empêche le fonctionnement social et altère la biologie de ses membres, a été réalisée en fabriquant une cage de cocagne pour vingt rats et vingt rates [49]. Après vingt-sept mois de vie confortable, le calcul prévoyait cinq mille habitants dans cette cage de mille mètres carrés. Il n'y en eut jamais plus de cent cinquante, car dès que la population dépassait ce chiffre, apparaissaient des troubles interactionnels et biologiques qui détruisaient le groupe et les individus. Les interactions devenaient si violentes que les mâles se battaient à mort, et même les femelles d'habitude moins agressives cherchaient à se détruire. Les tentatives d'accouplement ne se préparaient plus par des parades qui devaient synchroniser les partenaires. L'observateur humain dénommait « viol » cette précipitation sexuelle sans préparation rituelle. Les femelles, de moins en moins fécondes, ne préparaient plus leurs nids, accouchaient au hasard et abandonnaient leurs petits, aussitôt dévorés par les adultes. Très rapidement, la mortalité du groupe atteignait quatre-vingt-dix pour cent et ne revenait à la normale que lorsque la densité diminuait. La morbidité des comportements individuels disparaissait à son tour, et la violence naturelle, libérée par la déritualisation, s'éteignait d'elle-même dès que l'écologie sociale organisait à nouveau le façonnement des rituels.

---

48. C. R. Carpenter, « The Howlers of Barro Colorado Island, » in I. De Vore, *Primate Behavior*, 1965, p. 250-291.

49. J. B. Calhoun, « Population Density and Social Pathology », *Scientific American*, CCVI (1962), p. 139-148.

Angoisse des villes et angoisse des champs

On pourrait considérer l'écologie humaine comme une sorte de biologie périphérique où l'organisation d'un milieu et d'un habitat structure les informations sensorielles telles que l'espace, le bruit, la lumière, les stimulations émotives et les rythmes chronobiologiques.

L'urbanisation représente certainement un objet fabriqué par les anciens qui impose aux enfants ses circuits de développement. Avant la deuxième guerre mondiale, il y avait sur la planète trois villes de plus de huit millions d'habitants et elles se trouvaient dans des pays riches. En l'an 2000, il y aura vingt et une villes de plus de dix millions d'habitants, dont dix-huit seront peuplées de très pauvres gens [50]. Cette situation démographique à effets économiques, politiques, techniques et psychologiques constitue une expérimentation naturelle où l'on peut observer comment, chez l'homme aussi, le surnombre déritualise.

En deux siècles d'artifices, l'homme a fabriqué le milieu qui le façonne ! Curieux phénomène que celui des mégapoles : on y fuit les petites unités de vie pour prendre sa toute petite place dans d'immenses entassements humains. Il est de fait que l'ennui pétrifie les habitants des villages déshabités : les événements sont minuscules et la routine engourdissante. Un étranger qui traverse un village mourant, devient un intrus, un juge, sinon un agresseur. Les rituels se font rares, on s'évite, on ne se sourit pas, on se salue à peine, alors que dans les villages ritualisés on emploie des formules sacrées comme « Dieu vous bénisse » ou « Le Ciel soit avec toi ». Contrairement au préjugé, les troubles psychiques y sont plus intenses qu'en ville. C'est dans de petits villages des Alpes-de-Haute-Provence que j'ai vu les dernières angoisses catatoniques où la personne entière est figée dans une

50. J. Piel, « Le péril des mégapoles », *Impact-Médecins*, n° 22 (nov. 1991).

contracture totale de son corps. C'est dans ces petits milieux déritualisés que les suicides sont les plus violents, l'alcoolisme le plus dégradant, les bouffées délirantes et les confusions mentales les plus intenses.

Assez curieusement, les angoisses sont moins fortes en ville où l'on peut toujours trouver une action apaisante, une distraction ou une rencontre stimulante. Dans les grandes villes, on est soumis au merveilleux supplice de Tantale qui crée une appétence, parfois même un espoir. Les banlieues sont pleines de bruit et de fureur. Il y a toujours quelqu'un à rencontrer, un ennemi à combattre, un drame à créer, un événement à raconter. La vie la plus pauvre y est plus intense et plus humaine que dans un village mortifère. Cette ville périphérique vit dans l'instant qui passe, car seul le centre est historique. On y trouve une affectivité fiévreuse, une manière d'aimer intense et pimentée que certains dénomment « haine » et qui constitue un liant très efficace pour ceux qui s'aiment en exécrant les autres.

Les observateurs logés dans les beaux quartiers et diplômés des grandes écoles admettent mal que les habitants des bidonvilles aient tant de peine à les quitter : c'est qu'ils ne savent vivre que là ! Le drame est incessant, créant des représentations émouvantes, la fête y est gratuite et côtoie la mort, comme une bacchanale quotidienne. L'amour et la haine affectent les habitants à chaque rencontre, créant une impression de vie intense, bien supérieure à la mort psychique des petits villages ou à la réserve vernie des beaux quartiers.

Mais comme dans tout univers de clan, la fièvre affective mène à la détresse. Ceux qui ne peuvent pas intégrer une bande parce qu'ils préfèrent la paix des villages ou le silence des beaux quartiers, parce qu'ils ne souhaitent pas cette régression archaïque ou parce qu'ils n'y arrivent pas, alors ceux-là souffrent encore plus ! Les schizophrènes qui ont tant de mal à dire « bonjour » sont chassés des lieux de la compétition sociale et attirés par cette socialisation primitive. Mais dès qu'ils y tombent, ils ne peuvent pas apprendre ses rituels violents. C'est eux qui vont composer la population des rues, encore plus déritualisée : trente pour cent des sans-domicile à Paris, quarante pour cent à Venise (qui est à l'origine de la mise à la porte des malades mentaux), quatre-vingts pour cent à New York [51] où cet externement abusif a permis de réaliser de solides économies.

Quand la culture n'imprègne plus le monde interhumain, les rituels du clan préservent un peu d'affectivité archaïque. Alors ceux qui s'aiment s'unissent dans la haine, juste avant la déritualisation totale où le « chacun pour soi » pulvérise ce qui reste de société.

La première description de société déritualisée a été faite chez les Iks [52] qui, déportés dans une belle région et pensionnés par leur gouvernement, avaient tout pour être heureux. Mais, sans projet et sans histoire, ils ont perdu leur liant social et, en quelques mois, ont transformé leurs rapports en heurts violents. « La destruction brutale de leur genre de vie... les replaçait au degré zéro de l'humanité [53]. » Dès que leur société a été déritualisée, ils se sont bousculés, volé la nourriture, violés, ils ont abandonné les enfants, jeté les cadavres. Dans une telle déritualisation, le clan prend la valeur d'un soulagement : un progrès relatif, un sauve-qui-peut. Dans les bandes d'enfants abandonnés à la rue, de petits rituels d'agrégation prennent forme : des rituels archaïques qui unissent par la violence imposée à l'autre, comme les bagarres ou les vols en groupe. Mais on y voit aussi des rituels d'interaction, comme des échanges affectifs, pour l'apaisement et l'endormissement [54]. Au Cambodge, dans les populations déplacées, une néo-ritualisation apparaît et l'on voit des adolescents se grouper en bandes pour prendre le pouvoir et imposer leur force brutale aux isolés [55].

---

51. L. Marcoll, N. Cohen, D. Nardacci, J. Brittain, « The New York City Initiative for the Homeless Mentally Ill », *American Journal of Psychiatry*, CXLVII, n° 11 (1990).

52. C. Turnbull, *Un peuple de fauves*, Le Seuil, 1972.

53. G. Mendel, *Quand plus rien ne va de soi*, Laffont, 1972.

54. Journées d'études du ministère de la Justice « Qu'est-ce que l'éducation ? », Garches, oct. 1991.

55. J. Hiégel, intervention au colloque « Les révolutions », Toulon-Châteauvallon, 1989.

Quand le groupe s'agrandit, un nombre croissant d'individus ne respectent plus les rituels de base parce que le nombre en dilue les informations sensorielles et en diminue la force unifiante. On assiste alors à l'individualisation de sous-groupes qui gardent un rituel commun avec le groupe d'origine, mais en adoptent de nouveaux. Dans un village historisé, tout croisement entre deux personnes est ritualisé par un sourire, un ballet des regards, et la prononciation d'une phrase importante telle que « Comment allez-vous? ». Ces petits gestes créent un ensemble sensoriel ritualisé. Mais, dans une grande surface, ce rituel devient absurde. On ne peut pas saluer tout le monde. Il faut alors ne pas se représenter l'autre : on le perçoit, mais on n'interagit plus avec lui. Le surnombre rend l'autre nécessairement transparent si bien qu'en cas d'émotion forte, plus rien ne vient freiner la violence.

À la fin du dix-neuvième siècle, à l'époque où les sociétés occidentales n'avaient pas encore leurs structures modernes, Durkheim avait proposé le concept d'anomie pour signifier que les groupes humains n'adoptent plus de formes naturelles ni légales. Le retour de l'anomie en cette fin de vingtième siècle signifie-t-il que la déstructuration de presque toutes les sociétés prépare un nouvel ordre humain? L'ennui, c'est que l'anomie, en déritualisant les groupes sociaux, les désagrège et laisse émerger toutes les violences. Comme si les grands groupes ne savaient pas créer leur évolution culturelle autrement que par la violence, alors que les petits groupes ritualisés utilisent le débat pour faire changer les mentalités et les structures sociales. C'est par le débat que la masturbation a cessé d'être culpabilisée, c'est par le débat que l'homosexualité est mieux acceptée dans certains milieux, et c'est par le débat que les féministes ont amélioré la condition des femmes, sans tuer un seul homme ni poser une seule bombe. Mais le débat ne prend pas du tout la même forme rituelle selon le nombre des participants. Dans un couple ou dans un foyer, l'émotion provoquée par le débat est difficile à gérer parce que la proximité affective ne donne pas forme au rituel. C'est pourquoi la simple intervention d'un tiers extérieur à la famille réinstaure le débat, en ritualisant les échanges. Dans les masses, le débat n'est pas possible non plus, car l'échange entre la foule et l'orateur ne peut pas être intellectuel. Un seul chef ne peut pas échanger avec chacun des individus qui composent sa foule. Mais il peut échanger avec sa foule prise en corps, ce qui implique la désindividualisation de ses participants : « J'envisagerai donc l'hypnose comme une communication dont le contenu tend vers zéro et la relation vers l'absolu... [56] » Cette relation d'hypnose entre un chef et sa foule se structure comme un énorme échange affectif dépourvu de contenu intellectuel, structurellement très proche de l'échange mère-enfant [57]. C'est pourquoi tant de penseurs qui, par ailleurs, avaient prouvé la qualité personnelle de leur intellect, se sont laissé piéger par la transe collective des manifestations de masse.

Entre le trop proche qui autorise la violence familiale et le trop loin qui mène à la violence sociale, les petits groupes permettent l'échange affectif et intellectuel. Certains s'organisent en « collèges invisibles » pour faire circuler leurs idées et quelques affects ; d'autres se constituent en groupes de pression pour influencer la culture ; d'autres encore prennent la forme de groupes politiques pour prendre le pouvoir ; et les sectes utilisent cette dimension tellement humaine pour posséder l'âme et le porte-monnaie de leurs émules.

Le petit groupe qui se structure autour d'idées, d'actions et d'affects constitue l'organisation à dimension humaine où l'individu se personnalise aisément. La tribu qui groupe quelques familles dans l'adoration d'un même totem affectif, intellectuel ou existentiel constitue la forme la plus simple de lutte contre l'anomie. On s'y sent bien... tant qu'un autre clan ne cherche pas à vous détruire.

---

56. D. Bougnoux, « L'impensé de la communication », in *La Suggestion*, Delagrange, 1991.
57. B. Cyrulnik, « Quand " je " n'est pas un autre », séminaire Léon Chertok et Isabelle Stengers, EHESS-MSH, fév. 1991.

L'effet tranquillisant du rituel intégrateur est parfaitement confirmé par l'étude du taux des suicides en Algérie. En une seule génération, la culture a été bouleversée. Le développement des individus est bien meilleur aujourd'hui sur le plan intellectuel et affectif. Mais cette amélioration rencontre, vers l'âge de quinze à vingt ans, un vide socioculturel. Les difficultés économiques n'ont pas permis la réalisation de circuits sociaux où les jeunes auraient dû prendre leur place. On voit alors apparaître un phénomène culturel profond d'adolescence conflictuelle qui n'existait pas il y a quelques années [58]. On peut même observer l'apparition d'une nouvelle variété de jeunes – « les souteneurs de murs » – qui passent des heures, chaque jour, à somnoler, côte à côte, appuyés contre les pierres [59]. Le même phénomène d'adolescence engourdie existe en France, où les habitudes culturelles incitent les jeunes à « coincer l'oreiller », alors qu'en Algérie ils « soutiennent les murs ».

Dans de tels contextes d'impuissance culturelle, on note une progression alarmante des conduites suicidaires : auto-agressions, impulsions, risques excessifs, toxicomanies, héroïsmes absurdes... Il s'agit toujours, et quelle que soit la culture, d'adolescents scolarisés, urbanisés et désolidarisés. En France, c'est en Mayenne que les adolescents se suicident le plus : cinquante pour cent de plus que la moyenne nationale [60]. Très peu souffrent de troubles psychiques. Presque tous sont désocialisés. Ce groupe à risque est constitué par des filles de quinze à vingt-quatre ans dont les résultats scolaires ont été bons, mais chutent soudain. Ces jeunes n'ont aucune activité culturelle, sportive, intellectuelle ou affective. Désolidarisés de leur famille qu'ils rejettent, sans bandes amicales, sans rencontres affectives ni projets sociaux, ils consultent

---

58. A. Bensmaïl, intervention aux journées d'études sur la violence, Nice, sept. 1992.

59. M. Boucebci, intervention au colloque « Santé mentale, culture et société », Lille, avril 1993.

60. S. Fosse, « Le profil du récidiviste », *Impact-Médecins*, n° 181, (26 fév. 1993).

souvent des médecins généralistes, tant leur malaise psychique altère leur condition physique.

Les solutions sont essentiellement culturelles [61], car à ce stade du développement de la personne, l'incitation à vivre est extrafamiliale. Or l'extérieur est vide.

En Algérie, quand le Ramadan oblige au rituel, aux rencontres quotidiennes familiales et amicales, le taux de suicides s'effondre instantanément : « Durant ce mois de jeûne, la cellule familiale retrouve sa solidité, sa cohérence et sa fonction de soutien de l'individu par le groupe [62]. » Un indice permettant de repérer notre propre impuissance culturelle nous est fourni par l'augmentation des dépressions et des suicides au moment de Noël et de la fête des mères. Ceux qui sont insérés dans une famille éprouvent l'euphorie des fêtes familiales. Mais ceux dont les familles sont troublées ou détruites éprouvent jusqu'à la douleur un sentiment d'échec ou de privation affective. Les statistiques révèlent parfois une étonnante psychologie des populations : quelle que soit la culture, on meurt beaucoup moins pendant les fêtes laïques ou religieuses. Et même les âgés meurent moins le dimanche et les jours de fête. Ils attendent le lundi ou le mardi pour se laisser partir [63], comme si les stimulations affectives fournies par le groupe donnaient encore aux mourants la force de s'accrocher dans leur milieu, pour se laisser emporter... les lendemains de fête.

Anomie sociale et surpopulation

Les hommes étaient heureux, quand ils chassaient le renne il y a huit mille ans : de temps à autre, ils en tuaient un pour que chaque parcelle de son corps se

61. B. Cyrulnik, « L'enfant et l'adolescent dans la société », communication aux Assises régionales de la sécurité dans le Var, Toulon, GRAIFF, janv. 1993.

62. M. Boucebci, A. Amal Yaker, « Psychopathologie infantojuvénile dans les pays en voie de développement », in Traité de psychiatrie de l'enfant et de l'adolescent, PUF, t. III, 1985, p. 111.

63. Abstract, Alzheimer actualités, n° 76 (1993).

transforme en nourriture ou en objet technique, comme un couteau, une aiguille d'os, des vêtements ou des chaussures en peau. À chaque instant, la fête de la naissance, de la chasse ou du partage du gibier imprégnait d'affectivité et de sens le moindre geste et le moindre événement, en attendant la fête de la mort, qui arrivait très tôt. Tout allait bien, jusqu'au jour où un homme proposa : « Nous allons nous soumettre à une idée et non plus à un territoire. Vous adorez la chose, alors que nous inventons le message. » La violence créatrice, ce « chaudron de l'humanité [64] », venait de naître ! La merveille et l'horreur désormais s'accoupleraient pour enfanter les civilisations. Parce qu' « il n'y a de crime qu'humain ». Pire encore : « C'est par le crime que l'humanité s'ouvre sur elle-même [65]. » L'homme sait qu'il peut détruire définitivement une chose, ou un être. Il le fait s'il en reçoit l'ordre verbal qui crée en lui une conviction. Alors que l'animal peut détruire un autre parce qu'il n'accède pas à la représentation de ses représentations, ou parce qu'une force altère le rituel. Mais si une force émotionnelle le freine, il arrêtera sa destruction, même si une idée suprême lui ordonne de continuer. « Les conflits d'intérêt entre les hommes sont donc fondamentalement tranchés par le recours à la violence. Il en est ainsi dans tout le règne animal, dont l'homme ne devrait pas s'exclure ; chez l'homme, s'ajoutent des conflits d'opinions qui atteignent les plus hauts sommets de l'abstraction et semblent exiger une autre technique d'arbitrage [66]. »

Cette distinction de Freud paraît claire. L'horreur animale est contextuelle : le vieil éléphant est dévoré vivant par tout petits lambeaux, et pendant que la gazelle accouche, les vautours déchiquètent le petit en train de naître. Alors que l'horreur humaine, qui n'ignore pas cette dimension émotionnelle, ajoute le cauchemar rendu

64. J. Bergeret, intervention aux Journées du ministère des Affaires sociales sur les violences, Paris, mars 1992.

65. J. André, *L'Inceste focal*, PUF, 1992, p. 378.

66. S. Freud, lettre à Einstein « Pourquoi la guerre ? », in *Résultats, Idées, Problèmes*, PUF, t. II, 1985, p. 203-215.

possible par la soumission au message idéal, à la technique qui éloigne l'émotion, et même à la violence administrative, la plus grande des violences froides. C'est ainsi qu'on a pu voir en temps de guerre, lorsque la civilisation s'effondre, des hommes pourtant cultivés qui, avec désinvolture, condamnent à mort des enfants qu'ils n'ont jamais vus, au nom de l'idée qu'ils s'en font, alors qu'ils n'auraient pas tiré les cheveux de ces enfants : leur simple contact, en rétablissant l'échange des émotions, aurait en effet dissipé la violence.

L'univers du signe crée un nouvel ordre mental où toutes les violences sont possibles car toutes les libertés sont possibles : celle de détruire une règle pour en proposer une autre, celle de détruire celui qui entraverait cette règle, celle de détruire un groupe au nom de l'idée qu'on s'en fait ou de la menace qu'il représente. L'animal reste immergé dans les rapports de l'organisme à la chose. La proximité des stimulations, même s'il les traite et les organise de façon à en faire des représentations intelligentes[67], ne l'éloigne pas assez du contexte pour supprimer l'effet régulateur du rituel qui contrôle l'émotion. Alors que l'homme, par son aptitude biologique à s'arracher du contexte pour inventer des signes, désamorce cet effet régulateur.

La violence animale naît de l'altération des lois de la nature, alors que la violence humaine naît de leur transgression dans la parole et la civilité.

Cela ne veut absolument pas dire qu'il suffirait d'empêcher l'homme de parler pour supprimer la violence. Au contraire même, l'expérience clinique nous apprend tous les jours qu'un homme frappe faute de pouvoir parler : « C'est l'acte qui prévaut et qui a valeur de parole[68]. » Quand, dans une relation à deux, un homme ne sait pas s'exprimer ou que l'autre ne le lui permet pas, quand l'institution ne crée pas de lieux d'échanges, alors la parole est aux actes qui détruisent l'autre et toute pensée.

67. J. Vauclair, *L'Intelligence de l'animal*, Le Seuil, 1992.
68. S. Raymond, *Crimes de sang et faits de violence*, Hommes et Perspectives, 1993.

Mais ce n'est pas non plus la parole qui empêche la violence car il ne suffit pas de parler à son miroir pour se calmer. C'est la ritualisation de la parole qui permet le travail d'assimilation émotionnelle du corps-à-corps. La preuve en est que, dans la conversation, il faut disposer nos corps avant d'échanger nos mots. Et cette rencontre ne doit rien au hasard : chaque geste du corps structure l'échange des émotions [69] comme dans tout véritable rituel. La parole se double toujours d'une répartition des affects : je me tais quand tu parles, je détourne mon regard pour ne pas te gêner, tu hoches la tête pour m'encourager à continuer, tu me souris pour me communiquer à quel point tu partages le monde que je viens d'exprimer avec mes mots, je te séduis quand je t'écoute pour utiliser ta force, je t'intimide pour troubler ton discours... Tous ces innombrables scénarios comportementaux gèrent les émotions soulevées par nos paroles. La conversation constitue certainement le plus humain de tous nos actes, elle crée un champ sensoriel structuré comme un rituel. C'est dans la conversation que nos psychismes se rencontrent et tissent l'affectivité qui va nous lier. Au cours de cet acte, infiniment répété, nos affectivités s'échangent en même temps que se racontent les histoires qui précisent nos identités.

Mais autant le rituel à deux s'instaure facilement, autant il devient facile à troubler quand le nombre augmente. Dans un petit groupe, les rituels s'organisent et fonctionnent très bien, ils répartissent les tâches et les rôles. Mais quand le nombre croît, le rituel devient rigide pour ne pas se diluer : il faut alors énoncer les règles qui gouvernent le groupe, alors que ce n'est pas la peine dans la conversation où elles se mettent en place du simple fait de la proximité des corps.

Quand on arrive aux masses ou aux phénomènes de surpopulation, l'ordre ne prend forme que grâce à la dictature qui gouverne sans discussion en utilisant la violence administrative. Jusqu'à l'explosion du groupe en

69. J. Cosnier, C. Kerbrat-Orecchioni, *Décrire la conversation*, PUL, 1987.

une multitude de clans où l'ordre interne règne et mène à la violence externe.

À moins qu'une culture n'invente le bon code, celui où l'homme peut encore s'exprimer, parler et gouverner sans détruire son prochain. Ce code a un nom, c'est la tolérance. Il faut apprendre à se décentrer de sa propre pensée en admettant qu'il n'y a pas qu'une seule manière d'être humain. Car tant que nous mépriserons les autres, nous oscillerons entre la violence du désordre et celle d'un seul ordre. C'est pourquoi les candidats dictateurs disent toujours : « C'est moi ou le chaos. » L'ordre qu'ils font régner est un ordre mortifère qu'ils opposent à l'ordre barbare du clan. Parfois, c'est « l'ordre fossile structuré par l'immuable conviction que nous devons nous soumettre à une vérité révélée [70] », écrite ailleurs, il y a longtemps, sur un parchemin mystérieux dont les initiés se transmettent le contenu. Ceux qui ne savent pas lire ce parchemin ou ne veulent pas s'y soumettre se placent d'eux-mêmes dans la position d'agresseurs qu'il faudra donc agresser le plus moralement du monde pour les éliminer afin que l'ordre règne [71]. Cet ordre constitue la pire des violences puisqu'il mène à la destruction culturelle et physique de ceux qui n'y participent pas, et à l'apaisante absence de vie de ceux qui y participent.

Tant que nous aurons de la civilisation à inventer nous créerons de la violence puisqu'il faudra détruire les anciennes lois. Et le jour où tout sera inventé, nous connaîtrons enfin la paix des cimetières ! Entre l'ordre barbare et l'ordre fossile, les seules civilisations qui ont réussi à évoluer en gérant la violence, sont celles qui ont institué le bouleversement. Elles ont permis d'inventer sans cesse de nouvelles manières de coexister, en instituant des lieux de conflits, de débats, ou même d'inversion culturelle. Dans les sociétés traditionnelles, le mot « fête » renvoyait à une véritable subversion collective de l'ordre établi, pendant quelques jours. « Alors le men-

---

70. A. Rauch, « Violence, brutalité et barbarie », *Ethnologie française*, XX, n° 1 (1991), p. 3.

71. P. Mannoni, *La Psychologie collective*, PUF, 1985

diant, une journée, devenait roi; les femmes se déguisaient en hommes, les adolescents prenaient le pas sur les adultes [72]. » Et même dans « certaines fêtes la promiscuité sexuelle pouvait aller jusqu'à l'inceste généralisé [73] ».

Les saturnales violentes favorisaient le retour de l'ordre au lendemain des fêtes, alors que les cultures qui organisent les rites de leur propre évolution, où les destructions ponctuelles s'associent aux reconstructions, instituent une gestion de la violence évolutive.

Cette nécessité humaine de la destruction-reconstruction prouve à quel point notre aptitude à signifier fait de nous les êtres les plus doués pour l'horreur et la merveille.

72. L. Roussel, *La Famille incertaine*, Odile Jacob, 1989, p. 39.
73. R. Girard, *La Violence et le Sacré*, *op. cit.*, p. 171.

CHAPITRE V

Le plus incestueux des incestes ?

Œdipe n'a jamais consulté en clientèle, et pourtant les psychiatres s'y réfèrent sans cesse ! Celui qui l'a lancé se nomme Freud. À la fin de sa vie, il appelait sa fille, « mon Antigone [1] », révélant ainsi que le mythe d'Œdipe lui avait offert un parfait alibi pour évoquer, en utilisant l'histoire d'un autre, son propre désir pour la femme de son père [2]. D'ailleurs, quand il était enfant, Freud pensait que sa mère aurait fait un plus joli couple avec son frère aîné qu'avec son père, car la troisième femme de Jacob avait le même âge que les deux frères aînés de Sigmund [3]. Œdipe n'avait finalement pour fonction que de raconter l'histoire de Freud, chez qui les rôles affectifs n'étaient pas bien établis : le frère aîné à la place du père, la mère à la place d'une femme. Lévi-Strauss lui-même accepte l'idée que l'inceste pourrait ne plus être interdit si l'organisation sociale structurait d'autres liens : « Il est possible que la prohibition de l'inceste disparaisse un jour, dans la mesure où apparaîtront d'autres moyens d'assurer la cohésion sociale [4]. »

Comme il est d'usage, je commence par la conclusion et je fais semblant d'en faire une hypothèse : l'inceste mère-fils ne serait pensable qu'à l'occasion d'importants changements des rapports de parenté.

---

1. P. Gay, *Freud, une vie*, Hachette, 1991, p. 507.
2. Freud l'avoue dans *Un souvenir d'enfance de Léonard de Vinci*.
3. P. Gay, *op. cit.*, p. 9.
4. P. Simonnot, « Un anarchiste de droite : entretien avec Claude Lévi-Strauss », *L'Express* du 17-23 oct. 1986, p. 126.

Comme l'inceste mère-fils ne peut pas être étudié en laboratoire, c'est une observation naturaliste qui permettra d'en appréhender quelques aspects. Plusieurs sources ont fourni les informations : les expertises médico-légales, les productions artistiques, la pratique clinique et surtout les recherches non cliniques. Parce qu'il s'est passé un phénomène curieux qui mérite une réflexion épistémologique : après avoir travaillé sur l'inhibition de l'inceste chez les animaux, j'en étais arrivé à la conclusion provisoire qu'un acte sexuel, dénommé « inceste » par les observateurs humains, pouvait ne plus être empêché entre une mère et son fils, à condition que l'ontogenèse ait troublé l'attachement entre ces deux organismes affiliés. L'attachement altéré, accidentellement ou expérimentalement, en compromettant le développement d'un lien mère-fils, redonnait à ces deux animaux la possibilité de devenir des partenaires sexuels. Œdipe avait donc eu tort d'en faire un complexe puisqu'il s'expliquait par l'éthologie. Les lois naturelles l'auraient réhabilité si l'oracle de Thèbes n'avait pas énoncé sa sentence : « Tu as fait quatre enfants à ta mère, alors qu'humainement tu n'en avais pas le droit. »

Cet énoncé crevait les yeux. Le simple fait de l'avoir publié dans des livres [5], exposé dans des conférences ou raconté dans les médias, a créé une source inattendue d'observations non cliniques : plusieurs personnes, parfois même des couples mère-fils, sont venus me demander conseil. Quelques-uns ont voulu travailler avec moi sur ce thème qui leur tenait à cœur et dont ils n'avaient jamais pu parler. J'ai reçu un abondant courrier que je classerai en deux écoles de pensée : une école vertueuse, scandalisée qu'on ait pu simplement évoquer la chose, car le tabou ne porte pas que sur la chose, il porte aussi sur son énonciation ; et une école perverse, enchantée par ces témoignages, qui désirait me transformer en porte-drapeau de la libération des mœurs et des incestes opprimés. Autant dire que j'ai eu du mal à me préserver des deux.

5. B. Cyrulnik, *Sous le signe du lien*, Hachette, 1989, p. 237.

J'ai aussi eu la surprise d'entendre des patients oser enfin parler du tabou des tabous, qu'ils n'auraient jamais eu la force d'évoquer si le débat sur la place publique n'avait pas amoindri l'émotion en écornant le tabou. Cela prouve que le refoulement n'est pas un processus uniquement personnel, c'est aussi un processus culturel.

Structures d'affectivité maternelles et structures de parenté culturelles

On ne peut pas tout entendre, ni voir tout ce qui existe, il faut des capteurs techniques et une mobilisation culturelle pour nous rendre sensibles à ce qu'on va percevoir. Ma manière de recueillir l'information ne consiste pas en un travail artificiel de laboratoire, elle ne comporte pas de validation statistique, elle ne conduit pas à une étude épidémiologique avec cohortes comparées. Même sur le plan sémiologique, je ne saurais pas décrire avec rigueur l'inceste mère-fils comme je pourrais le faire d'une pneumonie, où il y a moins d'impudeur à demander si ça brûle en toussant ou si ça fait mal en crachant. Il faut d'abord se représenter un drame avant d'en faire le récit puis de tenter un débat d'idées. Le travail verbal apprivoise alors les émotions soulevées.

Une nuit de garde en neurochirurgie, en 1966, j'ai vu arriver un bébé de six mois en coma profond avec une bosse sur la tête. Tous les examens étaient normaux mais le petit, lui, était bien comateux. Une idée stupide m'est venue en tête : recherche de barbituriques ! Le dosage est revenu très positif. Les parents nous ont alors expliqué qu'en jouant à la dînette avec sa sœur, il avait dû avaler des cachets et tomber de la balançoire en s'endormant. Nous l'avons rendu à sa famille. Trois semaines plus tard, il revenait dans le service avec cette fois-ci un hématome sous-dural bilatéral qu'il a fallu opérer en urgence [6]. En l'examinant au

---

6. Poche de sang qui, après certains traumatismes crâniens, s'accumule dans les méninges entre l'os et le cerveau.

réveil, j'ai noté sur les fesses et sur les bras d'étranges croûtes noires et rondes. Les parents interrogés m'ont alors expliqué qu'il fallait parfois le brûler un peu avec des cigarettes pour lui apprendre à se tenir, car il avait un caractère bien difficile.

Quand on a proposé aux revues médicales un petit article pour expliquer qu'on pouvait observer des épanchements de sang intracrâniens chez des bébés un peu trop secoués par leurs parents, tous les rédacteurs l'ont refusé en nous expliquant que les témoignages de moutons à cinq pattes ne composaient pas un travail scientifique. Il a fallu attendre le débat des années 1980 sur les enfants maltraités pour sensibiliser les comités de lecture à un phénomène qui existait dans le réel, mais pas dans la représentation sociale [7]. Maintenant que notre culture en a fait un débat public, on ose y penser, et travailler la question. Et les réponses deviennent moins floues.

Le stéréotype culturel consiste à dire que le plus fréquent, c'est l'inceste beau-père-fille, puis frère-sœur. Quant à l'inceste mère-fils, rarissime, il ne concernerait que les psychotiques. La logique du stéréotype conduit alors à se demander si l'inceste provoque la psychose ou inversement. Les associations de protection de l'enfance tiennent mieux le compte des incestes [8] : soixante pour cent père-fille, seize pour cent beau-père-fille, huit pour cent frère-sœur, sept pour cent oncle-nièce, et trois pour cent mère-fils. Cela ne veut pas dire qu'il y a vingt fois plus d'incestes père-fille que mère-fils ; cela fait savoir qu'il y en a vingt fois plus devant les tribunaux ! Les incestes mère-fils et frère-sœur ne vont pour ainsi dire jamais en justice, alors que l'inceste père-fille y va le plus souvent, même si à peine trente pour cent des incestes réels conduisent à déposer plainte. L'augmentation rapide, ces dernières années,

---

7. P. Straus, M. Manciaux, *L'Enfant maltraité*, Fleurus, 1982, réédition 1993.

8. Chiffres recueillis par les associations « Enfance et Partage », « Stop Viol » à Lyon, « SOS inceste » à Grenoble, in *L'Enfance maltraitée*, Syros, 1990.

d'incestes à tribunaux [9] permet d'évaluer à cent cinquante cas par an les incestes mère-fils. Comme un très petit nombre seulement en est déclaré, on peut estimer qu'il y a cinq cents cas secrets chaque année, soit dix mille par génération. Il y aurait donc, actuellement en France, autant de cas d'inceste mère-fils dont on ne parle jamais que de cas d'autisme dont on parle tant !

Avec notre attitude empirique de praticiens, nous avons recueilli quelques informations surprenantes qui posent un problème de fond : on parle aujourd'hui de l'inceste mère-fils comme hier de la maltraitance. Pourtant Herman Hesse avait déjà raconté l'histoire des enfants torturés dans les collèges militaires prussiens, Hervé Bazin avait parlé de Folcoche et Jules Renard avait tenté de poétiser les souffrances de Poil de Carotte [10]. Tout le monde était au courant. On l'apprenait même à l'école et, dans les pays de l'Est, on le citait comme un exemple d'éducation capitaliste [11]. Pourquoi la réflexion scientifique a-t-elle été si lente à s'ébranler ? Dans la littérature, au théâtre et au cinéma, les œuvres d'art décrivant l'inceste mère-fils étaient nombreuses : Œdipe, le plus célèbre, a été lancé par une production artistique. Depuis que la littérature occidentale existe, elle raconte cette histoire qui transforme en récit mythique la pire des violences fondatrices, celle qui oblige à quitter ceux qu'on aime parce qu'on a commis envers eux un crime sexuel.

L'inceste mère-fils représente alors le plus incestueux des incestes.

À l'origine, l'Église nommait inceste tout mariage jusqu'au quatrième degré de consanguinité, mais à partir du douzième siècle elle a dénommé « inceste » tout acte sexuel entre apparentés jusqu'au septième degré de computation germanique ou quatorzième degré de computation

9. P. Pedrot, intervention au colloque « À qui appartient l'enfant ? », Toulon-Châteauvallon, sept. 1992.

10. H. Hesse, *Sous la roue*, 1906. H. Bazin, *Vipère au poing*, 1960. J. Renard, *Poil de carotte*, 1894.

11. Témoignage personnel, Bucarest, 1955.

romaine [12], ce qui mène à d'interminables supputations et à un évitement obsessionnel de l'inceste.

Nous, humains, aurions deux types d'incestes à définir : un inceste flou dont la définition varie selon l'époque et la culture, et un acte sexuel considéré d'autant plus comme un inceste qu'il se rapproche de la mère, jusqu'au geste innommable car impensable. Plus on s'éloigne de la mère, plus la notion d'inceste dépend des mots qui la définissent. Mais plus on s'en rapproche, moins elle dépend de la verbalité, jusqu'à celle, de toutes les forces qui structurent notre affectivité, dont on ne peut plus se jouer : le lien mère-enfant.

L'inceste mère-fils ou mère-fille n'est pas pensable, peut-être parce que le lien mère-enfant n'est pas une structure de parenté [13] : c'est une structure d'abord biologique, puis sensorielle, bien avant de devenir une représentation. La mère s'ancre dans la sensorialité quand le père s'ancre dans la désignation. Ces amarres différentes créent des structures affectives différentes.

La mère peut désigner comme père un grand nombre d'hommes divers : c'est parfois le père planteur, parfois le mari qui n'a pas fait l'enfant, comme dans l'insémination artificielle où le pistolet ne peut tout de même pas être considéré comme un père. Dans d'autres cultures, ce sera le grand-père, ou le frère, ou le mari de la sœur. Le lien père-enfant s'établit selon la culture comme une parenté proche mais toujours désignée, alors que le lien mère-enfant constitue une fusion sensorielle bien plus profonde qu'une relation de parenté. D'ailleurs, qui parlerait d'inceste quand le fœtus a une érection à l'intérieur de l'utérus de sa mère, comme le montre l'échographie ? qui parlerait d'inceste quand la mère ressent un plaisir sensuel et parfois même un orgasme quand son bébé garçon la tète, ou quand elle toilette ses organes génitaux [14] ?

---

12. J.-L. Flandrin, *Familles*, Hachette, 1987, p. 29.

13. J. André, *L'Inceste focal*, PUF, 1992, p. 364.

14. Madame Barrois, pédiatre militaire, raconte son ahurissement en voyant les jeunes mères maghrébines jouer à provoquer une érection chez leur petit garçon. Elles pouffaient de rire et l'accusation de crime incestueux les aurait bien étonnées (Jérusalem, février 1993).

Je propose que cette notion de « proximité qui structure l'affectivité » gouverne l'enchaînement des idées, puisque le père s'institue dans une parenté désignée alors que la mère constitue avec son enfant un continuum, du biologique à la représentation, dont le clivage heureux exige une parfaite harmonie des forces séparatrices. Toute perturbation de cette harmonie, comportementale, affective, symbolique et culturelle risque de provoquer un trouble de la séparation mère-enfant.

Éthologie animale des structures de l'affectivité

En 1936, Konrad Lorenz vivait dans sa maison d'Altenberg en compagnie d'oies cendrées. Le simple fait de partager avec ces animaux le hall d'entrée, la salle à manger et l'escalier central, lui avait permis de constater que le jeune jars refusait de s'accoupler avec sa mère l'oie, alors qu'il paradait devant les autres femelles du groupe. En 1937, Otto Kœnig avait remarqué que les aigrettes du parc de Wilheminenberg de Vienne ne s'accouplaient pas entre apparentées quand leur environnement était suffisamment spacieux, et qu'il suffisait de les observer dans l'espace réduit d'une colonie captive, pour voir apparaître des copulations entre apparentées [15]. Aujourd'hui, on expliquerait que la restriction de l'espace avait modifié leurs structures affectives.

En 1940, Lorenz avait publié son article si critiqué sur la domestication où il exposait « l'aversion des frères et des sœurs à se livrer à des rapports sexuels entre eux [16] ».

En 1938, cinq cents singes rhésus ont été installés sur l'île paradisiaque de Cayo Santiago à l'est de Porto Rico et observés à la jumelle pendant plusieurs dizaines

---

15. A. Nisbett, *Konrad Lorenz*, Belfond, 1979, p. 219.
16. K. Lorenz, 1940, « Durch Domestikation Verursachte Störungen arteigenen Verhaltens », *Zeitschrift für angewandte Psychologie und Charakterkunde*, LIX (1940), p. 2-81.

d'années [17]. Parmi toutes leurs observations étonnantes, les anthropologues ont noté « qui copule avec qui ». En 1970, ce travail a donné le résultat suivant : un pour cent de tous les actes sexuels concerne le couple mère-fils [18]. En fait, c'est Jane Goodall qui, partageant la vie des chimpanzés en liberté à Gombe en Tanzanie, a confirmé que les fils de Flo, la femelle dominante, ne s'accouplaient jamais avec leur mère [19]. Michel Goustard précisa alors qu'il suffit de créer une cellule artificielle entre un adulte éducateur et un petit de sexe différent pour empêcher tout acte sexuel ultérieurement [20]. Quand surviennent les premières manifestations de motivation sexuelle, telles que la coloration des callosités fessières, les postures sexuelles, les parades lors de l'émission de phéromones [21], les animaux liés entre eux par l'attachement éducatif manifestent au contraire de nombreux indices corporels d'angoisse qui ne disparaissent qu'avec l'extinction de la motivation sexuelle : le fils se tient la tête entre les bras, évite le regard, et tremble dans un coin tant que les callosités fessières de sa mère sont saillantes et colorées en rose par la sécrétion de folliculine, « l'hormone des amoureuses ». Dès que la motivation sexuelle hormonale et comportementale s'éteint, le petit mâle reprend ses interactions affectueuses avec sa mère... Le même phénomène de motivation sexuelle qui suscite l'angoisse au lieu de provoquer l'attraction, s'observe régulièrement en milieu naturel, quand une « tante » macaque adopte un petit mâle [22], ou quand l'expérimentateur

17. H. Fisher, *La Stratégie du sexe*, Calmann-Lévy, 1983, p. 143.

18. J. Itani, « A Preliminary Essay on the Relationship Between Social Organisation and Incest Avoidance in Non Human Primate », in *Primate Socialization*, Random House, 1972.

19. J. Goodall, *In the Shadow of Man*, Thèse, Cambridge, 1961.

20. M. Goustard, *Le Psychisme des primates*, Complexe, 1978.

21. Les phéromones sont des hormones excrétées qui transmettent des informations entre individus d'une même espèce. Elles peuvent avoir un effet stimulant la sexualité, inhibant le développement, familiarisant les individus, déclenchant l'alarme, l'attraction, la répulsion, etc. (A. Heymer, *Vocabulaire éthologique*, PUF, 1977).

22. B. Thierry, J. R. Anderson, « Adoption in Anthropoid Primates », *International Journal of Primatology*, VII (1986), p. 191-216.

contraint une femelle adulte à élever un petit mâle[23]. La
« voix du sang » devient muette : elle n'a plus rien à dire
depuis qu'on sait que l'attachement engourdit les désirs et
les transforme en angoisse.

Les observations naturalistes se recoupent alors pour
confirmer l'information suivante : il n'y a pas d'inceste
chez les animaux en milieu naturel. Norbert Bischof a
tenté de faire le ménage dans cet amoncellement de publications[24] et en a conclu qu'il existe, chez tout être vivant,
un ensemble de forces endocriniennes, comportementales
et éco-sociales qui mène à limiter les rencontres incestueuses. Dès lors, deux théories s'affrontent : l'une selon
laquelle il y a dans l'inceste une part d'inhibition biologique, l'autre pour qui cet interdit n'a d'autre origine que
sociale. On a prétendu que le naturalisme « cherche l'origine de cette prohibition dans des mécanismes biologiques[25] ». Pour ma part, je considère qu'il y a des
mécanismes biologiques (endocriniens, comportementaux,
écologiques, et surtout mnésiques) qui participent à
l'empêchement émotif de l'inceste, mais que, chez
l'homme, le facteur déterminant est l'énoncé d'une loi qui
dit ce qu'est un inceste et l'interdit.

Cette dimension verbale spécifiquement humaine n'é-
claire en rien le problème mystérieux posé par les animaux :
pourquoi, chez les gibbons qui vivent si gentiment en
couples, le mâle chasse-t-il son fils « adolescent » ? Pourquoi, chez les macaques, la mère si protectrice pour son
petit mâle, le chasse-t-elle dès qu'il devient pubère ? Pourquoi les jeunes babouins mâles se groupent-ils en bandes
de prépubères qui s'éloignent du groupe central constitué

---

23. D. S. Sade, « Inhibition of Son-Mother Mating among Free-
Ranging Rhesus Monkeys », *Science and Psychoanalysis*, n° 12, (1968),
p. 18-38.

24. N. Bischof, « The Biological Foundation of the Incest Taboo »,
Social Science Information, XI, n° 6 (1973), p. 7-36, et « Éthologie
comparative de la prévention de l'inceste », in R. Fox, *Anthropologie
bio-sociale*, Complexe, 1978.

25. M. Godelier, « Sexualité, parenté et pouvoir », *La Recherche*, XX
(1989), p. 1142.

par les femelles et leurs petits, entourés par les mâles adultes ? Pourquoi cette périphérisation des jeunes [26] est-elle si fréquente chez les mammifères en liberté ?

L'éthologie propose un début d'explication : il semble bien qu'un mâle élevé par une femelle se sente toute sa vie « petit » auprès d'elle. Il se sent même petit auprès de toute femelle de son groupe d'origine. Il ne pourra poursuivre son développement et se sentir moins dominé qu'en quittant sa mère [27]. On observe sans difficulté qu'un jeune mâle avant la puberté manifeste envers sa mère et les femelles de son groupe des comportements infantiles faits de soumission, de sollicitations alimentaires et de recherche de sécurité, bien qu'elles soient deux fois plus petites que lui. On n'observe aucune orientation sexuelle vers ces femelles sécurisantes parce que dominantes. En revanche, lorsqu'un jeune mâle périphérisé aperçoit une belle étrangère, il se dirige vers elle et, n'ayant pas dans sa mémoire trace de celle qu'il vient de rencontrer, il ne sent pas petit. Il peut donc l'approcher, la suivre, tourner autour et parader, jusqu'au moment où la synchronisation affective des deux partenaires permettra l'émergence des comportements sexuels. Ces descriptions éthologiques concernent le façonnement affectif des petits mâles qui engourdit leur sexualité dans les liens d'origine et la laisse émerger dans des liens d'alliance.

Les femelles ressentent probablement le même sentiment puisqu'elles aussi ont été dominées par leur mère. Mais le lien mère-fille n'a jamais la même forme que le lien mère-fils [28]. Le fait du sexe déclenche des comportements parentaux différents qui tissent des affectivités différentes, moins intenses et plus paisibles entre la mère et sa fille [29]. De plus,

26. B.-L. Deputte, « L'évitement de l'inceste chez les primates non humains », *Nouvelle Revue d'ethnopsychiatrie*, n° 3 (1985), p. 41-72.

27. S. Strum, *Presqu'humains*, ESHEL, 1990.

28. D. S. Sade, *op. cit.*, et B. Cyrulnik, *Sous le signe du lien*, *op. cit.*, p. 90-95.

29. J.-L. Millot, J.-C. Filiatre, « Les comportements tactiles de la mère à l'égard du nouveau-né », *Bulletin d'écologie et d'éthologie humaine*, nov. 1986.

la petite femelle n'a pas à inhiber sa motivation sexuelle puisque, dès le départ de sa construction affective, son objet d'attachement n'est pas son objet sexuel. Pour elle, les manières « d'aimer » sont déjà clarifiées, alors que le petit mâle devra inhiber sa motivation sexuelle pour son objet d'attachement et la déplacer sur un autre objet.

Quand les mécanismes de séparation mère-fils s'effectuent mal, on peut voir en milieu naturel des accouplements qui, dans un monde humain, seraient dénommés « inceste ». Mais dans ce couple particulier, l'acte sexuel a une forme particulière : il ressemble plus à une conduite d'apaisement [30] qu'à une fièvre sexuelle. Très souvent, la mère, qui ne présente aucun signe de motivation sexuelle, provoque l'intromission du pénis du petit mâle en détresse. Ce câlin sexuel à effet tranquillisant n'est pas rare du tout dans la sexualité humaine, mais il se passe à l'intérieur d'un couple reconnu par la culture, alors que chez les primates non humains, il ne prend jamais la signification d'un inceste.

Les rapports sexuels entre une mère et son fils peuvent exister naturellement chez certaines espèces comme les bovins, les félins, les pigeons [31] dont le développement n'a pas besoin de façonnement affectif. En revanche, chez les goélands, les zèbres et les singes, où ce mécanisme de clivage affectif entre l'objet d'attachement et l'objet sexuel participe au développement, il faudrait séparer les partenaires dès la naissance pour empêcher le développement d'un sentiment de proximité familière. On peut imaginer que dans un monde de singe, la « mère » est une femelle différente des autres, c'est la plus affectueuse, la plus familière, la plus proche, la plus dominante, la plus rassurante, et ces sensations réunies inhibent la sexualité qui exige une stimulation sensorielle plus forte pour inciter à l'exploration de la belle étrangère. Si les primatologues se sont intéressés aux rapports sexuels entre mère et fils, ce n'est donc

30. C. M. Corter, « Brief Separation and Communication Between Infant and Mother », in *Attachment Behavior. Adv. Stud. Communication Affect*, III (1977), p. 81-107.

31. G. Queinnec, communication personnelle, 1991.

pas « à cause » d'un *a priori* culturel qui y voit l'inceste par excellence [32], c'est parce que c'est le plus facile à observer dans un monde animal où l'on aurait bien du mal à identifier un inceste oncle-nièce ou marraine-filleul. Ces observations ne décrivent donc pas « le déterminisme biologique de l'évitement de l'inceste [33] », elles décrivent le façonnement affectif de certaines orientations sexuelles dont l'inceste mère-fils est le cas le plus évident.

Je propose de décrire ce façonnement affectif comme l'enjeu de deux forces émotionnelles opposées : d'une part, l'émotion du trop proche, engourdissante jusqu'à la nausée ; d'autre part, l'émotion du trop lointain, étrange jusqu'à l'angoisse. Le choix de l'objet sexuel est affectivement régulé par ces émotions opposées. Quand le choix se fait mal, quand « les vicissitudes de l'histoire [34] » régissent mal l'orientation sexuelle, celle-ci prend des formes inhabituelles et excessives. Parfois, toute orientation est inhibée, ce qui induit des interdits sexuels douloureux, comme la peur d'aimer les femmes. D'autres fois, au contraire, rien n'est inhibé, ce qui facilite les passages à l'acte, mal tolérés par la culture, comme l'inceste mère-fils.

Quand les mécanismes séparateurs n'ont pas joué, parce qu'il n'y a eu personne pour séparer, ou parce qu'il n'y a pas eu besoin de séparer des êtres auparavant non unis, la rencontre sexuelle entre une mère et son fils devient alors réalisable, sans même que le mot « inceste » vienne à l'esprit des protagonistes.

Tout objet ne peut pas devenir sexuel. Le partenaire éventuel doit posséder une forme ni trop semblable, ni trop différente et se situer à une distance ni trop proche, ni trop lointaine. Le semblable et le proche ne stimuleraient pas plus que le lointain et le différent. Freud avait posé ce problème dans « Délires et rêves dans la *Gravida* de Jensen », quand « Zoé Bertgang faisait le choix heureux d'un homme

---

32. M. Godelier, *op. cit.*, p. 1143.

33. B.-L. Deputte, *op. cit.*

34. S. Freud, « Destin des pulsions » (1915), *Œuvres complètes*, T. XIII (1914-1915), PUF, 1988, p. 134.

qui ressemblait à son père et n'était pas son père [35] ». C'est certainement le phénomène de l'empreinte qui, en familiarisant à une forme, permet aux animaux motivés par l'acte sexuel de s'orienter vers l'objet approprié, et aux hommes de préférer souvent une femme à un tuyau d'arrosage. Mais ce qui gère la distance affective, c'est probablement le rituel qui constitue une structure sensorielle entre les deux organismes et leur permet progressivement d'harmoniser leurs motivations.

Dans les incestes dont je peux témoigner, il y a toujours un trouble de la ritualisation. La distance affective n'étant plus régulée, on peut expliquer le passage à l'acte incestueux par un trouble du trop proche, comme dans certaines gémellités, comme dans la psychose ou dans certains couples mère-fils non séparés. Les troubles du trop lointain s'observent chez les séparés précoces qui n'ont pas pu tisser l'attachement, et chez ceux qui ne peuvent l'éprouver parce qu'ils sont encéphalopathes ou dépourvus d'affects.

Inceste de la proximité

Quand la proximité sensorielle est telle qu'elle empêche de ressentir l'émotion de la rencontre, les partenaires n'ont plus besoin de rituels, tout contact sexuel devient l'analogue d'une masturbation. Le mot « inceste » ne vient même pas à l'esprit du psychotique qui sollicite sa mère. Le développement de ces patients les a si mal personnalisés qu'ils n'ont pas l'idée qu'une rencontre se fait avec un objet séparé de soi-même. Ils vivent dans un monde psychique tellement confusionnel que, lorsqu'ils se suicident, les mélancoliques souhaitent entraîner leurs proches avec eux... par amour. Un schizophrène ne sait pas s'il agresse le bras d'un autre ou le sien et, comme il perçoit mal la distance affective entre deux partenaires, il attribue à l'autre ce qu'il ressent lui-même, comme dans les projections

---

35. C. Chiland, « L'interdit de l'inceste comme fondateur du groupe social et organisation de la psyché », *Nouvelle Revue d'ethnopsychiatrie*, n° 3 (1985), p. 15-20.

paranoïaques. Les psychotiques ont très mal assimilé les rituels sociaux [36] parce que, pour des raisons psychologiques ou parfois organiques, ils n'arrivent pas à traiter assez vite toutes les informations que provoque la moindre rencontre. Et ce déficit cognitif entraîne un important trouble de la socialisation : mal ritualisés, mal séparés, quand ils ressentent un désir sexuel, ils l'attribuent à l'autre et parfois s'en indignent : « De quel droit m'envoyez-vous des secousses dans le vagin ? » s'indignait cette patiente intéressée par son voisin.

L'absence de représentation du père, chez les schizophrènes, laisse évoluer jusqu'à l'âge adulte cette trop grande proximité affective, cette fusion sensorielle mère-enfant. Si bien qu'au moment des premiers émois sexuels, le jeune psychotique oriente sa motivation vers la femme la plus proche sans honte, sans gêne et sans culpabilité. Cette femme-là n'est pas intimidante tant elle est familière ; elle ne peut pas être la femme du père, puisqu'il n'y a pas de père dans la représentation. Je dis bien « relation sexuelle avec sa mère », tant le mot « inceste » ne paraît pas pertinent dans ce cas. Les schizophrènes savent employer le mot « inceste », puisqu'ils parlent. Ils savent même le désigner... chez un autre. Mais lorsqu'ils sont passés à l'acte, ils n'ont pas ressenti la moindre retenue, ni angoisse, ni plaisir de la transgression.

C'est pourquoi la théorie psychanalytique traditionnelle selon laquelle un schizophrène s'engendre lui-même car il prend la place du père en faisant l'amour avec la mère [37] ne correspond pas à mon expérience clinique. Le schizophrène ne prend pas la place du père puisqu'il ne se le représente pas. Et la mère est moins mère, puisqu'elle n'a pas de mari qui serait un père. C'est une femme, presque incorporée en lui-même. Ce qui explique la très grande difficulté d'identification sexuelle des psychotiques qui souvent ne savent pas s'ils sont homme ou femme, moi ou un autre, ni qui est père et qui est mère.

36. E. Goffman, *Les Rites d'interactions*, Ed. de Minuit, 1974.

37. P.-C. Racamier, *Le Psychanalyste sans divan*, Payot, nouvelle édition 1993.

Les mères de psychotiques le sentent bien puisqu'elles réagissent la plupart du temps à leurs sollicitations en reprenant leur place de mère. Plusieurs mères désirées par leur grand fils psychotique l'ont remis à sa place en lui proposant une gratification alimentaire : « Tu veux que je te fasse un gâteau au chocolat ? » disait l'une d'elles. Ou bien : « Tiens, voilà de l'argent, va t'acheter des cigarettes. » Les pères sollicités par leur fille psychotique réagissent aussi de manière maternelle, en habillant leur fille ou en lui proposant un autre type de plaisir, comme par exemple une promenade.

Les parents sollicités par leurs enfants ne leur font pas de procès. Pas plus que les fils sollicités par leur mère. Seules les filles font des procès aux pères incestueux, et encore... dans trente pour cent des cas seulement, quand l'intervention d'un tiers les arrache à la proximité, soit que la société intervienne par l'intermédiaire d'un voisin, d'une enseignante ou d'une assistante sociale, soit que les filles tombent amoureuses d'un autre homme, soit que le père sollicite la cadette à son tour ! Ces observations cliniques renforcent l'idée que le mot « inceste » ne peut venir à l'esprit que lorsque la distance affective augmente : « Je touche ma fille, comme si c'était moi », me disait un patient paranoïaque qui, pas une seconde, n'avait pensé à l'inceste.

Aux États-Unis, certains pervers s'organisent en groupe de pression pour dépénaliser l'inceste. Ils souhaitent en faire un acte sexuel banal susceptible de renforcer les liens familiaux. Ils prétendent ainsi lutter contre la carence affective induite par la culture de compétition. Ils soutiennent qu'on pénalise l'inceste aujourd'hui, comme hier la masturbation. Ce n'est pas la première fois que des pervers détournent la morale à leur convenance, c'est même leur habitude. Mais quand la proximité affective devient trop grande pour laisser place au rituel, quand chacun confond ses désirs avec ceux du partenaire, l'acte sexuel avec un autre ressemble à un acte sexuel avec soi-même. Les jumeaux jouent parfois au sexe sans avoir eu le sentiment d'inceste [38] à tel point que René Zazzo a différencié les « jumeaux contacts » : « Nous nous amusons ensemble... sans aucune culpabilité », et les jumeaux évitants, où la rigueur de l'interdit prouve l'intensité de la lutte contre la pulsion : « C'est la pire des perversions... l'horreur qui m'envahit. »

Au cours de l'ontogenèse, la proximité affective entre la mère et le fils est telle que la connotation incestueuse de l'acte ne leur vient même pas à l'esprit : il n'y a pas qu'en Chine qu'on masturbe les petits garçons pour les endormir. Les pédiatres le découvrent souvent au cours de leurs visites à domicile ou dans leur salle d'attente quand la mère masturbe son enfant et sourit au médecin pour le rendre complice de cette caresse sexuelle anodine ! Les vétérinaires font la même observation dans leurs salles d'attente où la propriétaire masturbe son chien pour l'empêcher de fureter [39].

Les baisers sur le sexe ne sont pas différenciés de baisers sur le ventre, si proche. Il arrive même que certaines mères prennent l'initiative d'une pénétration par leurs fils en érection physiologique : « Il avait envie de faire l'amour, c'est évident. Alors je l'ai pris dans mon lit et je lui ai fait l'amour », dit gentiment cette mère d'un petit garçon de trois ans [40]. Si ces actes sexuels ne sont pas ressentis comme des incestes, c'est parce que la proximité affective des partenaires en donne des représentations analogues à l'autocaresse.

On peut toucher ou caresser n'importe quel endroit de son propre corps sans rituel d'approche puisque sa manipulation ne suscite pas l'émotion de la rencontre. Pour la même raison, on peut toucher sans rituel n'importe quel endroit d'un arbre ou d'un caillou. L'intime et l'inaccessible n'ont pas besoin de rituel pour gérer les émotions. C'est pourquoi toutes les mères peuvent toucher le pénis de leur

38. R. Zazzo, *Le Paradoxe des jumeaux*, Stock, 1984, p. 186-204.
39. P. Pageat, communication personnelle.
40. F. Gruyer, M. Fadier-Nisse, P. Sabourin, *La Violence impensable*, Nathan, 1992, p. 47.

petit garçon ou le manche d'une casserole sans que le mot
« inceste » leur vienne à l'esprit.

On peut imaginer une graduation entre le dégoût du trop
près et la peur du trop loin. Le dégoût provoqué par la
proximité affective explique aussi les interdits alimentaires :
pourquoi ne peut-on pas manger le chat qu'on a aimé, alors
qu'on peut manger le lapin « anonyme » qui, paraît-il, a le
même goût ? Il varie, comme tout sentiment, selon les individus et la culture. Georges Bataille estimait que seule la
relation sexuelle conjugale était obscène car elle suppri-
mait l'émotion de la rencontre. Si la théorie de la proxi-
mité-distance a quelque pertinence, on peut imaginer que
l'acte sexuel conjugal provoquait en lui la fade émotion
d'une masturbation, alors qu'une aventure extra-conjugale
provoquait, elle, l'intense émotion d'une vraie rencontre
sexuelle.

Il faut un peu de distance pour créer la rencontre et en
ressentir l'émotion. C'est pourquoi certaines cultures n'ont
même pas de nom pour désigner la relation sexuelle mère-
fils, ou mère-fille, tant elle est impensable. Pour les Bambaras, cela ne sert à rien de l'évoquer, puisque « même les
chèvres ne font pas ça [41] ». Ce peuple africain prouve ainsi
qu'il a compris la théorie de la distance affective : un acte
sexuel peut ne pas avoir de dénomination dans la mesure
où le champ affectif mère-fils, ou mère-fille, n'est pas une
structure de parenté. Il n'y a pas de parenté pensable entre
soi et soi-même. Certaines mères qui, comme Georges
Bataille, ont besoin de distance pour ressentir l'émotion de
la rencontre, peuvent « faire l'amour » avec leur fils sans
même penser à l'inceste !

Cette proximité affective peut aller jusqu'à la fusion :
« Moi ou mon fils, c'est la même chose. » Ce qui explique
l'étonnante absence de conscience chez certaines mères
maltraitantes qui torturent leur fils sans même s'en rendre
compte : « Le parent a très peu de possibilités de dégager

41. T. Nathan, « Il y a quelque chose de pourri au royaume
d'Œdipe », in M. Gabel, *Les Enfants victimes d'abus sexuels*, PUF, 1992,
p. 20-36.

l'enfant, dans sa réalité, de ses propres projections. C'est comme s'il faisait partie de lui-même... [42] »

En créant le « bain d'affect [43] » – avec la toilette, les caresses et les baisers – nécessaire au développement psycho-biologique de l'enfant, la mère éveille des zones érogènes, sources de plaisirs qui plus tard structureront la relation. Ce jeu génital [44] des dix-huit premiers mois de la vie du petit garçon fournit un excellent indicateur de la relation mère-enfant. Les enfants abandonnés précoces et privés d'affect finissent par considérer leur propre corps comme le seul objet explorable dans le monde. C'est pourquoi ils se balancent ou tournoient sans cesse comme des psychotiques. Mais si leur premier monde est constitué par un objet à explorer, extérieur à eux-mêmes, ils vont alors structurer une relation. Autrement dit, la mère doit jouer avec le corps de son enfant pour l'éveiller au plaisir des relations, mais très rapidement, un autre, un tiers, devra interdire certains plaisirs de cette relation. Si ce tiers interdicteur n'intervient pas, parce qu'il n'existe pas ou que la mère ne le laisse pas tenir son rôle, ou que l'enfant ne peut pas se le représenter, la fusion mère-enfant persiste comme un nirvanâ. Des caresses sexuelles non interdites pourront s'effectuer sans culpabilité, le plus gentiment du monde, à la plus grande horreur des témoins qui, eux, auront connu le tiers censeur.

L'axe mère-fils constitue le vecteur affectif de toutes les manières d'aimer. Le corps des mères, c'est d'abord le creuset où se moulent les enfants. Mais dès que la mère sait qu'elle attend ou qu'elle met au monde un petit garçon, cela provoque en elle une émotion dont l'expression dépend de la signification qu'elle attribue à ce sexe-là, à ce moment-là de sa propre histoire. Cette émotion colorée par sa représentation s'exprime dans ses comportements (proximité,

42. M. Lamour, « Les abus sexuels à l'égard des jeunes enfants », in M. Gabel, *op. cit.*, p. 67.

43. S. Lebovici, *Le Nourrisson, la Mère et le Psychanalyste*, Le Centurion, 1983.

44. R.-A. Spitz, « Vers une réévaluation de l'auto-érotisme », *Psychiatrie de l'enfant*, VII, n° 1 (1964), p. 269-297.

postures, mimiques, vocalités...) dont la sensorialité constitue une niche affective matérielle (odeurs, touchers, manipulations) qui façonne en partie le développement de l'enfant. Il ne s'agit donc pas d'une transmission de pensée. Il reste que la pensée maternelle se manifeste comme une force matérielle façonnante.

L'observation clinique dépend beaucoup du lieu où elle s'effectue. Dans le cadre de l'aide socio-psychologique, Martine Lamour a suivi un cas d'inceste mère-fils : « Le garçon suivi entre trois et dix ans, présentait une pathologie bruyante... passages à l'acte impulsifs et destructeurs.... se faisait rouer de coups ; le père incertain... avait été mis à l'écart par la mère ; elle vivait avec l'enfant un lien passionnel, incapable de donner des interdits à son fils ; celui-ci partageait son lit et devait caresser sa mère... [45]. » Tous les ingrédients sont en place : ils composent une affectivité qui passera à l'acte sexuel que les observateurs dénommeront « inceste ».

Mais si l'on change de lieu d'observation, la même structure affective donnera un autre scénario : Madame Vec... est une grand-mère très pieuse et très érotique. À soixante-deux ans, elle n'hésite pas à stimuler son mari avec des coquineries que ne renieraient pas certains réalisateurs de films hardis. Elle s'occupe beaucoup de son petit-fils et lui prodigue des câlins qui frôlent la sexualité. Le grand-père, gêné, est déjà intervenu plusieurs fois pour dire à sa femme qu'elle exagérait. Un jour, le petit-fils, âgé de treize ans, entre dans la chambre de sa grand-mère et lui demande l'impensable. La grand-mère pouffe de rire et explique très gentiment au gamin que ce n'est pas possible, qu'il est bien mignon mais que ça ne se fait pas. Elle le renvoie dans sa chambre sans aucun sentiment d'horreur, et même avec une impression de farce qu'elle s'amuse diablement à me raconter.

De nombreux médecins généralistes recueillent des témoignages analogues qui n'entreront jamais dans la culture, parce qu'ils n'ont besoin ni d'aide sociale, ni d'aide

---

45. M. Lamour, *op. cit.*, p. 90-91.

psychologique. Mais quand Madame Ga... consulte un généraliste en présence de sa belle-mère et de son mari, elle vient solliciter l'aide du médecin, car figurez-vous que le mari continue ses rendez-vous sexuels réguliers avec sa mère âgée de soixante-dix ans, malgré la réprobation de sa jeune femme [46] !

Si l'orientation sexuelle vers la mère reste possible, c'est que le processus interdicteur n'a pas fonctionné. Ce processus semble composé d'un ensemble de forces séparatrices qui inhibent cette orientation sexuelle. Certaines sont endogènes, comme l'attachement psycho-biologique qui engourdit le désir. D'autres sont médiatrices, comme la simple présence du père dans le psychisme. Mais les mieux décrites sont culturelles, comme les règles de prescription des femmes : tu épouseras la sœur de ton voisin et un autre voisin épousera ta sœur, si bien que vous serez trois beaux-frères pour aller à la chasse. Les règles culturelles constituent probablement la force interdictrice la plus verbalisée, la plus consciente, et peut-être aussi la moins efficace.

Il y a peu de règles qui prescrivent les mères – « Tu épouseras la mère de ton voisin » – parce que les mères sont inaccessibles, déjà données et surtout parce qu'elles interviennent plus dans les structures d'affectivité que dans celles de parenté, même si elles n'en sont pas exclues, comme chez les juifs où le lignage passe par elles. La manière d'aimer sa mère constitue une affectivité unique, carrefour de toutes les manières d'aimer dont une seule sera exclue : la sexualité. Quand la défaillance d'une force séparatrice trouble la ritualisation de cette manière d'aimer, la mère et le fils peuvent devenir désirables. La phrase classique – « Toutes les femmes sont des putains sauf ma mère qui est une sainte » – exprime de manière brutale que le petit garçon devra catégoriser les femmes un jour ou l'autre en « accessibles », guère valorisées par cette phrase, et en « inaccessibles ». Quand l'engourdissement d'une manière d'aimer n'est pas assez profond chez le petit garçon, le désir peut provoquer une angoisse coupable qui

---

46. P. Gabrie, communication personnelle, 26 déc. 92.

infiltre alors toutes ses manières d'aimer : « Dès que j'aime une femme, je suis obligé de la fuir... »

Il y aurait donc une défusion amoureuse nécessaire au petit garçon pour lui apprendre à aimer. Alors que chez la fille les objets d'amour et d'attachement sont dissociés dans ses échanges affectifs avec son père. La fillette qui veut séduire son père n'inhibera son désir que bien plus tard, quand sa personnalité sera formée et qu'un jeune courtisan viendra l'aider à se séparer de son géniteur. C'est peut-être bien pourquoi les filles demandent si rarement leur père en mariage, alors que les garçons font très souvent cette déclaration à leur mère.

Mais l'œdipe n'est pas l'inceste. Le petit garçon qui demande sa mère en mariage structure son affectivité et non pas sa sexualité. De plus, il s'identifie à son père dont il prend la place. Tout est en ordre pour la maturation de l'enfant. De même que les femmes qui disent : « Depuis que je suis mère comme ma mère, je me sens plus proche d'elle », expriment une proximité affective paisible qui peut se tisser entre une mère et sa fille. Alors que la proximité affective entre une mère et son fils ne deviendra paisible que si le père se tient à sa place et si le fils courtise ailleurs, catégorisant ainsi sans ambivalence les deux manières d'aimer : la mère, et les femmes.

Inceste de l'éloignement

Dans les séparations précoces et durables, où tous les éloignements sont réalisés, historique, physique et psychologique, l'acte sexuel mère-fils au moment des retrouvailles n'est pas rare et se passe dans un climat de non-inceste !

Mon témoignage est donc très différent du stéréotype culturel : « L'inceste mère-fils semble beaucoup plus rare... Il me paraît plus dévastateur parce qu'il suppose que le fils dépasse l'horreur du sexe de sa mère et se montre actif dans le coït... (Les observations) que j'ai connues m'ont révélé la situation à travers la psychose du fils incestueux [47]. » Si j'avais continué à travailler dans les hôpitaux psychiatriques, je n'aurais probablement recueilli que ce genre d'incestes, qui existe à coup sûr. Mais cette explication ne tient pas compte du devenir psychique de la mère qui, elle, ne devient pas psychotique. Le même acte n'aurait pas les mêmes effets ? Ce qui me gêne, c'est que l'explication par la folie arrête la pensée : « Il était fou, ce qui explique la transgression » ou : « Ça l'a rendu fou, tant la transgression est insupportable. » Tout est dans l'ordre moral : on peut continuer à ronronner intellectuellement.

Il suffit de déménager, de quitter les milieux psychiatriques, pour recueillir d'autres témoignages : Monsieur Tro..., abandonné à l'âge de trois mois, est recueilli par un couple âgé qui l'élève scrupuleusement. À l'âge de trente ans, il retrouve sa mère après enquête dans les archives. Elle lui explique gentiment les raisons de son abandon. Ils sont assis sur le canapé. Elle l'invite à la rencontre sexuelle. « Après tout, c'était une femme comme les autres. » Cette phrase illustre l'idée que la catégorisation des femmes ne s'est pas faite, ou plutôt, que cette femme-là n'entre pas dans la catégorie des mères puisqu'elle n'a pas pu être parentalisée. Aucun sentiment d'inceste ne pouvait empêcher l'acte sexuel.

Un beau jeune homme débarque un soir chez Madame Var... Elle éprouve un étrange sentiment de familiarité et ressent une grande joie quand le beau jeune homme lui annonce qu'il est ce fils qu'elle a dû abandonner vingt ans auparavant. Madame Var... vit alors avec un homme pas très compliqué qui invite le fils retrouvé à dîner et à passer la nuit. Devant la télé, il taquine sa mère de manière très gaie et un peu hardie. La nuit, ils auront des relations sexuelles tandis que l'ami fera semblant de dormir. La semaine suivante, ils viennent ensemble à ma consultation. Lui, pour me demander comment il faut faire « pour aider sa mère et prendre en main ses affaires ». Elle, pour me confier sa joie d'avoir retrouvé son fils et me demander s'il

---

47. S. Lebovici, « L'inceste », in *Traité de psychiatrie de l'enfant et de l'adolescent*, PUF, T. III, 1985, p. 394.

ne s'agirait pas d'un inceste. Elle détourne le regard et hésite en prononçant le mot.

Le problème théorique que pose ce cas, c'est que le sentiment d'inceste que certains décrivent « comme un parfum d'inceste », n'est pas obligatoirement associé à la verbalité qui définit la rencontre sexuelle dénommée « inceste ». L'éthologie ne peut parler que du sentiment incestueux : sa naissance, sa vie et ses effets sur l'émotion et les comportements. Une séparation précoce, totale et durable peut dissocier l'affect et la représentation, au point que le sentiment d'être mère et fils ne pourra pas naître.

Parfois même, comme dans le mythe d'Œdipe, la connaissance de la relation mère-fils ne peut venir que d'un oracle. C'est actuellement le cas des prostituées qui abandonnent leur petit garçon à la naissance et qui, vingt ans plus tard, quand elles voient s'approcher un jeune client, ne peuvent s'empêcher de penser : « Pourvu que ce ne soit pas mon fils ! », comme dans *Œdipe* [48].

Le sentiment d'inceste vient à l'esprit des Yanomami quand un jeune homme s'accouple avec une femme plus âgée et que tout le monde les taquine en disant : « Elle a donné son vagin à manger à son fils [49] », comme si c'était un inceste. Ce n'est pas interdit par la loi, mais tout le monde y pense. De même qu'ils nomment « inceste » le fait de manger le cerveau de sa mère, alors que la morale recommande de manger celui de sa belle-mère [50].

Bruno Bettelheim avait noté que, dans les kibboutz israéliens, à peine trois pour mille des enfants élevés ensemble se courtisaient à l'adolescence. Ce qui correspond au chiffre que nous avons trouvé : sur une population de mille trois cent un enfants élevés ensemble [51], seuls trois couples s'étaient formés, et quand on demandait aux autres ce

48. Témoignage dans l'émission télévisée de Mireille Dumas « Bas les masques », 1992.

49. S. Lizot, *Le Cercle des feux : faits et dits des Indiens Yanomami*, Le Seuil, 1976.

50. T. Nathan, communication personnelle lors du colloque « À qui appartient l'enfant ? », Toulon-Châteauvallon, sept. 1992.

51. Chiffres recueillis auprès de l'association « L'Essor », Var, 1990.

qu'ils pensaient de ces couples, ils faisaient la grimace en nous expliquant que c'était de l'inceste. Or ils savaient tous qu'ils avaient été orphelins très tôt et élevés ensemble. Le sentiment d'inceste qui inhibait leur désir et provoquait leur grimace était totalement dissocié de la réalité désignée par le mot.

J'ai longtemps pensé que seuls les séparés précoces pouvaient avoir des relations sexuelles sans penser à l'inceste. Je croyais que, ne se sentant pas parents, le mot, renvoyant à un sentiment ignoré, ne pouvait pas prendre sens pour eux.

Une tendance mentaliste nous conduit à croire que les mots se réfèrent à un monde totalement abstrait, comme s'ils devenaient eux-mêmes des choses réelles ayant un effet sur le réel : « L'Iran ne pourra jamais faire la paix, parce que dans le mot Iran, il y a " Ire " = colère », me disait un adorateur du mot-chose. Cette conception fétichiste où le mot devient une chose qui provoque un effet surnaturel, comme une amulette, s'oppose à une conception naturelle où le mot, quoique sonorité convenue, suscite une émotion réellement éprouvée. Supposez que vous soyez en train de manger une viande que vous trouvez appétissante. Il suffit que le serveur vous annonce que vous êtes en train de manger votre chien bien-aimé pour que, sur le coup, vous ne puissiez ni mâcher, ni avaler le morceau que vous avez dans la bouche. Ce n'est pas la chose qui devient répugnante, c'est l'idée de manger un être cher qui provoque, dès son énoncé, une émotion insupportable. Le mot n'est pas coupé du réel puisque la représentation qu'il induit éveille une émotion. Au contraire même, le mot unit le réel à sa représentation.

Quand le langage se désintègre, comme dans la maladie d'Alzheimer, le mot inceste ne peut plus prendre de sens. Dans cette maladie, il n'est pas rare qu'un père sollicite sa fille ou une mère son fils. Mais les mots « mère » ou « fils » qui désignent un statut de parenté ne sont pertinents que dans le monde du témoin observateur. Dans celui de l'Alzheimer, la désintégration cognitive est telle que la malade perçoit un visage dont les traits familiers évoquent celui du

mari, quand il était encore jeune. La résurgence de cette
trace mnésique, connue dans le phénomène de l'empreinte,
fait apercevoir le mari sous les traits du fils! La femme
âgée va donc éprouver un sentiment de conjugalité et non
pas de maternité, et va demander à son fils, horrifié, s'il
veut avoir des relations sexuelles avec elle. Si l'on prononce
le mot « inceste », la vieille dame ne comprend pas de quoi
l'on parle. Comme souvent le père incestueux qui demande
avec indignation pourquoi la société est venue mettre son
nez dans sa belle histoire d'amour avec sa fille. Pour lui,
comme dans la maladie d'Alzheimer, le mot « inceste » est
totalement dissocié de la représentation convenue. Le mot
désigne toujours les mêmes partenaires sexuels, mais ne
provoque pas du tout la même émotion.

Un autre exemple de cette dissociation entre ce que
désigne le mot et l'émotion qu'il provoque est fourni par le
syndrome de Kleine-Levine. Dans cette maladie, une altération fonctionnelle du lobe temporo-rhinencéphalique provoque soudain une pulsion incontrôlable à manger et à
s'accoupler sans en être conscient [52]. La pulsion est en deçà
de la verbalité. Dans ce cas, si une mère est sexuellement
attirée par son fils, le mot « inceste » n'est pas pertinent : ce
n'est qu'une femme que sa libido pousse vers un homme.
N'empêche que le fils ou un témoin qui, eux, restent
conscients et imprégnés des règles culturelles, ressentent
une gêne intolérable, de même que la patiente à son
« réveil », quand un voisin lui racontera ce qu'elle a fait.

Cet exemple étaye l'idée qu'un mot, qui découpe un seg-
ment du réel en le désignant, peut totalement se dissocier
de l'affect. Une émotion peut venir du cerveau, en deçà du
verbe, autant que de la représentation induite par le mot.
Serait-ce l'émotion qui effectue la jonction de l'âme et du
corps?

Dans les incestes mère-fils (non psychotiques et non
séparés précoces) que j'ai eu l'occasion d'entendre, c'est
toujours la mère qui a sollicité le fils. Le scénario habituel
est le suivant : la mère toilette son fils âgé de treize à qua-

---

52. J. Cambier, M. Masson, H. Dehen, *Neurologie*, Masson, p. 123-
124.

torze ans, ce qui pose à nouveau le problème de la proximité des corps. Ce comportement qui n'est pas rare, révèle
que la mère ne se représente pas son fils comme une personne autonome, affectée par des sentiments différents des
siens. Elle n'imagine pas la pudeur de son fils, ni l'angoisse
provoquée par une représentation incestueuse. Cette
mère-là, soumise à sa propre impulsion, ne perçoit pas
l'émotion de l'autre, ce qui explique sa hardiesse : au cours
de la toilette, les caresses se font plus précises, enchaînant
les stimulations sexuelles... jusqu'à l'acte.

Le scénario se déroule dans une ambiance enjouée,
dépourvue d'angoisse, avec une attente intéressée des réactions de l'autre : « Ce serait amusant qu'il y arrive », dit
cette mère d'un garçon de treize ans. Le mot « inceste » leur
vient à peine à l'esprit, et se connote d'un sentiment de
joyeuse complicité.

« C'est elle, cette fois, qui le prend dans ses bras...
– Clara : Si tu veux, nous nous en souviendrons comme
d'un moment unique, très beau, très grave, qui ne se repro-
duira plus...
– Laurent : Qu'est-ce qui va se passer maintenant ?
– Clara : Rien. Nous n'en parlerons pas. Ce sera un secret
entre nous... Nous nous aimerons comme avant ; plus
qu'avant... Quand j'y repenserai, ce sera sans remords, avec
tendresse... [53] »

Tout le monde n'a pas le talent de Louis Malle, même
quand l'inceste mère-fils alimente les mythes. Lorsque le
scénario incestueux se met en scène sur le mont Parnasse
ou dans les beaux quartiers, il est plus facile à transformer
en œuvre d'art. Mais lorsqu'il se déroule dans les bas-fonds,
il est souvent sordide et la scène se joue devant les tribunaux, « car le poids des interdits n'est jamais réparti égale-
ment... et seuls les gens du commun en supportent
intégralement la lourdeur [54] ». À mon avis, la majorité des
incestes mère-fils ne se jouent ni sur le mont Parnasse, ni

---

53. L. Malle, *Le Souffle au cœur*, Gallimard, 1971, p. 140-141.
54. B. d'Astorg, *Variations sur l'interdit majeur*, Gallimard, 1992,
p. 74.

devant la justice mais dans l'intimité du lit familial où l'acte sexuel échappe à la société.

Madame Gru..., âgée de trente-cinq ans, est soudainement devenue frigide. Un gynécologue consulté élimine l'organicité et évoque une difficulté psychologique. Ce n'est que lors du troisième entretien qu'elle a osé prendre conscience, dans l'acte même de le dire, qu'elle était devenue frigide après avoir surpris son mari avec sa propre mère à lui. Le conjoint, lors de chaque séance, s'installait gravement dans la salle d'attente. Ce jour-là, elle lui a demandé de participer à l'entretien et, devant sa femme ahurie, il a expliqué que depuis l'âge de quatorze ans, il couchait régulièrement avec sa mère et que « cette salope » avait exigé que cela continue après son mariage. La réaction anxieuse et agressive de sa femme l'attristait, mais il plaidait la cochonnerie sexuelle provoquée par sa mère bien plus qu'il n'implorait le pardon pour une faute : quand sa femme a parlé de crime, il a été tout étonné.

Comment entendre le cas de Madame Gre..., âgée de vingt-huit ans et gardienne d'enfants, qui consultait parce qu'elle avait failli casser la tête d'un petit garçon de huit ans. Elle lui donnait le bain régulièrement et, en le voyant tout nu, elle ressentait beaucoup d'agressivité envers ce petit garçon qui, bien évidemment, la provoquait sexuellement. Excédée, elle le battait de plus en plus fort, jusqu'au jour où, en tombant, la tête de l'enfant avait frôlé le coin d'une table. On retrouve ici la confusion des sentiments de personnalités mal définies dont la proximité affective facilite la projection.

Michel Tournier a reçu une lettre de jumeaux qui vient illustrer cette idée. « Nos liens étaient d'ordre affectif, mais aussi sensuels. Vers quinze-seize ans, nous avons essayé de nous joindre plus intimement et nous avons franchement copulé... Quant à nos désirs hétérosexuels, ils se polarisent sur notre mère. Nous avons eu tous deux des relations sexuelles avec notre mère... et ce petit secret familial, loin de nous rendre jaloux l'un de l'autre, chose curieuse, nous rapprocha dans une sorte de franc-maçonnerie. Jusqu'à dix-huit ans, nous n'avons connu le plaisir sensuel que sous cette forme endogamique incestueuse, entre frères et entre mère et fils [55]. »

Cet aveu de double inceste montre bien qu'une trop grande proximité affective entraîne la confusion des sentiments. L'autre n'est pas interdit quand l'altérité et l'identité provoquent des émotions identiques : il n'y a pas d'émotion à toucher l'autre, comme si c'était soi-même, et dans ce cas, on se demande pourquoi il y aurait un interdit à toucher son propre corps, ou son « presque propre corps ».

À l'âge où prennent forme les premières orientations sexuelles, la mère n'est pas rigoureusement interdite et l'idée d'une relation sexuelle avec elle peut se dessiner : « Notre mère a été notre éducatrice sensuelle et notre première maîtresse. Cela a commencé, tout gamins, par la vision de notre mère nue, par des fellations maternelles matinales avant l'école, puis vers treize ans par le coït vaginal complet... D'avoir connu " la femme " dans " la mère ", nous a beaucoup moins traumatisés qu'on pourrait le croire... Ce n'est que vers seize à dix-sept ans que notre inceste s'est curieusement résorbé, que nous avons senti le poids de l'interdit social... sans jamais en souffrir comme vous... Avec mon frère j'ai joué aux petits jeux sexuels et je ne me sentais pas plus culpabilisé... Notre inceste ne nous a jamais rebutés, troublés seulement avec le recul du temps (nous sommes quinquagénaires). Nous avons une certaine nostalgie de cette complicité à trois de notre jeunesse [56]. »

Je voudrais souligner quelques points de ce témoignage. « Cela a commencé par la vision de notre mère nue... » La salle de bain joue un grand rôle dans les rencontres incestueuses. Voir sa mère nue sur une plage ou dans un groupe de naturistes ne déclenche pas la même émotion que la voir dans la salle de bain ou dans son propre lit. La seule présence des autres tient lieu de « tiers interdicteur » – rôle habituellement réservé au père – et change la signification de la nudité. C'est pour cela que les naturistes sont géné-

---

55. M. Tournier, *Le Vent Paraclet*, Gallimard, 1977.

56. Lettre citée in M.-C. Raux-d'Arnaud, *L'Inceste amoureux*, Diplôme d'université, Marseille, 1991, p. 28.

ralement pudiques. Le contexte, en modifiant l'émotion, attribue un sens différent à la même perception.

Le deuxième trait remarquable, c'est la légèreté du sentiment d'interdit : « ... Cette sexualité n'était à nos yeux d'enfants qu'un " ersatz " sans importance... [57] » Considérer l'acte sexuel avec sa propre mère comme un « ersatz sans importance » ! Comment penser cet énoncé, alors que justement l'inceste mère-fils est l'acte impensable par excellence ? Quand les hasards de la vie le rendent possible, Œdipe nous raconte que c'est la pire des tragédies. Force est d'admettre que dans une même culture, des individus peuvent considérer comme un « ersatz sans importance » ce que d'autres éprouvent comme la pire des horreurs.

Un dernier point m'étonne : « ... Je remarque aussi que les filles " bavardent " plus volontiers que les garçons (voir le nombre de pères pénalement condamnés dans l'inceste père-fille, alors que les mères condamnées pour inceste mère-fils sont à ma connaissance pratiquement inexistantes...) [58]. » C'est un fait que la mère n'est jamais condamnée. Même dans les incestes mère-fille, l'acte sexuel est plus proche de la taquinerie sexuelle que de l'horreur sacrée. Madame Rou... m'a expliqué incidemment que sa mère lui avait donné du plaisir sexuel et qu'elle-même en voyant sa fille nue avait eu le désir de la caresser. Mais ce n'était pas grave, l'important pour elle, c'était de se sentir trop responsable de son mari car c'est de cela qu'elle souffrait.

Les psychiatres ne confirment pas toujours ce laxisme. « Au Canada, et en Belgique, les choses se passent différemment... On y tient compte de l'inceste mère-fille, le plus destructeur qui soit, et le plus méconnu malgré ce qu'ont pu dire les psychanalystes [59]. »

---

57. G. Benoit, « Approches de l'inceste », *Neuropsychiatrie de l'enfance*, XXXIII, n° 6 (1985), p. 211-216, et lettre communiquée à Marie-Christine Raux-d'Arnaud.
58. M.-C. Raux-d'Arnaud, *op. cit.*, p. 28-29.
59. P. Garnier, psychanalyste qui « rencontre des cas dramatiques et justiciables » mais qui est « persuadé qu'il est d'autres formes d'inceste », lettre personnelle du 30 déc. 1992.

Il semble néanmoins que, dans les incestes où la mère est impliquée, la justice intervient peu. Madame Mor... est régulièrement sollicitée par son fils psychotique, Madame Val... a été agressée sexuellement par son fils schizophrène : elles n'ont pas déposé plainte et demandent uniquement comment faire pour détourner l'attention de leur fils dans ces moments-là. Madame Mer... joue avec son fils de seize ans, mais soudain les jeux deviennent fiévreux. Quand il manifeste sa tentation sexuelle, elle le repousse en riant, sans scandale et sans condamnation.

Entre un père et sa fille, le scénario connaît au contraire des destins variables. Parfois, l'interdit sexuel – formulé par la fille – ne change pas leurs relations. Le plus souvent, cette attitude provoque le départ de la fille qui n'en parlera jamais. Madame Rov... m'expliquait à quarante-deux ans, avec des détails étonnants, les « guet-apens sexuels » que lui tendait son père, comment elle devait les éviter, les déjouer ou se barricader. Après le quatrième entretien, elle m'a dit : « Voilà, je vous remercie... je n'avais jamais pu en parler... je n'ai plus besoin de vous. »

La société ignore tout de ces trames familiales, joviales, amoureuses ou tragiques, mais toujours secrètes. Elle ne connaît qu'un type d'inceste, étonnamment stéréotypé : l'inceste justiciable étalé sur la place publique. Version contemporaine de la Bête Humaine, le père y est alcoolique, pas très intelligent et vit en promiscuité avec ses enfants. L'étonnement lui-même est stéréotypé, quand on apprend qu'il travaille correctement et que ses voisins le tiennent pour un brave homme, fier de son « honnêteté », de son « travail soutenu » et de sa « médaille de donneur de sang [60] ».

La société n'entend que le récit de l'inceste mythique, l'horreur délabrante dont la victime ne se remettra jamais. Cet inceste existe à coup sûr, il est même probablement majoritaire. Mais l'émotion légitime, celle qui provoque l'envie violente de punir, empêche de chercher la réponse à la question : « Comment est-ce possible ? » Pourrait-on

---

60. P. Scherrer, « L'inceste dans la famille », *Nouvelle Revue d'ethnopsychiatrie*, n° 3 (1985), p. 23.

concevoir une culture sans interdit? Dans un groupe humain non structuré par des règles, le fouillis sentimental engendrerait le cafouillis des gestes.

S'il est vrai que les incestes augmentent et, parmi eux, les incestes amoureux, ce serait alors un indice alarmant de la déritualisation de nos sociétés, de leur déculturation!

Chez la mère, le sentiment de parentalité s'enracine autant dans l'affectivité que dans la représentation. Alors que chez le père, il s'enracine d'abord dans la désignation qui permet ensuite le tissage d'un lien affectif. La maternité s'acquiert dans une sorte de continuum imaginaire (elle l'attend), puis biologique (elle le porte), puis affectif (elle s'y attache), enfin social (ils prennent leur place). Alors que la paternité s'acquiert dans une désignation sociale, puis une désignation conjugale, puis une désignation par l'enfant. Il y a donc une stabilité de la construction du sentiment de maternité, alors qu'il y a une labilité du sentiment de paternité. Si cela est vrai, on peut alors penser que l'augmentation des incestes père-fille proviendrait d'un trouble de la désignation du père, les hommes, se sentant déparentalisés, se retrouveraient devant une jeune femme non interdite; alors que l'augmentation des incestes mère-fils proviendrait d'un trouble de l'ontogenèse affective, d'origine parfois cérébrale, mais plus souvent psychologique.

Parfum d'inceste

Il existe des cultures « où plane la passion de l'inceste [61] ». Non seulement dans les productions artistiques, mais aussi dans la prescription des rituels du quotidien où il existe « une réelle familiarité de corps prolongée entre la mère et le fils, et la tendresse particulière de l'un à l'autre [62] ». Or, l'éthologie transculturelle décrit comment la toilette mère-fils est prescrite de manière très différente selon la culture : chez les Bambaras du Sénégal, ce sont les

61. J. Nepote, « Le lien de filiation au Cambodge », Filiations, nº 11 (1987), p. 70-74.
62. J. Nepote, op. cit.

grand-mères qui donnent le bain. Elles attrapent le bébé
par un bras et le soulèvent vivement. Elles empoignent le
sexe des garçons à pleine paume et, à la fin du bain, lancent
l'enfant en l'air « pour qu'il ne devienne pas peureux [63] ».
Cet ensemble gestuel ne s'observe pratiquement jamais en
Occident. En Inde, il importe que les mères ne croisent pas
le regard de leur fils pour ne pas lui jeter le mauvais œil. Le
tabou qui porte sur le regard aux Indes et sur le toucher en
Occident ne concerne pas les Africains, qui ne sexualisent
pas ces modes de communication entre la mère et son fils.

En revanche, les Européens, dès le haut Moyen Âge, ont
senti un parfum d'inceste dans les interactions précoces.
C'est pour cela que l'Église a recommandé l'usage du berceau. Il s'agissait « d'interdire entre parents et nourrissons
ces contacts charnels assimilés au péché [64] ». De nos jours,
les Américains isolent très tôt le nourrisson dans sa
chambre ; le bébé français dort dans son petit lit près de ses
parents ; au Japon, il partage le tatami familial ; dans l'Arc-
tique, il dort sous la peau de bête collective ; en Inde, il partage la même natte que sa mère ; le petit Africain dort dans
le lit de sa mère et l'Amérindien dans un petit hamac [65].

La proximité mère-enfant a des effets observables : elle
diminue les pleurs, améliore l'allaitement, facilite le sommeil et augmente les performances psychomotrices sous
l'effet associé du sentiment de sécurité et de la sécrétion
des hormones cérébrales [66]. Ces effets sont bien perçus
mais mal représentés. Ce qui est le mieux représenté, c'est
ce qui se dit dans le mythe. Or, au Cambodge où la culture
est parfumée d'inceste, les interactions intimes entre la
mère et son fils sont parmi les plus prolongées de toutes les
cultures. Les règles de mariages préférentiels facilitent les
couples frère/sœur, demi-frère/demi-sœur maternelle ou

63. B. Bril, « Le premier bain », in A. Epelboin, *Du savon plein les
yeux*, Cassette VHS, Séminaire d'ethno-médecine, Museum d'histoire
naturelle, 1991.

64. J. Gélis, M. Laget, M.-F. Morel, *Entrer dans la vie. Naissances et
enfances dans la France traditionnelle*, Gallimard (Archives), 1978.

65. H. Stork, *Enfances indiennes*, Le Centurion, 1986.

66. F. Vuillemain, *Stress et immunologie*, PUF, 1989.

beau-frère/belle-sœur. Ce gouvernement du sexe par la culture est vécu comme un inceste et souvent même dénommé inceste quoique non interdit [67].

Or, cette culture qui frôle l'inceste, prescrit en même temps des injures, des blagues et des contes qui combattent violemment l'inceste. Le juron cambodgien le plus courant, c'est « Chog Maï » qui, paraît-il, signifie : « Tu baises avec ta mère. » On est toujours sur le fil du rasoir de l'inceste qui devient donc fascinant parce qu'il est à la fois possible et interdit, émoustillant parce que l'horreur est proche. Les histoires drôles de ce pays, les récits coquins parlent souvent de belles-mères tentantes ou d'erreurs sur la partenaire. Les romans classiques racontent comment un fils bien-aimé vole son père, viole sa mère et maltraite sa grand-mère [68]. Les films mettent en scène des scénarios où le garçon, croyant entrer dans le lit de sa fiancée, fait l'amour avec sa propre mère. Mais bien sûr, le plus drôle, c'est quand il fait l'amour avec sa grand-mère ! En France, lorsque Chateaubriand, Baudelaire, Edgar Poe, Louis Malle et bien d'autres mettent en scène des récits d'inceste, aucune ligue de protection des enfants maltraités n'a protesté.

Il semble que cette inversion rituelle prescrite par la culture, ait pour fonction d'arracher à sa mère un fils trop attaché. Quand l'autonomie sentimentale se fait progressivement, sous l'effet conjugué des forces séparatrices, la violence n'est pas nécessaire. Mais quand les codes parentaux sont étouffants, quand les rituels structurent une affectivité qui frôle l'inceste, l'accès à l'autonomie nécessite alors un rituel d'inversion où la violence devient nécessaire. C'est dans l'Asie du Sud-Est où les caresses sexuelles entre une mère et son fils ne sont pas nommées « inceste », que les garçons « courent l'Amok ». Ils partent au hasard dans les rues et tuent jusqu'à se faire tuer. Si les circuits sociaux leur offraient le moyen de s'enfuir de la maison close maternelle, ils iraient étudier ou travailler ailleurs sans

67. J. Nepote, *op. cit.*, p. 70-74
68. S. Thierry, *Étude d'un corpus de contes cambodgiens traditionnels*, L'Harmattan, 1985.

avoir besoin de tuer. D'ailleurs l'Amok n'a plus été couru en Malaisie, dès que l'Église l'a interdit et a obligé les fils à quitter leur village [69].

Quand la mère sacrée a le monopole de l'affectivité

Notre culture offre aux jeunes hommes amoureux de leur mère des circuits d'échappement : aller faire des études très loin du domicile maternel, s'expatrier ou faire un mariage d'amour qui, en arrachant le fils à sa mère, instaure une rivalité entre les deux femmes. Dans tous ces cas, la violence, l'intensité du dégagement prend un effet protecteur contre la terrible angoisse de l'imminence incestueuse.

Quand, pour des raisons personnelles ou sociales, un jeune ne peut bénéficier de cette violence libératrice, il lui reste la possibilité de mettre en place la haine de sa mère, ou le substitut : aimer une femme âgée devient source de désir et d'angoisse. « Je vous aime, je suis foutu », c'est ainsi que le jeune homme fait brutalement sa déclaration d'amour [70], à cette femme beaucoup plus âgée que lui. Plus tard, dans le lit, quand elle lui dit « Viens, tu es mon fils », elle induit par cette phrase une telle angoisse qu'elle provoque un accès d'impuissance. Et quand elle éclate de rire devant cette défaillance, elle déclenche une violence meurtrière que rien n'a pu contrôler.

Les progrès de la psychologie d'après-guerre ont tellement culpabilisé les mères que beaucoup sont prêtes à sacrifier leur aventure personnelle pour que leur enfant puisse se développer au mieux. Il s'ensuivit l'apparition d'une pathologie encore mal décrite : la pléthore affective ! L'enfant, surprotégé, est élevé dans une sorte de confinement affectif. Quand l'effondrement familial crée un désert affectif, les enfants en sont toujours biologiquement et psy-

69. H. F. Ellenberger, *À la découverte de l'inconscient*, SIMEP, 1974, nouvelle édition 1993.

70. D. Karlin, T. Lainé, *L'Amour en France*, Document télévisé TF1, 1989.

chologiquement altérés, mais un certain nombre d'entre eux se débrouillent pour partir à la recherche de nourritures affectives et les extraire de leur pauvre milieu. Mais quand un enfant se développe dans un milieu de pléthore affective, enkysté dans l'angoisse maternelle et sa culpabilisation culturelle, il grandit dans une délicieuse prison affective d'où, après une longue période de passivité, il ne pourra s'échapper que par la violence. C'est la haine qui lui donnera la force de quitter ce paradis parental qui tourne à l'enfer affectif. « J'ai pourtant tout fait pour lui », dit la mère, et c'est vrai. Mais le fils répond : « C'était un commandant de SS. Elle faisait tout à ma place. Elle entrait dans ma chambre, fouillait dans mes placards et ne m'a jamais considéré comme une personne. Mon père est une ombre. J'ai du mépris pour mon père qui n'a jamais rien dit. Je me fais souffrir pour qu'elle souffre. J'aimerais qu'elle tombe malade... », me disait ce gentil jeune homme étonné de ne plus être amoureux de sa mère.

C'est dans ce groupe d'enfants élevés en pléthore affective qu'on trouve les adolescents qui battent leur père, exploitent et maltraitent leur mère, et deviennent cruels avec ceux qui les aiment. Parce qu'un amour trop proche, en empêchant la structuration du rituel affectif, ne donne pas forme à la violence. La pléthore, cet amour sans forme, associe la violence affective et la haine libératrice. Car il faut de la distance pour mettre en place le rituel qui structure l'affectivité[71] et transforme la violence en agressivité[72].

La violence entre familiers est imprévisible, elle surprend tout le monde, y compris le criminel. Cette violence affective sans représentation est très proche de l'acte incestueux car « la matrifocalité est meurtrière : confirmation familiale élaborée au plus près de l'inceste élémentaire... dans les sociétés antillaises... lorsqu'on tue c'est en famille[73] ».

Quand une société ne met pas en place les rituels de séparation, le confinement affectif empêche la structura-

71. W. Pasini, *La Qualité des sentiments*, Payot, 1992.
72. S. Bergeret, *La Violence fondamentale*, Dunod, 1984.
73. J. André, *op. cit.*, p. 366.

tion des émotions et facilite le passage à l'acte. Chaque âge, chaque place dans la famille, chaque rôle social implique sa manière d'aimer et chacun doit s'y conformer. L'interdit de l'inceste, qu'il soit nominal, qu'il se serve de l'alibi du sang ou qu'il soit ressenti, possède un effet structurant sur l'affectivité bien plus que sur la sexualité.

Quand cette structuration de l'affectivité se fait mal, parce que le père n'est pas à sa place séparatrice pour ouvrir la maison close de l'affection mère-fils, parce que la pléthore affective prend le monopole des empreintes, ou parce que l'enfant anxieux « ne voit que par sa mère », le fils, submergé d'amour, ressent tout désir pour elle avec une terrible angoisse : alors, toute femme peut devenir interdite et la seule issue trouvée l'oriente vers l'homosexualité.

Le tabou de l'inceste n'est pas seulement une idéologie, c'est aussi un sentiment façonné par la fabrique humaine : inhibition physique, sentiment de honte ou de faute impensable que plusieurs cultures n'osent même pas formuler. Mais si une loi autorisait l'inceste mère-fils, je suis prêt à parier que cette permission légale ne modifierait pas les comportements sexuels.

Pour beaucoup d'entre nous, le sexe n'est pas sacré : le pénis et le vagin ne sont ni les instruments de Dieu, ni les organes structurant la société. Certaines femmes pensent même que la location de leur vagin pendant quelques minutes d'acte sexuel n'est pas plus immorale que la location de leurs mains pendant quelques heures de ménage. Je connais une brillante philosophe qui a couru le monde dans des conditions très confortables grâce à cette représentation de son sexe comme un outil de travail.

À l'inverse, un grand nombre d'entre nous considèrent que le sexe est le lieu des rencontres qui tissent le couple, cellule de la société. C'est la zone du corps qui donne des émotions de plaisir et de peurs intenses, et qui fabrique la vie jusqu'à la merveille et l'angoisse. Cette représentation du sexe provoque un sentiment de sacré. Mais quand le sacré pointe, la violence n'est jamais loin : violence ritualisée du sacrifice de soi ou de l'autre dans l'intérêt supérieur de la famille, de la nation ou de Dieu; violence du blasphème, tellement insoutenable que seuls le supplice et la mort peuvent le réparer. C'est ainsi que, pendant des siècles, ceux qui faisaient la figue au Pape (glisser le pouce entre l'index et le majeur), méritaient le bûcher[74]. Ce geste ne veut plus rien dire aujourd'hui et n'est en tout cas plus sacrilège.

Il me semble que ceux qui ont connu l'inceste jovial n'ont jamais éprouvé le sentiment du sacré. Pour eux, le sexe est un lieu de plaisir physique, un instrument d'ascension sociale, une activité conviviale, éventuellement un moyen de faire des enfants (quoique ceux-ci soient plutôt considérés comme un pépin du sexe), ce n'est jamais un autel, il n'a rien de sacré, ni même de merveilleux. N'en éprouvant pas le sacré, ils ne peuvent ressentir la violence que constitue toute transgression du code social qui le régit. Cela explique l'étonnante tranquillité de certains couples mère-fils qui persistent après le mariage, comme une longue aventure extra-conjugale... avec sa propre mère! Comme ces pères « incestueurs[75] » tellement surpris d'apprendre que leur fille est traumatisée, ou ces lignées où l'inceste se répète à travers les générations comme un jeu intime qui n'aurait aucune raison d'être interdit. Il y aurait des cultures et des mentalités où le sexe n'a pas été investi par le sacré comme dans les grandes religions monothéistes. « Ô, filles voluptueuses, livrez-nous donc vos corps... Foutez, divertissez-vous,... mais fuyez avec soin l'amour[76] », disait Sade pour qui, au contraire, le Mal venait du Sacré.

Je reçois beaucoup de lettres et de témoignages soutenant que le moyen le plus efficace de pallier la carence affective qui se développe actuellement dans le monde[77] serait la libéralisation de l'inceste qui, seule, pourrait encore rassembler et réchauffer les familles : « Il est temps

74. G. Calame-Griaule, « L'homme, la parole et le geste », in J. Poirier, *Histoire des mœurs*, Gallimard (Pléiade), T. II, 1990, p. 91-96.

75. P. Sabourin, *La Violence impensable*, Nathan, 1992.

76. Cité dans J.-J. Pauvert, *Sade. Osons le dire*, Les Belles Lettres, 1992, p. 117.

77. S. Angeli, *Les Enfants de la rue*, Berger-Levrault, 1986.

d'admettre que l'inceste ne constitue ni une perversion ni un système de maladie mentale », peut-on lire dans d'excellentes revues américaines de psychologie [78]. Des groupes de pédophiles proposent d'adopter des petits garçons sans famille et le sémillant Gabriel Matzneff est tout déconfit de se faire tancer par la douce Bombardier sur le plateau de l'émission « Apostrophes », parce qu'il se vantait que de merveilleuses petites filles de treize ans lui avaient donné leur numéro de téléphone sans qu'il y fût pour rien !

Pour ce type de personnalité, le sexe est un liant affectif, un aimable jeu, et non pas la voie du sacré ! Mais lorsqu'une mère, un fils ou une fille se trouvent sollicités par un proche parent et qu'ils vivent dans la représentation du sexe sacré, alors ils éprouvent l'horreur qui massacre une grande part de leur vie mentale.

Les théories fournissent des alibis pour donner une forme intellectuelle à un sentiment éprouvé dans l'évidence. Le Code d'Hammourabi édicte la nécessité pour sauver le peuple de « tuer le fils qui s'est couché sur sa mère ». Tout meurt autour d'Œdipe quand il épouse Jocaste. La Bible évoque les monstres qui naissent d'un tel accouplement. Les médecins, à qui le dix-neuvième siècle donne la parole, attribuent à l'inceste toute malformation congénitale. Dès que le chromosome émerge dans notre culture, on explique savamment que « la proximité génétique est mortifère », malgré les dénégations des éleveurs et des généticiens [79]. Tout se passe comme si seuls des arguments terrifiants pouvaient donner la forme terrible adéquate au sentiment d'horreur.

Pour certains, la mère n'est pas sacrée, ils peuvent donc la toucher sans éprouver l'horreur du blasphème. Pour d'autres, au contraire, elle provoque une émotion d'émerveillement et de peur ; ils l'adorent et la craignent, comme Dieu. Il semble que ce soit le cas des homosexuels.

---

78. W. Pomeroy, article de *Psychology Today* cité dans *L'Événement du jeudi* du 26 janv. 1989 ; coauteur avec Kinsey du premier rapport sur la sexualité, 1947.

79. Communications personnelles de Guy Queinnec et André Langaney.

Dans le schéma homosexuel, la mère est une surfemme pleine de gloire. « Chez tous nos homosexuels hommes, nous avons retrouvé dans la toute première enfance, période oubliée ensuite par le sujet, un grand attachement érotique à une femme, à la mère généralement, attachement provoqué ou favorisé par la tendresse excessive de la mère elle-même, ensuite renforcé par un effacement du père de la vie de l'enfant[80]. » Freud, qui emploie des concepts éthologiques tels que « attachement » et « fixation[81] », précise bien que le père est effacé. Monsieur Glo..., dont le fils est devenu homosexuel, est un grand industriel, riche, brillant, courageux, mais qui n'a pas participé au façonnement affectif de son fils, amoureux précoce et exclusif de sa mère. Le père de Marcel Proust était un grand professeur de médecine, intelligent et tolérant, qui a peu marqué son fils de son empreinte. Monsieur Fla... m'explique sa déception et son incrédulité quand à l'âge de six ans, il a compris qu'il n'était pas le fils « uniquement de sa mère ». Il dut faire un effort d'abstraction intellectuelle pour se représenter qu'il était aussi le fils de son père : « Je savais que c'était mon père, mais j'ai eu beaucoup de mal à comprendre que j'étais aussi son fils puisqu'il couchait avec ma mère. »

Cette imprégnation, ce monopole sensoriel, s'explique peut-être par les conditions affectives dans lesquelles survient le petit garçon. Les mères d'homosexuels ne sont pas des femmes effacées. Tout s'exprime en elles : leurs vêtements, leurs gestes, leurs mimiques, l'intense et facile expression de leurs émotions en font des femmes omniprésentes ! Qu'elles soient glorieuses ou dépressives, que l'enfant anxieux et amoureux « ne voie que par elles », ces mères deviennent prégnantes, ce qui met le père à l'ombre, alors qu'il brille... ailleurs. Mais bien sûr, ce n'est pas leur manière d'être et de s'exprimer qui provoque l'homosexualité de leur fils. Peut-être le nouveau-né tombe-t-il à un

---

80. S. Freud, *Un souvenir d'enfance de Léonard de Vinci* (1910), Gallimard (Idées), p. 78-79.

81. B. Cyrulnik, *Freud, précurseur de l'éthologie*, Laboratoire Duphar, 1993, et L. Ritvo, *Darwin, ascendant de Freud*, Gallimard, 1992.

moment particulièrement sensible de leur vie psychique ?
Le premier jour est souvent un coup de foudre : « J'ai été
folle de lui. Je n'ai pas pu dormir tant je ne pouvais détacher mes yeux de lui. » La foudre ne tombe que sur des
récepteurs. Elle nécessite la synchronisation de plusieurs
facteurs : la personnalité sensorielle de la mère, la survenue
à une période sensible de son histoire, et le sexe de l'enfant
se conjuguent pour créer le sens que le nouveau-né prend
pour elle. « Mes trois filles aînées s'apprêtaient à me quitter. Mon mari courait le monde. J'étais seule chez moi. Ma
vie perdait son sens quand il est arrivé... Un garçon après
trois filles, au moment où je l'espérais le plus, où j'avais le
plus besoin de lui. Il m'a rendue folle de bonheur. » Pendant longtemps, rien ne viendra séparer les partenaires de
cette idylle qui constitue ainsi une situation sensorielle de
confinement affectif [82].

La haine sera parfois la force séparatrice, la haine qui
permet au jeune homme de lutter contre son désir incestueux tellement angoissant et prend alors une connotation
tranquillisante. Il en a besoin pour devenir actif, autonome
et enfouir son désir criminel. « Tant que le fils est enrôlé
dans le giron maternel, il n'y a pas d'amis ni de groupes
possibles. Qu'est-ce qui interrompt ou tout au moins
relâche la relation incestueuse ?... [C'est] le coup de frein
porté à l'amour de la mère [83]. » Cette réflexion récente sur
l'homosexualité en tant que lutte contre l'inceste retrouve
l'idée freudienne classique : « Le petit garçon refoule son
amour pour sa mère, en se mettant lui-même à sa place, en
s'identifiant à elle, et il prend alors sa propre personne
comme l'idéal à la ressemblance duquel il choisit ses nouveaux objets d'amour. Il est ainsi devenu homosexuel [84]. »

---

82. Ce champ sensoriel précoce, intense et exclusif, explique peut-
être l'hypotrophie du noyau antérieur du thalamus que les neurora-
diologues constateraient chez les homosexuels. Il s'agirait d'une hypotrophie épigénétique plutôt que génétique (communication personnelle de M. Jouvet au colloque Schmeierling, Liège, oct. 1992).

83. J. André, *op. cit.*, p. 164.

84. S. Freud, *Un souvenir d'enfance de Léonard de Vinci* (1910), Gallimard (Idées), p. 78-79.

L'homosexualité permet alors d'éviter à la fois l'inceste et la haine. Et même elle permet de conserver l'adoration de la mère.

« La fixation à la mère... rend plus difficile la fixation à un autre objet féminin [85] », disait Freud. Il s'agit de se fixer à sa mère, de s'imprégner d'elle au point de s'identifier à elle et d'aimer comme elle-même aurait aimé. Cela explique le sentiment de « l'autre moitié d'orange » si fréquent chez les homosexuels qui ne se sentent eux-mêmes que lorsqu'ils tombent amoureux d'un autre comme eux. « Quand je fais l'amour avec une femme, c'est comme si je découvrais le corps de ma mère, me disait Monsieur Spr..., mais quand je fais l'amour avec un homme, je découvre mon propre corps, alors je sais qui je suis... » Michel Tournier a trouvé une jolie expression pour exprimer cette idée : il appelle les hétérosexuels « les sans-pareils ».

Cette proximité de l'amour et de la haine s'exprime violemment quand l'homosexualité est incertaine. Monsieur Spr... a fait cinq tentatives de suicide en quatre semaines à l'âge de seize ans, « pour angoisser ma mère ». Quant à Monsieur Pel..., il a pendant très longtemps passé des coups de téléphone anonymes à la sienne « juste pour jouir du plaisir de penser qu'elle souffre ». Dans les homosexualités refoulées, les hommes sont honteux de leurs désirs et s'y opposent furieusement sous forme de haine proclamée jusqu'à l'agression des homosexuels, qui prend alors une fonction tranquillisante : « Je ne suis pas homosexuel puisque je les hais et que je les agresse. » Cette attitude se retrouve chez les hommes qui haïssent leur mère après l'avoir adorée, comme pour se signifier à eux-mêmes qu'ils ne la désirent pas puisqu'ils la détestent, qu'elle les écœure même, comme toutes « ces femmes qui suintent et boudinent sous elles », comme disait joliment Céline (au fait, pourquoi le bon docteur Destouches a-t-il choisi de se faire appeler « Céline », qui était le prénom de sa mère [86]?).

L'inhibition du désir pour la mère a entraîné l'inhibition du désir pour toute femme, et dès lors, soulagé de son désir

---

85. S. Freud, *ibid*.
86. Y. Stalloni, lettre personnelle du 30 janv. 1993.

incestueux, l'homosexuel peut devenir gai. Si cette théorie étho-psychanalytique a un sens, la déviation homosexuelle est une issue à l'inceste. Elle est donc parfaitement morale puisqu'on ne peut tout de même pas recommander l'inceste pour lutter contre l'homosexualité !

Le père, la rue et la haine

L'amour mère-fils, en se modalisant, invite à la séparation, à la conquête de l'étrangère, à l'ouverture de l'affectivité. L'accomplissement du désir le plus merveilleux et le plus efficace qui soit, consiste à tomber amoureux d'une autre femme. Le vecteur de cet accomplissement libidinal, c'est le père. Or, notre culture le rend transparent[87] et cela participe probablement à l'augmentation actuelle des viols et des incestes.

Quand le mot inceste désigne une structure de parenté, l'éthologie n'a rien à dire. Mais quand le mot désigne une structure affective qui façonne un sentiment en deçà de la verbalité, l'éthologie peut proposer deux ou trois idées.

L'ontogenèse des structures séparatrices qui canalisent le désir, pourrait se décrire avec les paliers suivants. D'abord, un sentiment de proximité affective nous sécurise et nous engourdit. Puis apparaît le père qui interdit, et qu'on apprend à aimer quand même dans le giron maternel. Plus tard, les compagnons de quartier ou d'école, la bande d'adolescents et les amours juvéniles précisent l'objet de nos désirs et orientent vers lui. L'objet sexuel se différencie de l'objet affectif et les institutions jouent un rôle important dans l'organisation de ces forces séparatrices puisqu'elles désignent le père et son statut, organisent l'école et les quartiers de la ville, font émerger le nouveau continent social qu'on appelle l'adolescence, comme elles prescrivent les mariages et régissent les lois du couple.

Si les forces séparatrices gouvernent le sexe, comment expliquer qu'elles sont plus efficaces en matière de viol et

87. É. Sullerot, « La famille nucléaire éclatée », *Sauvegarde de l'enfance*, n° 1 et 2, 1985.

d'inceste que d'homosexualité? Les spécialistes des violences sexuelles, juristes et psychologues, témoignent de leur augmentation récente [88]. On n'a pas de chiffres anciens puisque, dans les années soixante, les professionnels disaient encore que les incestes, rares, n'existaient que dans les milieux ruraux. Il a suffi d'organiser un peu mieux la collecte des données pour les trouver partout, beaucoup plus nombreux qu'on ne le croyait, et constater leur augmentation rapide. Le raisonnement inverse vaut pour l'homosexualité. Le stéréotype culturel consistait à dire : « Il y a de plus en plus d'homosexuels ; la preuve, c'est qu'on en voit partout. » Il a suffi d'organiser un peu mieux la collecte des données [89] pour constater que le chiffre n'avait pas varié depuis la dernière enquête de 1971 et peut-être même depuis le rapport Kinsey de 1947. Malgré la litanie culturelle, il n'y a pas de changement notable des comportements amoureux en Europe. Le premier rapport sexuel a toujours lieu vers l'âge de dix-huit ans ; il y a toujours 4,1 % homosexuels hommes et 2,6 % homosexuelles femmes. Alors qu'il y a une augmentation très nette des rapports sexuels par contrainte.

Cette sexualité violente dépend de la culture puisque la plupart des animaux ritualisent leurs interactions pour se rencontrer. Presque toujours, c'est la déritualisation d'un groupe social qui, en ne donnant pas forme aux comportements sexuels, laisse émerger la violence primitive. Le viol et l'inceste ont d'abord été signalés dans les quartiers pauvres. Mais ce n'est pas la pauvreté qui provoque la brutalité sexuelle, c'est la déculturation qui fait passer à l'acte. Ce qui interdit l'inceste, ce n'est pas l'énoncé de la loi, c'est la création culturelle d'institutions qui ouvrent les familles et gouvernent les pulsions. La pauvreté, en appelant à l'aide sociale, attire sur les quartiers pauvres l'attention, qui y découvre un nombre élevé d'incestes. L'inceste existe autant dans les quartiers riches où la déparentalisation déritualise les familles. Mais, dans les grandes maisons,

88. B. Camdessus, *L'Enfance violentée*, ESF, 1993.
89. A. Spira, Rapport ANRS et INSERM, sept. 1991.

l'inceste est silencieux, puisqu'il ne finit pas dans les fichiers de l'aide sociale.

Dans les pays pauvres mais fortement ritualisés, la sexualité, très codifiée, canalise la pulsion, et la transforme en liant social. Dans les sociétés afro-américaines où souvent l'on ne sait pas qui est le père, c'est un équipage d'hommes qui prend le rôle protecteur et séparateur : « ... Le lien indéfectible du fils à la mère est néanmoins un paramètre constant de la famille noire américaine... il faut l'entendre comme un processus de neutralisation des affects... [90] » L'attachement s'y développe et engourdit le désir, comme on peut le voir dans certains couples mère-fils célibataire où la sexualité est impensable alors que le lien affectif est très fort.

À propos des familles matrifocales afro-américaines, brésiliennes et martiniquaises où l'enfant ne s'attache qu'à sa mère, où il porte le même nom qu'elle, signifiant ainsi qu'il n'appartient qu'à elle et s'inscrit uniquement dans son lignage, les observateurs s'accordent sur deux points : ces familles sans père sont dévalorisées dans leur propre culture et les enfants s'y socialisent mal. On observe souvent une grande passivité dans ce type de famille, les enfants attendant que leur mère seule pourvoie absolument à tous leurs besoins. Jusqu'au jour où, soudain, ils partent vivre dans la rue. Les observateurs occidentaux les nomment abusivement « enfants abandonnés ». Voyant un enfant dormir dans la rue, ils lui plaquent leur propre modèle d'enfant développé dans une structure triangulaire (papa-maman-enfant) et en déduisent que, s'il dort dans la rue, c'est qu'il est abandonné. Alors que cet enfant peut rentrer chez lui, où il sera bien accueilli. Ce départ dans la rue prend pour lui la fonction séparatrice que ne lui offre pas son contexte familial ni culturel [91]. La rue devient son seul lieu séparateur.

Il semble que, dans les sociétés sans père, les enfants fuguent avec acharnement. Dans le chaos cambodgien, ce

---

90. J. André, *op. cit.*, p. 299.
91. C. Fonseca, « Menores carentes », *Autrement*, n° 96 (1988), p. 49-54.

sont les garçons qui s'enfuient des mondes clos sans parents : « Soixante mille gosses ont moins de dix ans, dont vingt-cinq mille à peine trois ans... ils nous entourent... et ne nous lâchent plus... ils rient le jour, et pleurent la nuit... quelques gosses doués d'un courage exceptionnel s'enfuient des camps... Partir, même si sa vie est en jeu... [92] » Tout champ clos est mortifère car on ne peut même pas y structurer son affectivité. En Occident, la plupart des fugues sont le fait d'enfants élevés dans des institutions. Pour eux, la fugue signifie alors : « Il faut que je m'enfuie pour vivre socialement et affectivement. Rien ne peut me faire vivre dans cette maison. »

Chez les adolescents, ce sont les filles qui fuguent le plus. Leur discours comportemental veut souvent dire : « Papa, viens me chercher. » L'inquiétude que leur fugue provoque chez leur père prend la valeur d'une preuve affective : quand les mots ne communiquent plus, les actes prennent la parole !

Chez les adultes, ce sont les hommes qui disparaissent. Comme pour les enfants et les adolescents, il s'agit d'hommes qui ne se sentent ni pères, ni responsables dans leur foyer. Ces pigeons affectifs se demandent alors pour qui ils travaillent, et, ne se sentant plus pères, ils retournent aux rêves de leur adolescence.

Même la fugue des âgés signifie la perte du liant familial et social. Les deux sexes fuguent parce qu'ils se sentent étrangers dans leur propre maison. Parfois c'est leur cerveau qui ne traite plus les informations et ne leur permet plus de reconnaître les visages ni les lieux. D'autres fois, c'est le quartier qui a tellement changé qu'ils ne retrouvent aucun de leurs repères géographiques ; il leur arrive de considérer leurs propres enfants comme des étrangers parce qu'ils ne comprennent ni leurs gestes, ni leurs valeurs, ni même leurs mots, tant l'accélération des innovations culturelles déculture les âgés. Leur fugue, quelle qu'en soit la cause (cérébrale, affective ou culturelle) signifie, comme pour les jeunes : « Je veux rentrer chez moi, dans

92. O. Page, « Site II : des gamins-héros », *Nouvelle Revue d'ethnopsychiatrie*, n° 12 (1988), p. 155-158.

un lieu familier dont je reconnaîtrai les objets et les codes pour y trouver une sécurité affective. »

Ces données de psychiatrie transculturelle viennent étayer l'idée que, dans les familles matrifocales, la mère-seule devient un point de fuite après avoir été le centre du monde, alors que l'association d'une mère avec un père crée un ensemble sensoriel qui répartit les forces affectives et donne à chacun une place différente. Si la mère est seule, on s'y soumet ou on la fuit ; s'il y a un père, l'enfant n'a plus à choisir entre la fusion et l'opposition. La simple présence du père donne à la mère une place affective différente : c'est aussi la femme du père, elle n'est pas consacrée aux besoins physiques de l'enfant, elle peut aussi ressentir des désirs différents des siens puisqu'elle peut aimer ailleurs. C'est une personne et non pas une source de satisfaction.

Ce genre de pensée émotive[93], de raisonnement qui donne une forme verbale à nos sentiments[94], ne peut venir à l'esprit quand le père n'a pas de place. Aux États-Unis, presque trente pour cent des enfants vivent dans des foyers dont le père est absent ; et lorsqu'il est présent, il a « cessé de constituer une force vivifiante[95] ». Quand les équivalents de cette fonction paternelle ne sont plus assurés par l'école, les compagnons de quartier, les bandes d'adolescents ou toute autre force séparatrice telle que l'armée ou les institutions politiques et religieuses, le jeune se trouve alors piégé entre l'amour maternel exclusif et l'angoisse d'une compétition sociale dépourvue de sentiments : l'étouffement du trop près et la peur du trop loin.

L'amour-haine devient alors le sentiment façonné par notre culture. Car on en arrive à cette ambivalence : c'est sur l'axe mère-fils que naît le premier amour, cette force

---

93. P. A. La Violette, « Thought about Thoughts about Thoughts : the Emotional Perceptive Cycle Theory », *Man-Environment Systems*, IX, (1979).

94. W. Gray, « Understanding Creative Thought Process : an Early Formulation of the Emotional Cognitive Stucture Theory », *Man-Environment Systems*, IX (1979), p. 3-14.

95. R. Bly, *L'Homme sauvage et l'Enfant*, Le Seuil, 1992.

qui nous pousse à « chercher l'aimé [96] », et c'est sur ce même axe que devra s'instaurer plus tard un interdit d'aimer.

Les garçons et les filles

La manière dont les garçons apprennent à aimer doit être rigoureusement codifiée pour ne pas être angoissante. Alors que les filles connaissent un développement affectif plus harmonieux où l'interdit nécessite moins de rigueur, puisque les manières d'aimer sont déjà séparées.

Cette décontraction du sentiment d'interdit se repère aussi à la manière dont les filles se hiérarchisent dans la société. Alors que les petits garçons, très tôt, inventent des jeux de compétition, les filles inventent des jeux de coopération. Les garçons grimpent dans la hiérarchie ou s'en excluent, constituant ainsi la majorité aux grandes écoles, parmi les clochards et les délinquants. Ce n'est pas le cas des filles, qui intègrent moins les grandes écoles et deviennent rarement clochardes ou délinquantes [97] car cette manière de se socialiser par le triomphe ou l'exclusion n'a pas de valeur sociale pour elles, alors qu'elle peut éventuellement en avoir une sexuelle.

L'ontogenèse du sentiment d'interdit n'est pas le même. Dès le départ, le tiers séparateur est attirant pour la fille. Une petite fille apprend à se séparer de sa mère en étant attirée par son père. Plus tard, elle sera à nouveau séparée de son père en étant attirée par un autre homme. Alors qu'un petit garçon, dès l'expression de son premier amour, entendra : « Mais non, ça n'est pas possible. » Puis, la simple présence du père lui signifiera une nouvelle interdiction, terriblement culpabilisante s'il devait l'enfreindre. Plus tard, devant une jeune femme, il restera interdit si un

96. S. Kakar, J. Munder Ross, *Les Pièges de l'amour érotique*, PUF, 1987.

97. M.-P. Veron, « L'enfant et l'adolescent dans la société », communication aux Assises régionales de la sécurité dans le Var, CRAIFF, 1993.

rituel de rencontre ne lui donne pas un code de séduction. La violence inhibitrice côtoie la violence explosive du passage à l'acte, à laquelle elle s'associe d'ailleurs souvent. Le tiers séparateur invite la fille tandis qu'il repousse le garçon.

Cette ontogenèse affective explique peut-être la grande fréquence de la proximité affective entre une mère et sa fille adulte, alors qu'un garçon n'ose se sentir proche de sa mère que lorsque l'interdit est parfaitement verrouillé par la présence symbolique du père, par de nombreuses amours juvéniles ou par la constitution d'un couple d'alliance. La souplesse affective des femmes, qui les ouvre sur les autres, explique pourquoi elles peuvent aimer beaucoup d'enfants différemment, s'embrasser sans équivoque et, en cas de difficultés, se confier à un autre ou même compter sur lui, comme on le voit dans les couples réussis ou en psychothérapie, dont les femmes constituent soixante à quatre-vingts pour cent des consultants.

Alors que le développement affectif d'un garçon, plus interdicteur, gouverne avec vigueur ses orientations affectives : il doit interdire l'expression de ses émotions, il ne doit pas pleurer, il doit se battre, physiquement et socialement, il ne doit pas se plaindre ni compter sur les autres, il doit prendre sa place d'homme « à la force du poignet ». S'il échoue, il doit rejoindre le clan des vaincus. Quand il se fait aider par sa femme, il n'est pas rare d'entendre une petite connotation dédaigneuse : « C'est sa femme qui décide », disent souvent d'autres femmes. En cas d'échec ou de dépression, il ne lui reste pour se défendre que l'effet anti-dépresseur du passage à l'acte, de l'érotisation du risque et de la bagarre, ou l'effet tranquillisant de la démission, de la fuite et de l'alcool.

Il semble donc que les femmes se socialisent par leurs manières d'aimer tandis que les hommes se socialisent par leurs manières d'agir. D'ailleurs, les sexes ne s'y trompent pas, puisque les femmes sont plutôt séduites par les indices sociaux que les hommes manifestent comme des promesses d'existence; alors que les hommes sont plutôt séduits par les indices physiques et affectifs que les femmes portent sur elles comme des promesses d'amour [98].

La loi qui interdit nous contraint à donner, l'inhibition nous invite au partage, l'angoisse nous incite à la rencontre. Curieuse mathématique, qu'un plaisir partagé soit multiplié par deux !

La seule révolution physiologique d'une vie humaine, c'est l'amour. Mais autant l'histoire d'amour est universelle, révélant ainsi son enracinement dans notre nature, autant l'histoire de l'amour est incroyablement variée, selon l'époque et le contexte, révélant ainsi son enracinement dans nos cultures [99]. L'amour est aussi une révolution culturelle puisqu'il nous fait larguer nos amarres et tenter l'aventure.

98. J.-C. Kaufmann, « La fausse surprise », *Autrement*, n° 135 (1993)S. Kakar, J. Munder Ross, *op. cit.*

CHAPITRE VI

La trace ou le récit ?

À l'époque où les parchemins étaient rares et coûteux, les moines grattaient la peinture du dernier texte pour écrire à nouveau sur la peau. En diffractant la lumière, il est possible de retrouver les traces du premier manuscrit, le plus profondément imprégné dans la peau du parchemin [1]. Car les premières empreintes s'inscrivent mieux dans une peau vierge où tous les circuits sont encore possibles.

Après m'être inspiré d'Umberto Eco, sémioticien distingué, je voudrais citer un grand neurologue, Charles Baudelaire : « Qu'est-ce que le cerveau humain sinon un palimpseste universel et naturel ?... Oui, lecteur, innombrables sont les poèmes de joie ou de chagrin qui se sont gravés successivement sur le palimpseste de votre cerveau, et comme les feuilles des forêts vierges, comme les neiges indissolubles de l'Himalaya, comme la lumière qui tombe sur la lumière, leurs couches incessantes se sont accumulées et se sont, chacune à son tour, recouvertes d'oubli. Mais à l'heure de la mort, ou bien dans la fièvre, ou par les recherches de l'opium, tous ces poèmes vont reprendre de la vie et de la force. Ils ne sont pas morts, ils dorment.... Les profondes tragédies de l'enfance... vivent toujours cachées, sous les autres légendes des palimpsestes. La passion et la maladie n'ont pas de chimie assez puissante pour brûler ces immortelles empreintes [2]. »

---

1. U. Eco, *Le Nom de la rose*, Grasset, 1982.
2. C. Baudelaire, « Un mangeur d'opium », *Œuvres complètes*, Gallimard (Pléiade), p. 451-453.

Baudelaire neurologue emploie les expressions d'« empreintes », d'« immense et compliqué palimpseste de la mémoire »... et surtout de « traces enfouies dans le cerveau qui dorment sous les autres légendes » de notre histoire, et n'attendent qu'un événement, un accident ou une émotion pour refaire surface et resurgir à la conscience. C'est cette démarche que je vais reprendre maintenant.

Mais je ne suivrai Umberto Eco et Charles Baudelaire que sur le plan neurologique, je voudrais en effet les confronter à Alfred de Vigny et Ana Novac, qui montrent comment le récit s'oppose au palimpseste.

Vers l'âge de quarante ans, Alfred de Vigny chante les louanges de ses « vingt printemps », jusqu'au jour où il retrouve ses carnets intimes de jeunesse. Ce qu'il y lit n'a rien à voir avec le récit qu'il en faisait. Ils témoignent d'un vécu quotidien noir et douloureux, mélancolique et mortifère, alors qu'après coup, il évoquait sincèrement la gaieté de ses vingt ans.

Ana Novac [3] raconte qu'elle a passé son enfance hongroise sous une dictature fasciste et sa jeunesse sous une dictature prolétarienne. Entre les deux, elle a connu Auschwitz. Chaque jour, elle avait arraché des morceaux d'affiche « *Arbeit macht Frei* [4] » et dédoublé les couches de ce papier pour y noter les événements et ses préoccupations quotidiennes. Elle risquait sa vie en commettant ce crime, mais cette demi-heure quotidienne de liberté intime lui avait donné la force de survivre. Devenue écrivaine, elle retrouva plus tard les sept cents « pages » de son journal de camp et découvrit alors, stupéfaite, que ce qu'elle avait gardé en mémoire n'avait rien à voir avec ses notes au jour le jour. Elle apprit ce qu'avait été pour elle-même la vie dans le camp d'Auschwitz en relisant son journal. Tous les récits qu'elle en avait faits jusqu'alors n'étaient que des textes surajoutés, écrits dans un nouveau contexte. Cela ne veut pas dire qu'elle mentait, au contraire même : chaque souvenir est inscrit dans son cerveau, comme un bas-relief est façonné dans un bloc d'argile. Mais la chimère est ainsi

---

3. A. Novac, *Les Beaux Jours de ma jeunesse*, Balland, 1992.
4. « Le travail rend libre. »

faite : chaque élément en est vrai, ce qui ne l'empêche pas d'être imaginaire.

Partiellement vraie, totalement fausse, et pourtant cohérente, c'est peut-être ce qui caractérise toute représentation humaine ; et aussi ce qui explique que toutes nos théories sont momentanément vraies et définitivement fausses, alors qu'elles sont alimentées par des informations sur le réel.

Ana Novac écrit, quand elle se met à déchiffrer ses bouts d'affiche : « Quand après un temps si long..., je me suis décidée à ce travail redouté et tant de fois remis, je déchiffrais les lignes les unes après les autres, elles me heurtaient comme si je les rencontrais pour la première fois [5]. » Elle parle ensuite d'un « clément oubli », comme si elle voulait dire que l'empreinte du cerveau n'empêche pas la nécessité de l'oubli, du refoulement psychologique qui lui permettra de vivre quand même, suffisamment heureuse, malgré cette trace enfouie au fond d'elle-même, encore agissante et non représentée. Ce qui est représenté c'est le récit, alimenté par le réel bien sûr, mais recomposé comme une chimère pour devenir communicable, adapté au contexte, aux personnes et au moment où l'histoire est racontée.

Tout le réel ne devient pas événement, même si les événements sont extraits du réel. Ce qui fait événement, c'est ce que notre histoire affective aura retenu comme type d'information. Cela explique qu'un scénario sera perçu comme une tragédie par l'un de nous, comme une comédie par un autre et comme insignifiant par un troisième qui n'en fera jamais un événement inscrit dans sa mémoire.

Tous les récits s'organisent à partir de la fin, du jour où l'on parle et de la personne à qui l'on s'adresse. Quand une autobiographie commence par une phrase telle que : « Je suis né à Marseille, d'un père homme de peine et d'une mère fille de joie [6] », elle donne la preuve qu'il s'agit d'une représentation puisque l'événement de la naissance ne peut pas avoir été mémorisé. Pour des raisons d'ordre biolo-

5. A. Novac, *op. cit.*, p. 235-239.
6. A. Allais, *Les Pensées*, Le Cherche-Midi, 1987.

gique, je ne me rappelle ni le jour de ma naissance, ni celui où les gamètes de mon père ont rencontré celles de ma mère. Et pourtant, j'ai commencé à être dès cet instant.

Les notes prises au jour le jour donnent forme à l'impression du moment que l'on vit, mais c'est la relation du moment où l'on parle qui donne forme à nos souvenirs. Voilà pourquoi le palimpseste s'oppose au récit et pourquoi « les récits sont des impostures [7] » qui témoignent moins du réel passé que de l'intimité du narrateur.

Là, je vous entends penser : « Mais je connais mon histoire... moi seul connais les événements qui me sont réellement arrivés, qui ont façonné ma personnalité et donné sens à ma vie. On ne peut pas avoir été déporté comme Ana Novac, martyrisé comme Jean Genet ou aimé comme Jean-Paul Sartre sans que cela ait laissé de trace dans leur mémoire, ni façonné leur personnalité... » Nous pensons tous ainsi, sincèrement, et nous avons tous raison. Le passé a façonné notre sensibilité qui a filtré les informations dignes d'être retenues comme des événements. Et c'est le présent qui organise ces événements dans un récit adressé à quelqu'un.

Car ce qui compte, c'est de créer du sens pour ordonner notre perception du monde afin de pouvoir agir sur lui. Sinon, des informations confuses nous submergent de tous côtés. C'est ce qui se passe chez nos âgés, après un trouble métabolique ou un déménagement qui désorganise leur perception du monde. C'est ce qui se passe chez nos jeunes, à la suite d'un traumatisme crânien ou une intoxication. Que la cause de la confusion soit cérébrale, métabolique, traumatique, émotive ou symbolique, cela revient au même : le monde perçu reste informe. Ce qui lui donne forme, c'est autant notre cerveau qui organise nos perceptions, que notre récit qui ordonne nos souvenirs. On peut vivre dans un monde construit, y agir, y parler, y ressentir

---

7. P. Valéry, *Œuvres*, Gallimard (Pléiade) t. II, p. 776-777, et J.-P. Sartre, *Les Mots*, Gallimard, 1964, p. 168-174.

des émotions qu'on attribue à la chose perçue alors qu'elles viennent du fond de notre propre histoire [8].

Quand les vieux chiens retombent en enfance et les vieux singes commencent à radoter

Le développement actuel de l'écologie et la possibilité génétique de fabriquer des animaux chimériques [9] dont on prélèvera les organes pour les greffer à des hommes, vont certainement chambouler les considérations animalo-humaines dans un avenir proche.

Les souris transgéniques qui viennent d'être inventées [10] proposent à notre réflexion un cerveau qui, avec l'âge, s'infiltre de substances amyloïdes, comme celui des Alzheimer humains. Ces souris en sont troublées dans leurs comportements, sinon dans leurs récits. Il existe à Madagascar des petits singes Lémur qui offrent un modèle de vieillissement cérébral très proche de celui des hommes. Et les chimpanzés pygmées appelés « Bonobos », qui expriment leurs désirs en pianotant à toute allure sur un ordinateur, semblent comprendre notre langage parlé et communiquent si bien avec les chercheurs qu'il est difficile de ne pas en « tomber amoureux » [11].

Personne n'y voit clair dans ce domaine : les chercheurs qui travaillent « sur » des animaux s'autorisent à expérimenter sur leurs cerveaux parce que ces êtres vivants ne sont pas des hommes. Ils n'ont pas d'âme : on peut donc, le plus moralement du monde, leur couper des bouts de cerveau, y planter des électrodes ou y infiltrer des substances toxiques. Puis, ayant expérimenté sur des animaux parce qu'ils n'ont pas d'âme et sont différents par nature, ces chercheurs appliquent leurs conclusions aux hommes,

---

8. J.-C. Deschamps, A. Clemence, *L'Attribution. Causalité et explication du quotidien*, Delachaux et Niestlé, 1990.

9. A. Prochiantz, *Les Stratégies de l'embryon*, PUF, 1988.

10. D. O. Wirak et al., cités dans Y. Christen, « Le double paradoxe du modèle animal », *Alzheimer actualités*, oct. 1991.

11. J.-D. Vincent, communication personnelle lors des journées « Art-Corps-Cerveau » de Mouans-Sartoux, sept. 1992.

comme s'ils étaient analogues après avoir été différents ! De même, ceux qui sont bouleversés par les dissections animales disent qu'il s'agit d'êtres vivants comme nous. Puis, ils expliquent que ces expériences sont cruelles et inutiles car on ne peut pas appliquer à l'homme ce qu'on a déduit d'une expérimentation sur un animal, différent par nature. Les ennemis sont d'accord : les hommes et les animaux sont à la fois différents et analogues !

L'éthologie permet d'éviter ces contradictions : il s'agit d'appliquer une même méthode d'observation à des êtres vivants d'espèces différentes.

Les animaux n'ont pas d'histoire, mais nos observations en ont une : depuis les années soixante, les vétérinaires voient apparaître dans leurs consultations des chiens très âgés [12]. Ils sont abattus, « font » sous eux, mangent leurs excréments et se désintéressent du monde. Ils sont « retombés en enfance », disent leurs propriétaires.

Il est difficile de ne pas anthropomorphiser quand on voit ces bêtes pelées aux rares poils blancs, figées dans une posture catatonique, gémissant quelques vocalises rythmiques, ne bougeant qu'à petits pas pour manger leurs excréments devant leurs maîtres malheureux et incapables de les euthanasier tant ils les ont aimés et chérissent encore leur souvenir. Ce qui est intéressant, dans l'hypothèse baudelairienne du palimpseste, c'est qu'avant d'en arriver à la démence, ces vieux chiens ont oublié leurs apprentissages dans l'ordre inverse de leurs acquisitions ! « ... Comme la lumière qui tombe sur la lumière, leurs couches incessantes se sont accumulées... Mais à l'heure de la mort... vont reprendre de la vie et de la force. »

Si l'on raisonne en termes de cause à effet, dans des tranches de temps isolées, on va chercher dans le cerveau du chien l'altération corticale expliquant le déficit comportemental et la résurgence de réflexes anciens. Et on va la trouver.

Mais si l'on introduit le temps dans cette observation, si l'on demande aux propriétaires de raconter la vie de leurs

---

12. P. Pageat, « Dépression d'involution du vieux chien : description clinique et traitement », *Le Point vétérinaire*, sept. 1990.

chiens, on va découvrir que ceux qui composent la population de « déments » sont ceux qui ont été les plus « anxieux » et les plus inactifs au cours de leur vie [13]. Sur une population de cent deux chiens de chasse et de soixante-deux chiens militaires, ceux dont l'activité « sociale et professionnelle » a été intense ont fourni une très faible proportion de déments âgés. Alors que les chiens gâtés par leurs maîtres sont devenus inactifs, anxieux et désocialisés, et ont fourni l'essentiel des démences. Les vieux chiens confirment l'hypothèse de Baudelaire : c'est dans une manière de vivre précoce, bien antérieure à l'expression du trouble, qu'il faut chercher une cause importante de la défaillance cognitive du vieux chien « retombant en enfance ».

Le problème de la vieillesse en milieu naturel sera vite réglé : chez les animaux sauvages, il n'a pratiquement pas le temps de se poser [14], alors qu'en milieu domestique, où l'espérance de vie est multipliée par trois, on voit apparaître des phénomènes d'usure.

Chez les animaux sauvages, la vieillesse est si brève que la mort fait son œuvre selon deux scénarios : une usure suraiguë ou un accident mortel. Les saumons adultes répondent à un ensemble de stimulations biologiques, écologiques, cosmologiques et socio-biologiques lorsqu'ils remontent les cours d'eau pour retrouver le lieu de leur enfance qui deviendra leur aire de frayage [15]. Immédiatement après l'acte sexuel, les mâles vieillissent à une vitesse étonnante, comme si l'événement sexuel avait libéré une sorte d'hormone du délabrement. Ils se ralentissent, s'immobilisent, perdent leurs écailles et leurs mécanismes de défense. En quelques jours, leur chair part en lambeaux et ils meurent.

Chez les mouflons, c'est toujours un vieux mâle qui est dominant. On dit qu'il est vieux parce que c'est le plus âgé du groupe, mais il manifeste peu de signes d'usure : quel-

---

13. P. Pageat, op. cit.

14. B. Cyrulnik, « Éthologie de la vieillesse », Neuro-psy, IV, n° spécial (janv. 1990) p. 27-31.

15. R. Chauvin, L'Éthologie, PUF, 1975.

ques dents érodées, quelques blessures cicatrisées. En revanche, il est souvent contesté, si bien qu'un jour, après l'avoir défié, un jeune le domine à coups de cornes et prend sa place. Cet événement socio-affectif marque un tournant dans son comportement. Il s'éloigne du groupe, s'isole, se désocialise, se périphérise, mange moins, dort moins et surtout, il manifeste des conduites d'échec : il se blesse contre les branches, anticipe moins ses sauts sur les rochers, fait quelques faux pas sur les parois et les sentiers, jusqu'au jour où l'accident, devenu prévisible, précipite le vieux mouflon dans une chute mortelle.

Une analogie avec la vieillesse humaine apparaît chez l'animal domestique. On peut observer de vieux cochons athéromateux, des chiens hémiplégiques et des chevaux rhumatisants [16]. Le biotope domestique n'élimine pas ces animaux devenus vulnérables. Mais l'information éthologique qui confirme le palimpseste de Charles Baudelaire, c'est que, chez ces animaux domestiques, les facteurs de vieillesse mentale se mettent en place durant leur jeunesse ! Quand l'espérance de vie devient trois fois plus longue, tous les processus de développement sont modifiés. Si la taille et le poids de l'animal domestique sont multipliés par trois [17], c'est que les sécrétions hormonales du cerveau sont modifiées sous l'effet des stimulations du milieu et entraînent ce changement de morphologie [18].

Non seulement les cochons, les oies, les pigeons et les chiens se développent plus vite, deviennent plus forts et vivent plus longtemps, mais encore leur morphologie devient plus ronde [19]. Et cette rondeur de tout être vivant dans un milieu humanisé constitue un bon indice de juvénilisation et prouve que les potentiels génétiques de l'organisme s'actualisent mieux et plus longtemps dans un monde humain.

---

16. R. Dantzer, *Les Émotions*, PUF, 1988.

17. K. Lorenz, « La place des anciens chez les animaux sociaux », *Communications*, n° 37, 1983.

18. J.-D. Vincent, *Biologie des passions*, Odile Jacob, 1986.

19. I. Eibl-Eibesfeldt, *Éthologie du comportement*, Éditions scientifiques, 1987.

D'autres indices de juvénilisation sont repérables dans les jeux qui, en milieu domestique, se poursuivent jusqu'à un âge avancé. En milieu naturel, les animaux cessent de jouer après le maternage ou après la puberté. Leurs comportements se fixent et tout changement de milieu provoque leur mort par stress, tant ils sont adaptés à leur biotope. Alors qu'en milieu domestique, l'animal qui continue à jouer prolonge ses apprentissages et reste malléable.

Le sommeil paradoxal, c'est-à-dire le sommeil à rêves, nous offre un indice électrique de cette prolongation des apprentissages. En milieu naturel, les animaux dorment mal, ils se laissent rarement aller au sommeil paradoxal, qui exige un sentiment de sécurité dans la mesure où il provoque un relâchement musculaire complet [20]. Or, une partie de ce sommeil a pour fonction l'apprentissage, l'assimilation des événements récents [21]. C'est pourquoi les vaches des Pyrénées, quand elles dorment en étable, se laissent entraîner dans le sommeil paradoxal alors que, dans les pâturages, elles ne dorment que d'un œil et restent constamment vigilantes [22].

Il ne faudrait pas en conclure qu'une enfance sécurisée donnera une vieillesse heureuse. Ce serait si facile. On sait que l'inaction à l'âge adulte favorise les altérations de la vieillesse [23]. En effet, un adulte trop sécurisé devient inactif et facile à stresser, car pour lui, toute information prend la valeur d'une alerte à laquelle il ne sait pas répondre, au contraire de l'animal sauvage qui connaît la réponse comportementale tant il est habitué aux agressions de son milieu. Il n'est donc pas facile d'en tirer une loi générale puisque les contraires sont vrais. Il est vrai qu'un milieu sécurisant favorise l'actualisation psycho-biologique des

20. M. Jouvet, *Le Sommeil et le Rêve*, Odile Jacob, 1991.

21. J. Delacour, *Apprentissage et mémoire*, Masson, 1987, p. 118-123.

22. Y. Ruckebush, « Le sommeil lent et les rêves chez les animaux », in *Psychiatrie animale*, Desclée de Brouwer, 1964, et M. Jouvet, « Phylogenèse du sommeil paradoxal », Journées du centenaire Schmeierling, Liège, 1992.

23. P. Pageat, *op. cit.*

promesses génétiques. Mais il est aussi vrai que l'excès de sécurité a un effet engourdissant qui transforme toute stimulation en angoisse : une sécurité angoissante en quelque sorte. Comme l'écrivait Flaubert dans *Salammbô* : « ...Car en augmentant leurs assurances, on ne fit qu'augmenter leurs souffrances. » L'action et le triomphe sur l'angoisse ont un effet euphorisant, comme on peut le voir chez les proies qui se mettent à jouer après avoir échappé au prédateur, ou comme on peut l'entendre des parachutistes qui témoignent de l'effet antidépresseur du stress.

On peut tout de même extraire une loi générale de cette masse d'informations contradictoires. Il faut un milieu sécurisant pour exécuter le programme génétique et il faut un milieu stressant pour l'optimiser. Un milieu humanisé facilite le développement du programme mais n'en permet pas toujours l'optimisation. Cette lacune provoque l'apparition de maladies de la dégénérescence « car il n'y a pire stress que l'absence de stress [24] ».

Si un environnement humain provoque de telles modifications biologiques et comportementales chez les animaux, je ne vois pas pourquoi il n'en provoquerait pas encore plus chez les hommes, qui savent créer le milieu satisfaisant leurs besoins et les façonnant en retour... d'une manière qu'ils n'ont pas toujours souhaitée. Il ne s'agit toutefois pas de dire : « Si c'est vrai chez l'animal, ça l'est aussi chez l'homme. » Cette induction est absolument illégitime pour un éthologue qui sait à quel point chaque être vivant vit dans un monde sensoriel et signifiant qui lui est propre. Un même espace-temps peut abriter deux mondes tellement distincts que deux espèces peuvent s'y côtoyer ou s'y piétiner sans même se percevoir !

La vieillesse animale pourrait poser aux hommes la question suivante : en quoi l'enfance détermine-t-elle certains traits de la vieillesse ? Ou, comme dirait Baudelaire, « les profondes tragédies de l'enfance... vivent(-elles) toujours cachées, sous les autres légendes du palimpseste » ? À ceci près que les animaux qui n'ont pas la parole sont totale-

---

24. A. Spitz, *De la naissance à la parole*, PUF, 1968.

ment soumis à l'effet palimpseste, au retour des empreintes de leur enfance, alors que les hommes peuvent tenter d'y échapper par leurs récits, de « l'enfouir sous une autre légende ».

Sur le plan organique, il semble qu'on puisse établir des corrélations entre les événements biologiques infantiles et le type de vieillesse. La puberté et l'écologie constituent les deux facteurs biologiques qui déterminent la qualité biologique de la vieillesse : plus la puberté est précoce, plus la durée de vie sera brève. Les souris, dont la sexualité est précoce, deviennent précocement vieilles et meurent tôt, alors que les tortues ou les carpes, à la puberté tardive, sont vieilles tardivement. Plus le métabolisme est lent, plus l'usure est lente. Il paraît que cette loi concerne aussi les végétaux, car les chênes au feuillage précoce meurent en quelques siècles, alors que les séquoias et les oliviers tardifs durent plusieurs milliers d'années. Le fait que cette vitesse de maturation soit programmée génétiquement n'empêche pas l'écologie d'en modifier les rythmes. Le fibroblaste (cellule de soutien de tout tissu vivant), programmé pour se diviser soixante-cinq fois avant de mourir, peut réaliser ce programme plus ou moins vite selon son écologie. C'est peut-être ce qui explique l'existence de gisements de vieillards : le Caucase ou le Cachemire sont riches en beaux spécimens qui ne cessent de travailler et, paraît-il, entreprennent à cent quarante ans la construction de leur maison ! Ils nous apportent encore une information qui confirme l'hypothèse de Baudelaire : tous sont restés jeunes longtemps. La juvénilisation de nos sociétés, que les sociologues critiquent tellement en disant que, pour la première fois dans l'histoire humaine, les vieux s'identifient aux jeunes [25], provient de la lenteur actuelle de nos développements, donc de la prolongation possible de nos apprentissages. Tous ces adultes juvéniles si peu responsables, à la naïveté touchante ou au narcissisme irritant, feront de beaux vieillards.

25. A.-M. Alleon, O. Morvan, S. Lebovici, *Adolescence terminée, adolescence interminable*, PUF, 1983.

Mais la dimension humaine introduit un univers sémantique qui change radicalement les conditions d'existence. Dans les sociétés en ruine, la vieillesse est précoce. Les enfants affamés prennent un visage de petit vieux ; ceux qui travaillent deviennent très tôt adultes, perdant leurs joues rondes et leur regard étonné. Si l'Occident moderne produit de beaux vieillards, c'est parce que sa société, en juvénilisant les adultes, stimule et entretient leurs corps et leurs esprits. Mais si les gisements de beaux vieillards se trouvent surtout dans le Caucase et le Cachemire, ce n'est pas le bon air de la montagne, ni le yaourt, ni la température basse qui les conservent ; c'est plutôt parce que leur société pauvre est profondément structurée par un mythe. Chaque jour depuis l'enfance, elle leur a prescrit des rites de rencontre, d'interaction, de travail et d'affection qui les a sécurisés tout du long. Le mythe, ce discours social qui harmonise un groupe, qui donne sens au moindre geste et l'imprègne d'histoire, a un effet biologique sur l'actualisation et l'optimisation de nos potentiels génétiques.

Bien sûr, les animaux n'ont rien à dire de mythique et leur mémoire n'est pas saturée de récits. Et pourtant, les singes âgés ont des troubles de la mémoire [26]. Ils peuvent encore apprendre des problèmes simples, tels que reconnaître la couleur ou le dessin qui désigne une cacahuète cachée par l'expérimentateur ; mais ils ne peuvent plus enchaîner les apprentissages. Tous les laboratoires qui ont travaillé sur les singes âgés sont arrivés à la conclusion qu'il n'y avait pas de déclin de leurs performances intellectuelles [27]. Les altérations portent sur la mémoire récente : les singes ne retiennent pas les événements récents, comme une information spatiale (« Où ai-je garé ma voiture ? »

---

26. R. T. Bartus, R. L. Dean, « Developing and Utilising Animal Models in the Search for an Effective Treatment of Age-Related Memory Disturbances », in *Normal Aging, Alzheimer Disease and Senile Dementia*, University of Brussels Press, 1985, p. 231-267.

27. R. L. Dean, K. D. Luan, R. T. Bartus, « Modèles comportementaux et pharmacologiques du vieillissement et de la démence chez les primates », in Y. Lamour, *Le Vieillissement cérébral*, PUF, 1990, p. 163.

dirait un primate humain). Tout changement d'habitude déclenche leur agressivité (« Allez faire votre sale musique ailleurs ») et ils laissent détourner leur attention par tout événement parasite (« Enfin bref... Où en étais-je? »).

Ce qui est surprenant dans ces observations comparatives interspécifiques, c'est que le lieu d'observation détermine la conclusion. S'il observe la vieillesse en milieu naturel, le scientifique en conclura qu'elle n'existe pas, puisque les animaux sont éliminés à la première défaillance [28]. S'il fait son observation en laboratoire, il en conclura que la vieillesse existe, mais pas la maladie de type Alzheimer [29], puisque les animaux encagés pourront devenir vieux mais mourront au premier signe de démence. Et si l'observation est faite en milieu humanisé, comme sur les chiens dont les propriétaires pallient leurs défaillances organiques, alors les démences terminales catatoniques auront le temps d'apparaître [30].

En milieu naturel, on arrive à la conclusion que la vieillesse n'existe pas ; en laboratoire, on n'observe pas de démence terminale chez les chiens alors que les appartements du voisinage en sont peuplés.

Quand les objets n'ont plus rien à dire

Lorsqu'on observe un fait, il faudrait observer aussi le récit de ce fait. C'est ce que je vais tenter maintenant : comment se manifeste l'effet palimpseste chez l'homme et quel récit en fait-on? La clinique des âgés abonde en exemples illustrant à quel point « ils retombent en enfance ». Mais cette formule est un stéréotype qui révèle la manière dont l'observateur interprète ce qu'il perçoit. Les âgés ne retombent pas en enfance : c'est le palimpseste qui fait retour quand l'arrimage au milieu défaille, pour des raisons mythiques, économiques ou affectives,

28. B. Cyrulnik, « Éthologie de la vieillesse », op. cit.
29. Y. Lamour, op. cit.
30. C. Beata, cassette VHS, Espace Gounod-Hôpital de Toulon-La Seyne, 1991.

ou quand l'âgé déraille pour des raisons psychologiques, affectives ou organiques.

Que le retour des empreintes soit rendu possible par la défaillance des stimulations du contexte s'observe, par exemple, quand la vigilance s'engourdit dans les états crépusculaires, au réveil ou à l'endormissement, ou lorsque l'âgé somnole parce qu'il n'est plus stimulé, ou parce qu'il souffre d'un trouble métabolique. Toutes ces causes d'origines diverses produisent l'appauvrissement du traitement cognitif du milieu [31]. Le cas typique pourrait être celui de Madame Pal... qui était âgée de quatre-vingt-sept ans le jour où son médecin a dû l'hospitaliser après une petite chute. Situation banale. Mais ce qui l'est moins, c'est que, dès son admission, elle ressent une étonnante familiarité avec le service. Elle perçoit correctement, elle voit tout, entend tout, comprend tout, mais ne situe pas ses perceptions dans le contexte hospitalier : elle se sent bien parce qu'elle se croit chez elle ! Elle perçoit le couloir et se croit dans sa salle à manger. Elle perçoit l'infirmerie et se croit dans sa cuisine. Ses perceptions sensorielles sont correctes, mais les émotions dont elle les charge viennent de son propre passé.

Plus tard, le processus démentiel s'aggrave, et Madame Pal... attribue désormais aux visages qu'elle rencontre une familiarité si grande qu'elle reconnaît son fils dans le jeune médecin et répond à son mari quand un visiteur parle dans le couloir. De jour en jour, son monde se déshumanise. Bientôt, elle ne répond plus aux paroles, ne voit plus les visages et se désintéresse du monde des vivants. Elle les perçoit correctement puisqu'elle ne se cogne pas contre eux en marchant, mais elle ne se les représente plus puisqu'elle ne leur répond plus. Elle ne sait plus vivre dans un monde interhumain alors qu'elle s'attache encore à des objets inanimés. Elle s'endort en serrant une poupée, se déplace avec un chiffon, et range son sac, inlassablement. Finalement, les objets eux-mêmes deviennent des choses : Madame Pal... manipule

31. G. Dedieu-Anglade, « Psychopathologie des toubles psycho-névrotiques dans le vieillissement », *Encyclopédie médico-chirurgicale*.

sans cesse le bras de sa poupée, pétrit le chiffon avec un geste mécanique, puis l'abandonne et lisse son drap, sans cesse, jusqu'au moment où, la vie devenant purement végétative, elle ne mange plus, ne boit plus, respire de moins en moins, et s'éteint [32].

Ce cas est si fréquent dans notre culture occidentale qu'il devient un modèle permettant de comprendre que la rétrogenèse, le retour à l'enfance, n'existe pas. Quand un enfant serre contre lui sa peluche, cet objet prend une fonction tranquillisante parce qu'il est, dans le réel, imprégné de sensorialités familières et qu'il représente symboliquement sa mère absente. L'objet de l'enfant est déjà imprégné de sens et de signification, alors que le même objet chez Madame Pal... est devenu une chose, un morceau de matière dépourvu d'affect et de représentation. Seul l'acte moteur persiste : elle le pétrit, le repasse, pour répondre à des stimulations physiques. C'est l'appauvrissement du contexte, la privation d'humanité qui désémantise et désaffective l'objet. Toute privation d'information, qu'elle soit d'origine organique, affective ou sociale, produit le même effet déshumanisateur des choses. Le fœtus vit dans un univers de perceptions déjà imprégnées d'humanité, alors que Madame Pal... vit dans un univers qui progressivement se vide d'humanité.

Quand les objets se déshumanisent, Madame Pal... ne peut les maintenir en vie qu'en les chargeant d'émotions et de récits venus de son passé, ce que l'enfant ne peut pas faire. Pour elle, quand l'objet perd sa fonction relationnelle, il garde encore sa valeur historique grâce à l'effet palimpseste. Plus tard, cet objet deviendra chose, mais il ne le redeviendra pas puisqu'il ne l'a jamais été. Il n'y a pas de retour en enfance, car dès la vie psychique intra-utérine, le fœtus imprégnait d'émotions ses perceptions sensorielles. Il n'y a pas de retour en enfance, il y a « catagenèse », désorganisation des productions mentales. L'effet palimpseste – une impression passée qui fait

32. J.-M. Léger, R. Garoux, J.-F. Tessier, B. Chevalier, « Le compagnon tardif et l'objet non animé du sujet dément sénile », *Annales médico-psychologiques*, CXLIV, n° 4 (1986), p. 341-355.

retour et se superpose à une perception présente – est facile à observer dans le comportement des personnes âgées face au miroir [33]. Il n'est pas rare qu'ils n'y reconnaissent plus leur propre visage, alors qu'ils reconnaissent sans peine celui de l'examinateur ou de toute autre personne présente. Leur comportement de conversation n'est pas du tout le même face à une personne qu'ils reconnaissent ou face à eux-mêmes dans le miroir. S'ils prenaient leur visage pour celui d'un autre, ils adopteraient face à lui le comportement habituel de la conversation : ils souriraient, s'orienteraient vers lui, détourneraient rythmiquement le regard pour ne pas gêner, hocheraient la tête en signe d'approbation, manifesteraient l'intention de prendre la parole par une brève inspiration. Or, dès qu'ils se perçoivent dans le miroir, ils sont sidérés : ils regardent fixement cette image, sans sourire, avec gravité comme on le fait quand on retrouve un ami d'enfance et qu'on le dévisage en recherchant son nom. Ce comportement exprime une émotion qu'on pourrait traduire littéralement ainsi : « Je perçois un visage que je ne reconnais pas et qui pourtant éveille en moi un étonnant sentiment de familiarité. » Ce n'est pas « l'inquiétante étrangeté » dont parlait Freud quand cette aventure lui est arrivée [34], c'est au contraire une étonnante familiarité. L'âgé s'explique cette familiarité en se disant que c'est sûrement le visage d'une voisine qu'il a croisée tous les jours, ou celui de sa fille, ou de sa mère.

Quand son monde se déshumanisera plus tard, l'âgé s'attachera encore à des objets porteurs d'affects, tels un sac, un foulard, un porte-monnaie vide ou une peluche. Ils sont encore signifiants pour lui, car même s'ils ont déjà perdu leur valeur sémantique, même si l'âgé ne peut plus les nommer, ils sont toujours imprégnés de valeur affective. Le vieillard ne trouve plus le mot qui les

33. B. Cyrulnik, M. Ohayon, « Éthologie du visage âgé dans le miroir », in *Le Visage : sens et contresens*, ESHEL, 1988.

34. J. Postel, « Troubles de la reconnaissance spéculaire de soi au cours des démences tardives », in J. Corraze, *Image spéculaire du corps*, Privat, 1980.

désigne, mais il les serre contre lui et les observe attentivement. Avec l'aggravation du processus de démentalisation, l'objet devient « chose dérisoire, placée là par hasard près du sujet, d'une banalité apparemment insignifiante [35] », seul élément externe encore un peu stimulant dans un monde qui devient progressivement moteur. Le sujet âgé n'a plus la force vitale qui lui permettrait d'imprégner son objet de sens, de récit ou d'émotion, il puise dans sa mémoire le souvenir d'une vie des choses.

Dire qu'il retombe en enfance est une interprétation infantilisante de l'observateur. Il vaut mieux dire que l'âgé, en perdant son amarrage au monde, désémantise les objets, puis les désaffective jusqu'à les transformer en matière inerte. L'objet meurt lentement avec le sujet qui s'éteint.

Les résurgences par effet palimpseste sont parfois comportementales, comme chez Madame Min... qui, enfant abandonnée, avait manifesté pendant des années des stéréotypes autocentrés : elle se balançait sans cesse en se croisant les bras sur le ventre. Les enfants abandonnés manifestent souvent une tendance à l'auto-agression [36] ; le comportement autocentré passe vite de l'auto-érotisme à l'auto-agression [37] selon le contexte affectif. L'affection de son mari avait fait disparaître en quelques semaines ses comportements ; mais lorsqu'il est mort trente ans plus tard, Madame Min... a retrouvé instantanément les balancements de son enfance et ses impulsions auto-agressives. Les nourritures affectives matrimoniales avaient enfoui le passé, que la disparition de son mari avait libéré, faisant resurgir les gestes autocentrés.

Il n'est pas rare qu'à l'âge de la démence reviennent les petits noms criés pour appeler à l'aide dans la première

35. J.-M. Tessier, J.-F. Tessier, R. Garoux, « Rôle du compagnon imaginaire et de l'objet transitionnel dans la vie affective du dément sénile », *Psychologie médicale*, XV, nº 10 (1983), p. 1765-1766.

36. M. Ehrlich, *La Mutilation*, PUF, 1990, p. 203-205.

37. C. Chiland, « L'automutilation : de l'acte à la parole », *Neuropsychologie de l'enfance*, XXXII, nº 4 (1984), p. 170.

enfance : « Quand mon grand-père est plongé, il appelait
" Maï...! Maï... " pendant des heures. C'est sa sœur qui
nous a appris que c'était le surnom de sa grand-mère, qui
l'avait élevé jusqu'à trois ans. Après ils ont été séparés; ça
lui est revenu en mourant. » Le retour des parents est
une constante de la vie psychique, même saine, des âgés.
Quand nos enfants auront quatre-vingts ans, quels récits
feront-ils de cette période sensible de leur vie qui s'est
incrustée dans leur mémoire ? Comment vont-ils raconter
l'histoire d'un père transparent, d'une mère débordée,
d'une école morose et d'une société monotone, sans
commémorations ni fêtes ?

Les événements passés vivent en exil dans notre
mémoire. Ils reviendront un jour si le présent ne les
chasse plus. Quand le présent défaille, le passé prend sa
place dans la conscience. C'est ce qu'on voit dans les
situations d'isolement sensoriel où le sujet n'a pas d'autre
choix que de revivre son passé : les prisonniers, les dépri-
més, les isolés ruminent parce que rien dans leur réalité
présente ne les en empêche. Ils disent d'ailleurs souvent :
« Ça me fait du bien de travailler, d'agir ou de marcher,
ça m'empêche de penser. » Ils sollicitent le présent pour
enfouir le passé. Sur le plan neurologique, « l'ablation du
cortex libère la mémoire sous-corticale où sont tracés les
souvenirs indélébiles [38] ». Cette libération de la mémoire
archaïque par ablation du cortex s'observe dans certains
accidents de voiture ou dans l'atrophie du cerveau des
démences de l'âge, ou même dans l'inactivité par absence
de stimulation.

Ce retour du passé à travers les lacunes du présent est
très net dans les hallucinations de deuil, si fréquentes
avec l'âge. La dame âgée qui vient de perdre celui qui a
imprégné sa vie quotidienne pendant une cinquantaine
d'années comble le vide en se remémorant sa voix, le
bruit de son pas, la porte qui claquait chaque soir à dix-
neuf heures quand il rentrait du travail. Elle le voit

38. J.-E. Ledoux, L. Romanski, A. Xagoraris, « Cortical Ablation
and Under-Cortical Memory », *Journal of Cognitive Neuro-Science*, I
(1989), p. 238-243.

encore dans son fauteuil, elle sent sa présence dans la maison. Elle le fait revivre dans le présent comme elle a vécu avec lui par le passé. Mais quand elle « ouvre les yeux et voit qu'il n'est pas là », alors, elle souffre de la perte, du manque, et du vide.

Ces hallucinations de deuil apportent un bénéfice quand la relation vivante a été somme toute heureuse. Mais elles peuvent être angoissantes, comme chez les veuves de maris persécuteurs. Madame Grim... a côtoyé pendant cinquante ans un mari persécuteur, donc prégnant. Quand il est mort, le vide a été ressenti d'autant plus fortement, si bien que malgré ses souffrances passées, Madame Grim... a enduré un deuil très douloureux. Quatre mois après, elle a été soulagée quand elle l'a « vu » rentrer du travail en l'insultant comme d'habitude. Puis, très rapidement, elle a retrouvé l'émotion pénible éprouvée au contact d'un homme humiliant.

Qu'elle soit sécurisante ou angoissante, l'émotion ne revient que dans des contextes appauvris : moments crépusculaires du réveil, ou du soir quand le jour décline, quand les volets se ferment et que la vie sociale ralentit ses pulsations. Lorsque cet appauvrissement est d'origine organique, comme par exemple la surdité ou la cécité qui privent d'un grand nombre d'informations, l'effet palimpseste se manifeste alors de manière criante : la personne âgée voit, de ses yeux aveugles, sa mère disparue depuis vingt ans, le chien qui lui faisait fête quand elle avait trente ans, ou des fantasmagories surprenantes, très proches des illusions optiques. À partir de quelques informations visuelles floues, elle recompose le tableau anxiogène d'un étrange bestiaire ou d'ombres persécutrices. Les âgés aveugles n'hallucinent que les traces imprégnées dans leur mémoire avant leur cécité : les paysans « voient » des vaches dans un pré, les mineurs « discernent » des wagonnets de charbon. Et il en va de même pour la surdité quand les femmes « entendent » le cri du bébé qui les appelle.

L'articulation du biologique et du psychologique par l'affectif explique les rêves des personnes âgées. Madame

Bar..., soixante-dix-huit ans, rêve de son fils chaque nuit depuis qu'elle l'a perdu. Mais c'est un bébé âgé de cinq ans qu'elle voit, ou plutôt qu'elle revoit, associé à l'émotion de ses vingt-sept ans. Elle me confiait qu'elle voyait aussi ses parents, à la même époque. Madame Bur..., mariée depuis soixante ans, est ravie de s'endormir chaque soir car elle rêve... à son premier amour. Et Madame Char..., quatre-vingt-deux ans, revoit et ressent en rêve les moments forts de sa jeunesse : sa grossesse hors mariage qui avait été une terrible épreuve familiale et la présence de son père qui l'a fortement marquée : « Mon père était autoritaire. Quand je rêve de lui, il me parle et je me réveille toute heureuse, toute en joie. Il a laissé en moi une trace euphorisante car il était autoritaire et gai. » Monsieur Car..., quatre-vingts ans, s'étonne : « Je rêve à la voiture qu'on m'a volée il y a vingt-cinq ans. Je me croyais peu traumatisé. »

Certains chercheurs pensent que les bouffées délirantes sont des « éveils paradoxaux [39] ». Le patient « percevrait » en phase d'éveil ce qu'il ne devrait se représenter normalement que pendant les phases de sommeil paradoxal. C'est un fait que, souvent, les âgés délirants « perçoivent » à nouveau pendant leur délire un épisode marquant de leur vie adulte. Madame Riq... avait été déportée à l'âge de trente ans pour des raisons politiques. Comme la plupart des déportés, elle n'a pas eu la force d'en parler. Mais à l'âge de quatre-vingt-un ans, au début de son délire, elle a cru que les livreurs de repas à domicile étaient des fascistes. Elle s'est indignée qu'on ne « fasse rien pour toutes ces femmes qui sont en prison ». Guérie, elle a dit : « En prenant de l'âge, mon passé me revient. On n'oublie jamais; ça nous revient. » Cela peut revenir dans les rêves et les moments délirants, mais ça revient surtout en infiltrant, dans chaque perception quotidienne, une émotion et un sens issus de notre histoire. « Tout ce que je vois aujourd'hui me rappelle des choses anciennes, perdues. Et ça provoque de la nostalgie. Je vois un objet,

---

39. J.-C. Rouchouse, *Bulletin Éco-Éthologie*, 1992 et lettre personnelle du 17 septembre 1992.

un vase en cloisonné... Cela me rappelle, à Washington, des Noirs qui ramassaient des ordures où il y avait des vases comme ça : *just a rubbish !*... », me racontait cette dame de quatre-vingt-six ans qui avait vécu cinq ans à Washington, de vingt-cinq à trente ans ! L'objet, sitôt perçu, s'est imprégné d'histoire. L'émotion déclenchée par le souvenir dépend plus de l'histoire imprégnée dans l'objet, que de l'objet lui-même. Celui-ci devient porteur d'affect : « À l'époque [du vase en cloisonné à Washington], nous étions une bande d'amis actifs. C'était agréable. »

La musique est un objet sensoriel particulièrement évocateur : « Dès que j'entends cette musique, je revois mon père en train de danser. La première fois que je l'ai vu danser, j'ai ressenti de la jalousie parce que j'ai fait trop d'hôpitaux pour ma colonne. Je ne pouvais pas danser, moi ! Depuis sa mort, quand j'entends la musique, je ressens de la jalousie. J'étais jalouse. Mais lui, il a profité de la vie ! »

Les phrases aussi sont imprégnées d'histoire. Elles ne sont pas tenues pour ce qu'elles sont censées signifier. Les mots sont entendus, mais le sens qu'ils évoquent et l'émotion qu'ils provoquent viennent de l'histoire des locuteurs : « J'ai repris mon père chez moi. Objectivement, ce n'est pas un tyran. Mais ce qu'il dit réveille en moi des souvenirs pénibles. » (Madame Arov... est âgée de cinquante-huit ans, son père en a quatre-vingt-deux). « Il me dit quand je sors : " Tu rentres quand ? " Ce n'est pas grave. Il est drôlement agréable... il ne radote pas... il ne s'ennuie jamais... il relit Zola... Mais quand il dit : " Tu rentres quand ? ", ça me rappelle mon adolescence quand ma mère voulait tout contrôler. Je lui reproche de ne pas être intervenu quand elle m'empêchait de vivre... Quand il me dit : " Tu rentres bien tard ", ça me rappelle que je suis la fille qui a tué sa mère. Alors je n'ose pas rentrer chez moi. Je reste sur le parking, dans ma voiture. »

Supposons que nous assistions réellement à la scène. Le père, vieil homme cultivé, lit Zola. Sa fille s'apprête à sortir. Le père lui dit gentiment : « Tu rentres quand ? »

La fille devient sombre, jette à l'adorable vieil homme un regard empli de haine et sort en claquant la porte pour aller se réfugier, seule, dans sa voiture. Le spectateur ressent envers la fille une certaine hostilité qu'il justifie en se disant : « Elle est bien susceptible, cette dame! Après tout, son père ne lui a rien dit de méchant... »

Mais si le scénariste introduit l'histoire, il fera découvrir que, quarante ans auparavant, la fille avait épousé un Noir, que sa mère en avait été très malheureuse et que, six mois après le mariage, elle était morte d'un cancer, inscrivant ainsi dans le psychisme de sa fille un énorme sentiment de culpabilité. Madame Arov..., qui adorait son père, aurait voulu qu'il prenne sa défense et la sécurise en faisant taire sa femme. Mais peut-être à cette époque lisait-il déjà Zola paisiblement dans son coin? Quarante années plus tard, en demandant gentiment : « Tu rentres quand? », le vieil homme ne sait pas qu'il réveille la trace enfouie d'une demande de protection déçue.

Les conflits du couple adulte se réactivent souvent avec l'âge. « Depuis quatre ans, toutes les tromperies de mon mari me reviennent en tête. Entre 1940 et 1950 il n'a pas cessé de me tromper. Je croyais avoir oublié. Cette histoire me remonte, m'empoisonne, et je pense à nouveau au divorce. »

Les drames les plus graves sont les mieux enfouis. Mais les réminiscences font souffrir de manière détournée et quand elles ne servent pas à faire un récit, elles martyrisent le corps.

Madame Bar... découvre à trente-huit ans le journal intime de sa fille et y apprend avec horreur sa relation incestueuse qui dure depuis trois ans. Elle pense à se tuer. « Quand j'ai découvert le journal, j'ai dit : " Monique, viens avec moi au cinéma "... On a vu *Don Camillo*... Je lui ai dit trois jours après : " Ma fille, mets le journal dans le feu. " Elle a compris et a quitté la maison. Alors je l'ai enfoui. J'ai cru que j'avais oublié. » La fille s'est mariée et n'a jamais revu sa mère. Le mari est mort. Madame Bar... me dit : « Depuis l'âge de soixante-dix ans, ça me revient tous les jours. Je cherche mon mari à côté de moi. Il est mort depuis dix-huit ans... Ce qui me revient en mémoire, c'est tout ce que j'ai gardé secret... Les souvenirs me reviennent de plus en plus... Si je sors, si je parle, mon moral va mieux. Mais je ne peux pas parler de l'inceste de ma fille. Je peux encore moins dire les détails que j'ai lus, alors je me tais et je pense. »

Le retour d'attachement

Le récit est un travail sur l'émotion. Après l'avoir raconté on éprouve autrement le drame passé inscrit dans la mémoire. Depuis quelques années, les progrès de la réanimation médicale ont permis de sauver des malades qui frôlaient la mort. En général, ils rapportent trois sensations [40] : sur cinquante-huit observations recueillies, les trois quarts font état d'une intense sensation de lumière, comme l'avait déjà dit Goethe juste avant de mourir : « *Licht ! Mehr Licht !* [41] » Cette sensation très fréquente pourrait s'expliquer par une stimulation physiologique du système nerveux dont les informations seraient désorganisées comme dans l'électrochoc. Deux tiers ont l'impression d'avoir quitté leur corps et de se voir de haut. Cette autoscopie n'est pas rare chez les grands anxieux qui ont très souvent une sensation de mort imminente. Enfin, pour le sujet qui nous intéresse, un tiers revoient comme dans un film leurs souvenirs précoces : l'arrachement au milieu par l'approche de la mort laisserait émerger les souvenirs les plus vivaces, les mieux imprégnés dans les premières années.

Certains psychanalystes travaillent actuellement sur l'effet palimpseste et parlent du « retour d'attachement » comme on disait autrefois « le retour d'âge » [42]. À la fin

---

40. S. Owens et al., « Features of " Near Death Experience " in Relation to Whether or not Patients were Near Death », *The Lancet*, CCCXXXVI (1991), p. 1175-1178.

41. « De la lumière ! Plus de lumière ! »

42. H. Bianchi, in *La Question du vieillissement*, Dunod, 1989, p. 40-63.

de notre vie, l'attachement change de forme et le temps perçu ne s'intègre plus dans la même sensation de durée. Les nouveau-nés sont avides d'empreintes puisque leurs circuits cérébraux sont vierges. C'est exactement l'inverse pour les âgés, dont la mémoire ressemble aux statues de cire du Musée Grévin [43]. Leur cerveau ordonné par des traces mille fois répétées devient stable jusqu'à la cristallisation. Si un événement désorganise la mémoire d'un enfant, son début d'histoire se fera d'une autre manière et lui construira une autre identité. Ce n'est pas le cas d'une personne âgée que la désorganisation de sa mémoire désorganise physiquement et intellectuellement. Elle se raccroche alors aux souvenirs stables de son histoire, ceux qui ont été le mieux imprégnés dans son cerveau. Le rappel des souvenirs défend son identité, au même titre que l'enfant, en se racontant sa propre histoire, construisait son identité. Il s'attache de moins en moins à des visages ou à des lieux nouveaux, mais il retrouve la valeur stabilisante des premiers liens. On a certainement tort de parler du détachement des âgés : l'attachement ne s'éteint pas, il se fixe à des valeurs sûres. Le présent se pétrifie [44], seul le passé vibre encore.

Mais les âgés n'en ont pas conscience car leur sentiment de la durée augmente. Ils se représentent leur avenir de la même manière que leur passé : une période longue, un temps lointain, une mort qui s'éloigne. Si bien que, paradoxalement, les angoisses de mort imminente sont bien plus fréquentes chez les jeunes que chez les vieux. Toute perception du présent s'intègre dans une sensation d'à venir éternel et vide, alors que le passé est riche et stabilisé par l'expérience. Cela explique que lorsqu'un âgé voit sa fille, il aperçoit dans le présent un visage de femme adulte comme l'était celui de sa femme, ou celui de sa mère. Il ne s'agit donc pas d'une fausse reconnaissance, comme on le dit couramment, puisque l'âgé reconnaît une trace passée, excitée par une percep-

43. B. Michel, intervention au colloque « Souvenirs » de Château-vallon-Toulon, 1991.
44. P. Guimard, *L'Âge de pierre*, Grasset, 1992.

tion présente. C'est plutôt sa perception du contexte qui défaille puisqu'il ne se situe plus bien dans le temps. C'est à cause de cela que plusieurs auteurs ont comparé l'adolescence et la sénescence [45] : modifications corporelles, changement de la perception de soi dans le temps, donc de la perception des autres, et surtout augmentation de l'intériorité [46].

Tous les cliniciens se sont étonnés de la gentillesse des enfants maltraités, et surtout de leur étonnant dévouement quand, vers la soixantaine, ils s'occupent de leur mère âgée qui les avait persécutés : « Toute ma vie d'enfant j'aurais tant voulu que ma mère cesse de me faire du mal. Maintenant qu'elle est devenue faible, elle cesse enfin de me faire du mal et je peux enfin m'occuper d'elle, établir avec elle des relations de gentillesse... Pourtant, je ne l'aime pas... Mais ça me fait tellement de bien qu'elle puisse enfin être gentille. » Ces anciens enfants maltraités s'étonnent eux-mêmes de leur gentillesse et du retour de leurs émotions enfouies : « C'est maintenant que je lui en veux... Toute ma vie, ça me revenait en rêve... Maintenant, ça me revient en mémoire. » « Je lui en veux », dit une autre dame maltraitée par son père, « et pourtant, tous les jours une force m'oblige à aller m'occuper de lui... »

Si l'effet palimpseste est pertinent, on ne peut pas dire que c'est la privation affective des âgés qui provoque leurs troubles immédiats, on doit dire que leur privation affective réveille les traces enfouies de leurs souffrances passées, qu'ils ressentent à nouveau. Comme le disait une dame âgée maltraitée dans son enfance : « Quand je vais mal, c'est toujours la même scène qui me revient à l'esprit... quand ma mère m'a appliqué le fer [à repasser] sur l'épaule parce que j'agaçais ma petite sœur... » La privation de nourritures affectives laisse émerger les souf-

45. J. Bergeret, « La deuxième crise d'adolescence », cité par J. Guillaumin dans « Le temps, la vie », *Gérontologie*, n° 14, 1974, p. 73.
46. D. Pauvarel, C. Mejean, « L'affectivité des gens âgés », conférence au Relais socio-culturel Peiresc, Toulon, 11 mars 1987.

frances passées gravées dans le palimpseste de la mémoire.

Il y aura bientôt aux États-Unis deux millions de personnes âgées de plus de soixante-dix ans vivant en maison de retraite. Quatre-vingts pour cent souffrent de désordres psychiatriques à base de démence atrophique, de délires et de dépressions. Moins de dix pour cent souffrent de privations affectives [47]. Et encore, si l'on fait des scanners et des épreuves cognitives, on se rend compte que très souvent l'âgé ne peut plus percevoir ni traiter les informations affectives du fait d'altérations cérébrales diffuses. On parle de pseudo-démences quand les antidépresseurs rendent le sujet à nouveau capable de rechercher les situations affectives et de s'en nourrir. Madame Lem..., soixante-dix-huit ans, est devenue confuse et délirante après que son appartement eut été vandalisé par un voleur. Dans son délire onirique, elle s'agitait et suppliait qu'on la protège contre ceux qui voulaient la violer. Il aurait été facile d'évoquer un délire sexuel et d'ironiser sans pitié pour cette vieille dame. Mais quelques jours plus tard, quand le délire a été médicalement guéri, sa famille apprit avec étonnement qu'elle avait été réellement violée à l'âge de quinze ans et qu'elle n'avait jamais eu la force d'en parler.

On peut maintenant se demander pourquoi les drames resurgissent en mémoire plutôt que les moments heureux ? On ne peut pas vivre sans penser, et « l'essentiel est que l'appareil psychique maintienne son fonctionnement jusqu'au bout [48] ». Puisqu'il ne peut plus acquérir d'informations nouvelles, il ne peut maintenir son « fonctionnement jusqu'au bout » qu'avec les éléments stables de ses souvenirs, ceux qui ont été le plus profondément tracés dans sa mémoire. Or, les neurophysiologistes nous apprennent que seuls les événements qui nous ont tracassés dans la journée provoquent une augmentation du sommeil paradoxal qui imprime les souvenirs dans le cer-

47. B. W. Rouner et al., cités in *Alzheimer actualités*, n° 50 (1990).

48. H. Bianchi, « Vieillir : s'attacher et se détacher », *Le Journal des psychologues*, n° 102 (1992), p. 28.

veau. Les moments douloureux de notre existence, ceux qui nous ont posé un problème et qui n'ont pas pu être apaisés affectivement ou verbalement, vont provoquer l'augmentation du sommeil paradoxal et l'incrustation de l'épreuve.

Si le bonheur laisse peu de traces dans notre mémoire, il en laisse dans notre cerveau puisqu'il crée une sorte d'aptitude au bien-être, une manière d'intégrer les événements nouveaux dans le style heureux des événements anciens. Les âgés heureux continuent à rire de tout événement de leur vie, alors que les âgés malheureux ne peuvent lutter contre le retour de la souffrance que par la sublimation. « Tu m'es apparue en rêve plusieurs fois depuis ton départ [49] », écrit cet homme âgé de quatre-vingt-cinq ans qui toute sa vie a aimé et pensé, s'est engagé dans des luttes sociales sources de rencontres et de stimulations intellectuelles. Sa femme est morte à l'âge de quatre-vingt-six ans, mais quand elle lui apparaît dans ses rêves heureux, elle est âgée de quarante-cinq à cinquante ans, moment où leur amour a laissé la plus forte impression.

La résurgence des images de bonheur s'accompagne souvent de regret. « J'ai été si heureux... Je regrette aujourd'hui de ne plus pouvoir vivre ce bonheur... Je vis avec mes regrets de mon bonheur perdu. Je vois des images de dimanche avec les enfants et le chien. Ces moments forts me rendent à nouveau heureuse et malheureuse. » Ce sentiment mêlé de bonheur passé, désormais perdu, s'appelle la nostalgie. Avec l'âge, les souvenirs de bonheur remontent le temps : « J'ai plus la nostalgie de ma mère et de mes sœurs que de mes enfants », me disait cette femme qui avait pourtant consacré sa vie à ces derniers.

Quand le bonheur s'éprouve au présent, la personne heureuse le ressent avec une telle évidence qu'elle l'attribue à ce qu'elle perçoit. Une jeune femme dont l'humeur terriblement cyclique alternait les moments de bonheur

---

49. C. Ronsac, *On ne se lasse pas d'aimer*, Laffont, 1992, p. 236.

excessif et les douloureuses plongées mélancoliques,
m'expliquait qu'elle voyait les arbres changer d'humeur :
« Quand je suis triste, les arbres sont tristes avec leurs
branches crochues. Mais quand je redeviens gaie, les
arbres sont fous de joie. » Ces arbres « fous de joie » font
comprendre à quel point l'objet n'est pas séparable du
sujet.

Où le récit est une action

Le récit permet de contextualiser les âgés, parce que
c'est d'abord un acte : pour parler, il faut disposer son
corps pour capter l'attention de l'autre. C'est donc une
interaction. Mais c'est de soi qu'on va parler, des événements qui nous ont constitués en tissant la trame de
notre histoire. Le récit est un travail d'identification à soi.
Enfin dire qui l'on est, ce qui nous est arrivé, ce qu'on a
pensé et ce qu'on a senti, cela provoque toujours un très
fort retour d'émotion qu'il va falloir maîtriser malgré tout
à l'intention de l'autre. Le récit constitue un travail total
de maîtrise des émotions, de recherche d'identité, d'articulation de la pensée et de relation à l'autre. Ce n'est pas
rien. Et s'y ajoute encore un immense effet tranquillisant :
« Mon angoisse s'en va si ma fille me parle. Mais si c'est
moi qui parle, mon angoisse part encore plus vite. » Cet
effet peut s'expliquer par la dimension affective de la
parole, du fait de partager son intimité, de se confier.

Cette contextualisation de l'âgé l'insère dans son milieu,
le fait vivre au présent et neutralise l'effet palimpseste.
« Quand je suis seule, j'ai tellement le temps de penser,
que me reviennent en mémoire tous les échecs du passé...
quand je parle, j'ai envie de ne pas les ennuyer et je
raconte mes bons souvenirs et mes échecs. Mais quand je
raconte mes échecs, je les transforme... », m'expliquait
cette dame âgée, veuve, terriblement seule, et qui se
métamorphosait dès qu'elle commençait le récit de sa vie.
Le récit offrirait aux âgés ce que la fuite dans l'action
offre aux adultes.

À l'époque où notre culture permettait aux âgés de raconter leurs histoires d'anciens combattants et leurs souvenirs d'enfance, le récit, en les contextualisant, leur permettait de travailler à nouveau leurs souvenirs et leurs émotions pour se fabriquer une prothèse psychologique. Quand le cerveau des âgés défaille, quand notre culture ou nos structures familiales empêchent cette fonction du récit, l'effet palimpseste se manifeste. Si l'observateur a une théorie cyclique de l'homme, il dira que l'âgé retombe en enfance. S'il a une théorie constructiviste, il parlera de rétrogenèse du cerveau. Et s'il pense que l'homme doit s'élever au-dessus de la boue originelle, le mot « dégradation » lui viendra à l'esprit.

Une société sans commémoration réduit le temps à une succession incohérente d'instants qui passent et ne vont nulle part. Elle détruit l'historicité qui donne le sens et joue un si grand rôle dans le maintien de l'identité des âgés et de l'appartenance des jeunes. En ne donnant pas de sens à la souffrance des anciens, elle empêche le travail du deuil et laisse flotter au fond des jeunes une culpabilité rageuse qu'ils expriment contre n'importe quoi, à moins qu'ils ne se soignent en s'engageant dans une action humanitaire.

Or, les religions, l'histoire des peuples et les récits d'anciens sont commémoratifs. Ces mythes prescrivent des rites qui structurent notre univers : le déroulement d'une année se rythme alors autour de ces événements récités ; chaque geste banal prend sens, chaque vêtement, décor, objet, qui composent notre univers quotidien, s'imprègne d'histoire. Sous l'effet du récit, tout un ensemble de fonctions se structure et crée un monde de sens. La fonction sociale des vieux, c'est peut-être de fabriquer du récit.

Or, notre culture méprise les souvenirs. Les fêtes dérisoires des monuments aux morts témoignent de la dégradation de nos commémorations. Noël et la fête des mères deviennent des moments d'angoisse et même des pics épidémiologiques de suicide. Jusqu'aux années soixante, ces célébrations avaient un effet glorifiant et intégrateur.

Aujourd'hui, elles soulignent l'étendue de la solitude. En 1968, vingt pour cent de la population vivait seule ; bientôt, ce sera trente pour cent. Il y a déjà un million de « familles » monoparentales, plus de quinze millions de personnes âgées sans famille [50]. En 2020, on prévoit deux millions de personnes totalement dépendantes [51].

Contrairement à ce qu'on croit, la campagne n'est pas apaisante pour les âgés. Au contraire même, elle ajoute une privation sensorielle à la privation sociale. Les âgés ruraux se suicident beaucoup plus que leurs compagnons d'âge citadins qui peuvent encore se contextualiser, se promener, parler, rencontrer, sortir, écouter des conférences et voir des expositions. Car la vie intellectuelle ne consiste pas seulement à penser. Lire, c'est vivre, c'est bouger, c'est chercher quelqu'un à qui parler pour débattre, c'est se stimuler, se disputer, se renforcer ; c'est rencontrer, voyager, vérifier, aimer, détester. De quoi organiser de nombreuses journées. C'est pourquoi les âgés se suicident plus en Vendée et dans l'Yonne, alors que la Méditerranée aux promenades faciles et le Sud-Ouest si convivial ont le plus faible taux de suicide parmi les âgés [52].

Les règles culturelles les plus métaphysiques organisent les rites d'interactions les plus physiques. Réunir la famille pour des repas rituels, disposer les corps pour la prière, échanger des aliments saturés de signification tels que le pain et le vin des chrétiens, le miel et les racines des juifs, les fruits des bouddhistes, constituent une véritable structure sensorielle de chaque instant qui ordonne les comportements et provoque des émotions au plus profond de chaque fidèle [53]. Cette sensorialité quotidienne

50. Chiffres INSEE 1992.

51. L. Cathala, secrétaire d'État aux Personnes âgées, dans *Le Monde* du 7 août 1992.

52. J. Andrian, « Le suicide des personnes âgées de plus de 55 ans », *Panorama du médecin*, n° 31 (1990).

53. M. Boucebci, A. Amal Yaker, « Psychopathologie infanto-juvénile dans les pays en voie de développement », in *Traité de psychiatrie de l'enfant et de l'adolescent*, T. III, PUF, 1985, p. 111.

structurée par le mythe possède un effet biologique puisque la mort doit attendre pour faucher[54]. Les maladies tuent moins pendant la Pâque juive et la fête bouddhiste de la Moisson de la Lune, il n'y a pratiquement pas de suicides pendant le Ramadan.

Les suicides des âgés, qui, depuis 1980, augmentent fortement en Occident, témoignent ainsi d'une déritualisation. Au Japon, ce sont les femmes âgées et les enfants qui se suicident le plus[55] : elles survivent, seules à la maison, dans un monde quotidien privé de sens et de rencontres. Les enfants vivent dans un monde de contraintes qui les affolent[56], alors que les hommes continuent leurs activités traditionnelles.

Le couple, ce « mouvement collectif à deux[57] », crée facilement un monde de sens qui stimule et protège les individus. Quand on suit mille personnes pendant les « quatre-vingts premières années de leur vie », en les interrogeant rétrospectivement ou en enquêtant auprès de leur entourage[58], on découvre que la psychose est rare (deux pour cent), alors que cinquante pour cent de la population n'échappent pas à un ou plusieurs épisodes de dépression anxieuse au cours de leur existence. Les femmes sont plus souvent dépressives et anxieuses que les hommes, qui sont plutôt alcooliques ou accidentés du fait de leurs troubles du comportement. En revanche, les couples âgés résistent mieux à l'épreuve de l'âge que les solitaires. « Mon mari me rendait bonne, belle et intelligente... Sans lui, je ne sais même plus faire la cuisine...

---

54. P. David, D. Smith, « Le sens et la mort », *JAMA* (éd. fr.), XV (1990), p. 729-734.

55. Y. Christen, « La lettre mensuelle de l'année gérontologique », *Alzheimer actualités*, n° 5 (1990), p. 6-7.

56. K. Hasegawa, « The Epidemiological Study of Depression in Late Life », *Journal of Affective Disorders*, sept. 1990, suppl. 1, p. 53-56.

57. F. Alberoni, *Le Choc amoureux*, Ramsay, 1981.

58. T. Helgason et al., « The First 80 Years of Life : A Psychiatric Epidemiological Study », *Acta Psychiatrica Scandinavia*, n° 79 (1989), p. 85-94.

Mes journées sont toujours les mêmes. » Tout ce qui donne sens étaye les individus.

Parfois, les souvenirs ne peuvent pas se raconter, ils ne sont pas tous socialisables. Je pense à ces personnes qui n'osent pas avouer que leur déportation a été le plus beau moment de leur vie. Un homme conservait la nostalgie de cette époque où « là au moins, on s'entraidait ». La libération, en le rendant à la solitude, a détruit les structures affectives qui étayaient son moi fragile... dans le camp de déportation ! Le discours collectif a pour fonction de créer un mythe qui rassemble les individus du groupe autour d'une même représentation : un totem intellectuel en quelque sorte. Celui qui ferait le récit de son bonheur dans les camps de déportés remettrait en cause l'union intellectuelle et affective du groupe. Il faudrait l'exclure pour préserver le groupe. Dans ce cas, l'accusation de folie ou de perversion fournirait des alibis pour son rejet. C'est pour cela que les partis politiques qui s'organisent autour d'un totem intellectuel préfèrent exclure qu'évoluer. L'exclusion de celui qui pense autrement permet de préserver l'unité des fidèles [59].

Pour prendre sa place dans un groupe, on doit donc faire le récit que ce groupe est capable d'entendre. Un de mes patients, vigneron à Bandol, avait vécu pendant la guerre d'Algérie un événement tragique : sa compagnie avait été attaquée par sept Algériens qui, connaissant parfaitement le terrain, avaient réussi à la scinder en deux, si bien que chaque moitié de la compagnie française s'était mise à canonner l'autre. Pendant plusieurs heures, il avait connu l'horreur et la stupidité. Il avait vu autour de lui ses amis déchiquetés... il attendait son tour. Dès son arrivée à Bandol, son père et ses frères lui ont dit : « Tu passes des vacances en Algérie pendant que nous, on travaille. Tu défends les intérêts des colons, pendant que nous, on se lève la peau pour toi. » Sans dire un mot, il avait enfilé son bleu de travail et commencé à tailler la vigne. Mais pendant des années, il revoyait chaque soir,

59. P. Mannoni, *La Psychologie collective*, PUF (Que sais-je ? n° 2236), 1985.

avec la précision et dans le silence d'un film muet, le visage fracassé de son voisin de chambre et les giclées rythmées de la fémorale coupée de son jeune lieutenant qui s'est regardé mourir en quelques minutes. Récit irracontable dans l'armée française qui avait conseillé de se taire. Récit irracontable dans sa famille qui ne pouvait l'entendre.

On ne pourra plus donner sens aux choses dans des sociétés sans histoire. Les chasseurs de la préhistoire se faisaient enterrer avec leurs arcs et leurs flèches, leurs femmes avec des poteries peintes. Nos anciens décoraient leurs murs avec des bouquets de sabre et leurs cheminées avec des obus sculptés. Ils faisaient de l'histoire avec toute chose. Qui chantera l'odyssée du réfrigérateur? Qui contera l'épopée du téléviseur? Qui se fera enterrer avec sa voiture?

Un adulte qu'on fait taire peut gagner sa place avec ses bras, en travaillant. Imposer le silence à un enfant n'empêche pas ses souvenirs de tracer dans sa mémoire l'histoire secrète qui constitue son identité. Empêcher le récit d'un âgé, c'est interdire la seule action qui lui reste, c'est l'empêcher de prendre sa place, c'est l'exclure, l'isoler affectivement et socialement, le rendre confus, désorienté dans un monde dépourvu de sens et de sensorialité.

C'est pourquoi les âgés ne font pas du tout le même récit selon le lieu où ils parlent. Les âgés solitaires ruminent leur passé. Privés du regard des autres, ils ne se voient pas vieillir et se fâchent quand on signale leurs troubles. La violence intrafamiliale, si fréquente chez eux, est nourrie par un conflit qu'on croyait enfoui depuis longtemps mais qui resurgit à l'occasion d'une difficulté quotidienne apparemment banale. Cette violence, qui atteint le taux considérable de quarante pour cent des familles [60], est presque toujours une manifestation de l'effet palimpseste : « Je vois ma mère une fois par mois,

---

60. D. A. Kalunian et al., « Violence by Geriatric Patients who Needs Psychiatric Hospitalization », *Journal of Clinical Psychiatry*, LI, n° 8 (1990), p. 340-348.

c'est pour me faire reprocher mon mariage, il y a quarante ans », dit cette femme âgée de soixante ans qui,
quoique professeur de français, ignorait l'effet palimpseste décrit par Baudelaire.

Les âgés qui vivent en institution se rappellent davan-
tage les faits anciens que les faits récents [61], à l'inverse
des sujets demeurant à leur domicile. La dépendance ins-
titutionnelle les incite peut-être à se rappeler le bon vieux
temps. À moins qu'ils ne soient placés en institution
parce qu'ils sont plus altérés. Les deux explications sont
probablement vraies, mais la question pertinente serait
plutôt : qui contextualise le mieux, la famille ou l'institution ? Je connais des âgés terriblement isolés dans leur
famille qui a voulu les garder pour ne pas se culpabiliser.
Madame Bar..., soixante-douze ans, ignorait que ses
enfants étaient au chômage et que son gendre était
malade. Elle était fascinée par son désir de rejoindre en
institution sa mère âgée de quatre-vingt-seize ans. Elle
ignorait que ses petits-enfants passaient leur bac, mais
n'avait pas oublié que sa mère l'attendait.

Le « réexamen de la vie » a été proposé à titre psycho-
thérapique pour les âgés. Il s'agit d'un processus mental
qui, quelle que soit la culture, se manifeste naturellement
par le retour progressif à la conscience des expériences
passées, notamment la résurgence de conflits non réso-
lus [62]. L'âge n'est pas un obstacle à la psychothérapie,
puisque les récits ravivent les traces enfouies. Pour les
âgés, c'est toujours aujourd'hui.

La psychodictature de l'adulte normal qui considère
qu'il doit servir lui-même de référence aux autres, est à
l'origine d'un grand nombre de drames humains. Notre
culture fait taire les âgés, comme elle a fait taire les
enfants, les femmes et les étrangers, et tous ceux qui
s'écartaient du récit normal. « Normal » ne veut pas dire
« sain ». La norme est une définition statistique, ce qui

---

61. C. Holland, P. Rabbit, « Les gens âgés vivent-ils réellement dans
leur passé ? », *Alzheimer actualités*, n° 53 (1991).

62. R. N. Butler, « The Life Review : an Interpretation of Reminiscence in the Aged », *Psychiatry*, XXVI (1963), p. 65-76.

explique qu'on puisse être anormal et sain. Mais quand on fait taire quelqu'un qui sort de la norme, on provoque alors des troubles relationnels.

Les âgés qui souffrent le moins de l'effet palimpseste sont ceux qui connaissent la vie intellectuelle la plus riche. Organiser pour eux un monde de l'intelligence, c'est stimuler leur cerveau, leur vie psychique et affective. Quand les conditions d'existence contextuelle sont créées, ce qui fait retour dans le monde mental, c'est tous les apprentissages qui ont été frayés au cours des années de formation [63]. C'est pourquoi les petits génies font presque toujours de beaux vieillards, à condition qu'ils entretiennent toute leur vie leurs performances intellectuelles d'enfant. Plus on est stimulé dans son enfance, mieux on vieillit... tant que le milieu fournit des stimulations.

Plus même, à âge égal, ceux qui ont un intellect en éveil vivront mieux et plus longtemps que les âgés qui se laissent engourdir [64]. À une nuance près : c'est la simple stimulation qui maintient la bonne santé et non pas la performance intellectuelle. Ce qui revient à dire qu'un idiot intéressé vieillira mieux qu'un intelligent désabusé. Comme chez l'enfant, qui ne peut apprendre à parler et à lire qu'à l'intérieur d'une relation affective apaisante, les âgés aux performances intellectuelles les mieux conservées sont ceux qui ont connu la vie affective la moins stressée.

Le stress peut avoir des effets cérébraux. Une émotion insoutenable, même déclenchée par une idée abstraite comme une insulte métaphysique ou une représentation symbolique (par exemple, le salut au drapeau), provoque toujours une augmentation des catécholamines et du cortisol sanguin : ce stress se manifeste par la rougeur, les larmes ou l'accélération du cœur. Or ces hormones du stress provoquent un gonflement des cellules du rhinen-

63. R. Katzman, *Prix Potamkin*, Laboratoires Spécia, 1992.
64. M. Romaniuk, « Reminiscence and the Second Half of Life », *Experimental Aging Research*, VII (1981), p. 315-336, et *British Medical Journal*, CCC (1990), p. 239-240.

céphale[65]. Le calcium s'engouffre dans les canaux cellulaires dilatés par le gonflement et provoque un éclatement des cellules. La partie cérébrale qui supporte le traitement de la mémoire et de l'affectivité se trouve ainsi sclérosée par des informations abstraites ou même métaphysiques!

Les centenaires, très souvent, ont connu une existence à « basse tension émotionnelle[66] ». Leur existence sans stress s'explique par un type de personnalité difficile à bouleverser bien plus que par une protection qui supprimerait les épreuves. À cent ans, ils sont encore plastiques, intéressés par les nouveautés alimentaires, vestimentaires, culturelles ou techniques. Leurs observateurs parlent souvent d'« aptitude au bonheur » tant ils sont gais, sociaux et optimistes, comme ils l'ont été toute leur vie. Le mot « syntone » revient très souvent dans le témoignage de ces cliniciens[67], comme si le fait d'être sur la même longueur d'onde affective, active et verbale avait permis une insertion harmonieuse dans leur milieu depuis leur enfance. Dans leur grand âge, ils continuent à faire des projets parfois surprenants. Leur tête marche encore, quand leurs jambes défaillent. L'aptitude au bavardage pourrait alors nous offrir un bon indicateur de l'espérance de vie et de la qualité de la vieillesse. Alexandra David-Neel, exploratrice du Tibet, avait demandé un passeport à la veille de ses cent ans et entrepris d'écrire un livre à cent un ans. Le désir d'exploration qui avait gouverné toute son existence vibrait encore dans sa tête, alors que son dos courbé l'obligeait à dormir assise[68]. Tous ceux qui meurent avant cent vingt ans mourraient-ils de chagrin? La tristesse qu'ils ressentent dans leur

---

65. Le rhinencéphale est le cerveau des émotions enfoui sous les hémisphères.

66. V. Lehr, *Revue du Conseil pontifical pour la pastorale des services de santé*, n° 10 (1989).

67. A. Karasawa, K. Kawashina, H. Kasahara, *Alzheimer actualités*, n° 50 (1990).

68. J. Chalon, *Le Lumineux Destin d'Alexandra David-Neel*, Perrin, 1985, et visite privée de sa maison à Digne.

grand âge les fait mourir autant que celle qu'ils ont éprouvée... cent ans auparavant !

Il n'y a pas d'épilogue dans le discours de nos existences. La vieillesse n'est pas le résumé du drame en trois actes de nos biographies. Je n'ai jamais entendu une personne âgée raconter : « Mesdames et Messieurs, la représentation de ma vie est terminée ; j'ai été enfant, puis jeune, puis adulte, donc je vais vous dire maintenant ce que je pense des événements passés. » Parfois, dans leurs testaments, après leur vie, les vieillards nous font ce coup. Mais tant que cela se passe, cela n'est pas passé. Tant qu'ils vivent, ils croient vivre au présent et leur sentiment de durée crée au contraire un goût d'éternité !

Il n'y a pas de prologue non plus : un enfant avant la parole ne dit pas : « Mesdames et Messieurs, vous allez assister au film de ma vie. » Dès qu'il est là, sur Terre, il se cogne au réel. Lui aussi doit vivre au présent, mais il y vit avec son stock de vécu et son histoire qui remplit déjà l'immensité de son monde mental puisqu'elle commence avant sa naissance, quand il se représente les parents dont il est né et les parents de ses parents, quand il écoute le récit de sa filiation dans le groupe auquel il croit appartenir.

Il n'y a que des « cologues », des récits adressés à quelqu'un, à un moment donné. Ce récit-là, c'est la dernière écriture du palimpseste, celle qui raconte le crépuscule des vieux. Il ne s'agit pas d'un retour à l'enfance, mais d'un retour de l'enfance dans le psychisme d'une personne âgée qui vit aujourd'hui, avec ce dont elle dispose pour alimenter ses représentations.

Cet équilibre antagoniste entre la trace et le récit, facile à observer chez les personnes âgées, s'applique en fait aux adultes et même aux enfants. Chez les adultes, le palimpseste s'écrit dans leur organisme grâce au pouvoir d'assimilation du sommeil paradoxal [69]. Mais l'individu se contextualise plus facilement car il peut agir, aimer et

69. M. Jouvet, « Programmation génétique itérative et sommeil paradoxal », *Confrontations psychiatriques*, n° 27 (1986), p. 170-171.

s'engager socialement. Ce qui explique les excès d'activité et de mentalisation des anxieux qui cherchent à enfouir les traces douloureuses. Chez les enfants, l'abondance du sommeil paradoxal et leur étonnante plasticité incorporent toutes les traces. Mais leur avidité affective et leur hyperactivité les engagent intensément dans leur milieu et les y enracinent.

Dans cette autre théorie de l'homme, le cerveau et la culture doivent s'harmoniser pour fonctionner ensemble. Si l'un vient à faillir, c'est l'ensemble qui s'effondre. La maladie d'Alzheimer serait alors une maladie de l'hominisation. Elle n'a pas le temps d'apparaître dans un milieu sans culture. C'est la culture, inventée par l'homme, qui lui donne le temps de s'exprimer et l'on voit apparaître alors, dans le cerveau des hommes, la fonte de neurones, les plaques de fibrilles qui l'empêchent de fonctionner et qui se localisent sur la partie cérébrale la plus humaine, celle que ne possèdent pas les autres espèces vivantes : le cortex, apparu le dernier dans l'évolution du vivant, avec ses lobes préfrontaux qui anticipent, ses lobes temporaux qui traitent la parole, ses lobes visuo-spatiaux qui donnent les images, et sa base du cerveau où siègent la mémoire et l'émotion. La motricité, la sensibilité, l'alimentation, la soif et les fonctions vitales fonctionnent encore. Tout le reste est bon, sauf l'humain !

Si nous continuons nos progrès cérébraux et culturels, la mort en l'an deux mille deviendra prévisible. Dans les pays du tiers-monde, on mourra des maladies de la civilisation qu'on n'aura pas connue : modifications climatiques, famines provoquées par des troubles idéologiques et surpopulation détruisant les cultures mais fille de la procréation technique.

Dans les pays du demi-monde, on mourra des bienfaits de la civilisation : excès d'aliments, de tabac, d'alcool et de sédentarité imposée par l'école et l'organisation des circuits sociaux. Le développement de notre conscience et la recherche de la sécurité augmenteront nos stress et leur toxicité neurologique. L'isolement social augmentera les manifestations pathologiques de nos cerveaux déshumanisés.

Tandis qu'un petit nombre d'individus du premier monde, parfaitement humanisés, qui toute leur vie auront vécu dans l'affection, la sécurité et l'aventure sociale, vivront intensément les cent vingt ans de leurs promesses génétiques.

Jusqu'au jour où ils crieront : « Arrêtez la Terre! Je veux descendre [70]. »

---

70. Alfred Sauvy, qui a créé, aimé et travaillé toute sa longue vie.

Courte fable pour ne pas conclure ?

« Si un lion pouvait parler, nous ne pourrions pas le comprendre. »

Le professeur Wittgenstein, invité par la Society for Human Ethology, à Fort Collins, dans le Colorado, terminait ainsi l'exposé qu'il venait de psalmodier d'une seule traite, en se tenant le front, et en se balançant comme un juif pieux devant le mur des Lamentations.

L'auditoire scientifique, dans l'ensemble, avait bien accepté cette idée qui lui permettait de faire une partition du monde : la nature naturelle pour l'animal et une nature surnaturelle pour l'homme. La « Sphère du dicible » demeurait humaine, car selon cette théorie, si les lions avaient su parler, ils auraient exprimé un univers sémantique tellement léonin, qu'un homme n'aurait pas pu se représenter les choses que les mots du lion voulaient désigner.

Or, il se trouve que très récemment, dans le parc national de Karakoroum, des éthologues indiens viennent de découvrir une bande de lions sachant parler. Les chercheurs ont enregistré leurs rugissements, leurs grognements, leurs soupirs et leurs moindres émissions sonores qu'on croyait dépourvues de significations.

Les ordinateurs ont analysé les structures séquentielles, décomposé l'histogramme des fréquences, tracé les courbes mélodiques et dessiné le rythme des silences entre deux rugissements. Ces données, une fois dépouillées, ont permis de découvrir le code des sonorités léonines et même une sorte de double articulation où le signe rugi renvoie à quelque chose qui n'est pas lui.

Dès que cette méthode a été affinée, quatre cent soixante-douze espèces furent enregistrées et décodées par des équipes associées d'éthologues et de linguistes. Les critères de non-inclusion durent éliminer le langage des animaux extrêmes parce que, plus un être vivant est petit, plus les fréquences de sa voix sont aiguës. Ce fait biaise l'analyse des données, car les fréquences élevées sont fortement amorties par le filtre des feuillages, des troncs d'arbre et de l'humidité ambiante. À l'inverse, les basses fréquences de la voix des gros animaux sont mieux transmises par la matière, mais elles n'impressionnent pas toujours nos appareils enregistreurs.

Or, les lions possèdent une voix dont la bande passante est proche de celle des hommes. C'est pourquoi leur langage, décodé par cette méthode, est plus fiable que celui des singes, animaux plutôt visuels qui préfèrent utiliser le langage gestuel des sourds.

Il s'ensuit que, contrairement à ce que disait le professeur Wittgenstein, nous savons maintenant que les animaux ont toujours pu parler mais que nous ne savions pas les comprendre. Depuis que nous avons appris à décoder le langage des lions, ils nous tiennent trois types de discours.

Nous comprenons sans peine leur plaidoirie pour la survie, quand ils nous expliquent que les crocodiles, les tortues, les lézards, les oiseaux et les mammifères organisent leur existence sur les thèmes de l'autodéfense et de la conservation de l'espèce. Nous entendons leurs arguments car nous faisons de même quand nous nous orientons vers un point d'eau, quand nous nous plaçons sous le vent pour traquer le gibier, quand nous nous blotissons contre le corps sécurisant d'un compagnon familier ou quand nous nous enfouissons dans le terrier protecteur de notre lit.

Leurs plaisirs sont analogues aux nôtres quand ils lézardent au soleil, quand ils couvent leurs petits, quand ils gambadent de joie ou se bécotent tendrement.

Nous comprenons leurs frayeurs quand ils s'enfuient devant le prédateur avec qui toute négociation est inutile, alors qu'ils se soumettent à un congénère agresseur pour préserver quand même un contact avec lui.

Nous les admirons quand ils nous expliquent comment tisser un nid en tricotant des herbes, comment confectionner un lit en entrelaçant des feuilles, comment mâcher un bois tendre pour en faire une éponge ou comment ébrancher une tige pour en faire une canne à pêcher les termites.

Malheureusement, les lions ne peuvent pas écrire à cause de leurs grosses pattes où le pouce n'est pas opposable à l'index. Alors, ils ont rugi leurs biographies en les dictant aux éthologues indiens. Ils ont raconté que les grands thèmes de leur existence concernaient surtout la défense de l'espèce et l'apprentissage des rituels.

Nous leur fîmes alors remarquer que les biographies humaines ne traitent pas autre chose quand elles racontent le roman d'une famille dans la tourmente qui a pu se sauver et offrir à ses enfants un milieu pour vivre, aimer et travailler. L'amour triomphant de l'adversité fournit chez les hommes comme chez les lions le thème principal de leurs œuvres d'art.

À l'école, les lionceaux apprennent leurs rituels au cours des jeux et des petites bagarres où ils découvrent leur corps et celui des autres, testent leur inventivité et prennent place dans leur groupe d'appartenance. Ils mettent en jeu les thèmes de la chasse et de l'amour qui plus tard organiseront leurs biographies sociales et sexuelles.

Quand les lions ont dicté les bouleversements de leur adolescence, les hommes n'ont pas été surpris d'apprendre que les modifications de leur corps avaient provoqué d'étranges sensations, quand les poils de la crinière avaient orné leur nuque, quand les jeux avec les femelles avaient soudain changé d'affectivité tandis que leur voix s'enrichissait de fréquences graves.

Les lions ont fait écrire un gros chapitre sur la tendresse : comment se côtoyer quand on s'aime, comment voyager en groupe comme des complices à la force tranquille, comment avoir un œil sur sa femelle, adopter ses petits, se disputer, se réconcilier, prendre la place de mâle dominant au cours des repas quand la lionne sert une gazelle encore chaude... La vie de famille, quoi.

Si les animaux savaient parler, toutes les espèces tiendraient ce même discours de la survie et toutes se comprendraient. Ils diraient en substance, mais dans des langues différentes : « Nous sommes sur terre sans trop savoir pourquoi, mais nous tenons à y rester. Laissez-nous prendre une toute petite place au soleil. Notre survie, agréable et difficile, donne sens à notre vie et nous contraint à apprendre des comportements d'adaptation que nous avons parfois du mal à acquérir. »

Si les lions savaient parler, leur deuxième discours, celui des émotions, nous intéresserait encore mais nous choquerait parfois. Chaque espèce s'émerveillerait de ce qui vaut pour l'autre. « Comment peut-on vivre dans un monde d'odeurs ? » dirait le goéland qui préfère les couleurs. Les lions, dans un style ma foi bien écrit, raconteraient leur univers odorant, ils expliqueraient que l'olfaction permet de vivre dans un espace où la quatrième dimension est remplie par les molécules vaporeuses. Ce goûter par le nez donne un échantillon palpable de l'autre, comme s'il était présent dans le temps et localisé dans l'espace, alors que seule son odeur est là, tel un indice.

Cette confidence amusa beaucoup les mouettes rieuses qui expliquèrent, alors, que l'odeur était vulgaire, bestiale presque, et que seule une offrande alimentaire gouvernait les émotions et marquait le passage à une culture animale.

Les lions marmonnèrent dans leur crinière que les mouettes rieuses avaient beau jeu de faire les fières avec leur rituel alimentaire, mais que cela ne les avait pas empêchées, quand le poisson vint à manquer, de remplacer l'aliment par une branche morte. « Si c'est ça la culture ! » grommelèrent les lions.

Chacun, grâce à ses mots, communiquait à l'autre son propre monde d'émotions et chacun, découvrant d'autres valeurs sensorielles, qui ne valaient rien pour lui, s'esclaffait bruyamment et méprisait un peu. Les singes se considéraient comme des hommes, les chiens comme des surchiens et même les lions pourtant royaux, désiraient se rapprocher de nous. « Du temps que les bêtes parlaient, les lions entre autres, voulaient être admis en notre alliance.

Pourquoi non? puisque leur engeance valait la nôtre en ce temps-là... », disait un éthologue nommé La Fontaine qui venait de traduire une lettre qu'un lion amoureux avait écrite à Mademoiselle de Sévigné.

Le discours précédent, qui parlait de la survie, s'adressait à tous les animaux de la création, mais le discours émotionnel faisait apparaître des différences entre les espèces, et même entre les individus : face à un même événement, certain lion bavard éprouvait des émotions différentes de celles d'un prochain lion bavard élevé autrement !

Un lion devenu vieux, « chargé d'ans et pleurant son antique prouesse », avait un jour raconté comment, dans son enfance, sa mère, soudain malade, n'avait pu trouver la force de le sécuriser. « Le malheureux lionceau, languissant, triste et morne... », en cessant de jouer, avait mal appris à se socialiser. Lors de chaque situation de compétition, il se mettait à trembler, et un jour même, devant une gazelle blessée, il n'avait pas osé l'approcher, s'attirant ainsi le mépris de ses voyous de frères.

Un homme pouvait entendre et se sentir concerné par une telle narration qui évoquait en lui un souvenir analogue. Mais ce qui vaut dans une vie d'homme, ne vaut rien dans une vie de lion. L'animal fut bien étonné quand l'homme lui raconta que lorsqu'il était enfant, il avait cessé de jouer et de se socialiser le jour où, tout tremblant, il avait surpris sa mère dans les bras du voisin. Le lion, à qui la même histoire était arrivée, n'en avait pas fait un plat. Le petit homme, lui, pour se sécuriser la nuit dans la solitude noire, avait redécouvert un réflexe enfoui et marqué le territoire intime de son lit, en faisant pipi pendant son sommeil.

Il n'empêche que l'homme et le lion, tous deux, avaient attribué un sentiment de vérité, de réel et d'importance affective à des événements qui, éprouvés intensément dans chaque monde intime, ne valaient rien dans le monde de l'autre.

Pour le troisième discours, celui des abstractions, quand l'homme seul se mit à parler, c'est le lion qui fut hébété : « Ah ! c'est trop, lui dit-il : je voulais bien mourir ; mais c'est mourir deux fois que souffrir tes atteintes! Nous, les lions, nous tuons sans violence. Notre émotion est douce quand nous égorgeons la gazelle. Nous cédons notre place à notre dominant avec un grand respect. Nous éprouvons une tendre gaieté à nous laisser bousculer par nos petits affamés. Nous ne tuons qu'une fois, alors que vous les hommes, vous tuez mille fois pour des événements survenus il y a deux mille ans. À chaque génération, vous répétez vos crimes, vous reproduisez l'histoire. Vos émotions échappent à l'effet régulateur du contexte parce que vos paroles créent un monde d'idées trop souvent coupées de la réalité sensible! Vous mettez vos enfants dans un monde façonné par le récit des autres qui organise vos cultures et justifie vos massacres, invente vos merveilles et innocente vos horreurs! » disait ce lion courroucé qui venait de terminer mon livre.

Jamais une société n'est tombée du ciel, jamais un homme n'a pensé : « Tiens, si on interdisait l'inceste... cela ferait une culture. » Le monde humain s'est modelé lentement à partir de la glaise des émotions : il a fallu des corps pour se désirer, des sens pour coexister, et des paroles pour conquérir le temps.

Mais dès que l'homme est devenu capable d'histoire, il s'est rendu coupable d'histoires. Le passé ne meurt jamais, pour un homme qui en fait des récits, alors que chez le lion il ne laisse que quelques traces.

À force de le raconter, on finit par donner corps au mythe qui crée en nous un sentiment de vérité aussi authentique que la perception d'un objet. Nos cultures hallucinées confondent le réel avec l'idée qu'elles se font du réel. Nous habitons un monde que nos paroles inventent, sans soupçonner le pouvoir de nos mots. Un jour, le premier homme a dit à la première femme : « Tu es belle et je t'aime... »; trois millions d'années plus tard, cette phrase a donné quelques milliards de descendants!

Les hommes parlent trop peut-être?

En débarquant sur Terre, toute espèce vivante possède une espérance de vie de sept millions d'années. Nous venons donc de naître puisqu'il n'y a que trois millions d'années que nous nous arrachons à l'animalité, que nous marchons sur nos pattes postérieures, que nos mains libérées fabriquent des outils ; il n'y a que trente mille ans que nous sommes devenus « savants », que nous nommons nos pères, que nos récits racontent les mythes qui nous façonnent et que nos techniques utilisent les lois de la nature pour échapper à la nature. Nous avons encore droit à quatre millions d'années !

C'est pourquoi il faut redonner la parole aux lions, car l'homme qui vient de naître n'est pas encore hominisé. Peut-être en aura-t-il le temps ?

Table des matières

Où est le problème ? 7

Chapitre premier. **Le hasard de nos rencontres serait-il déterminé ?** 19
  L'odeur et la culture 22
  Sémiotique de nos poils.................... 30
  Comment rencontrer ?...................... 41

Chapitre II. **À quoi pensent les fœtus ?** 53
  Le catalogue des voies sensorielles n'a pas de sens pour le fœtus 55
  De la rencontre entre le fœtus et sa mère naît la vie psychique................................ 61

Chapitre III. **À qui appartient l'enfant ?** 71
  L'héréditaire et l'hérité 74
  N'appartenir à personne c'est ne devenir personne.................................... 85
  La déparentalisation des pères................. 95
  L'annonce faite à mamie 100

Chapitre IV. **La violence qui détruit serait-elle créatrice ?** 111
  Le chat et la souris 112
  Rituel animal et rite humain 120
  Quand le rituel tombe malade 127
  Angoisse des villes et angoisse des champs 140
  Anomie sociale et surpopulation 146

Chapitre V. **Le plus incestueux de tous les incestes ?** 153
  Structures d'affectivité maternelles et structures de parenté culturelles 155
  Éthologie animale des structures de l'affectivité. 159
  Inceste de la proximité.......................... 165
  Inceste de l'éloignement........................ 173
  Parfum d'inceste............................... 183
  Quand la mère sacrée a le monopole de l'affectivité 186
  Le père, la rue et la haine...................... 194
  Les garçons et les filles......................... 199

Chapitre VI. **La trace ou le récit ?** 203
  Quand les vieux chiens retombent en enfance et les vieux singes commencent à radoter....... 207
  Quand les objets n'ont plus rien à dire 215
  Le retour d'attachement........................ 225
  Où le récit est une action 230

Courte fable pour ne pas conclure ? 243

Le retour d'un...

Impression réalisée par CPI
le 23-03-2018

N° d'impression : 3028373
N° d'édition : 7381-0791-29
Dépôt légal : mars 2000
Imprimé en France